전쟁에 관한 대통령의 결정

전쟁에 관한 대통령의 결정

한국, 베트남 그리고 페르시아만

2008년 03월 05일 초판인쇄
2008년 03월 10일 초판발행

지은이 게 리 R . 헤 스
옮긴이 임 윤 갑
펴낸이 이 찬 규
펴낸곳 북 코 리 아
등록 제 0 3 - 0 1 2 4 0 호
주소 서 울 시 마 포 구 공 덕 2 동 1 7 3 - 5 1
전화 0 2 - 7 0 4 - 7 8 4 0
팩스 0 2 - 7 0 4 - 7 8 4 8
이메일 s u n h a k s a @ k o r e a . c o m
홈페이지 w w w . i b o o k o r e a . c o m

값 13,000원
ISBN 978-89-92521-67-3   03340

전쟁에 관한 대통령의 결정

- 한국, 베트남 그리고 페르시아만 -

게리 R. 헤스 지음 | 임윤갑 옮김

북코리아

:: 편집자 머리말

　　전쟁에 관한 대통령의 결정은 행정권한Executive Power 중에서 가장 극적이며 광범위하게 영향을 미치는 조치(措置)이다. 그것은 우리가 일반적으로 생각하는 것처럼 홀로 외롭게 결정되거나 화려한 고독 속에서 이루어지는 것은 아니다. 이 책의 저자 헤스Garry Hess는 우리에게 권력과 의사결정이 다양한 국익의 범주 속에서 어떻게 균형을 이루며 진행되는지를 유용하게 제시하여 주고 있다. 대통령이 의회의 역할을 간과할 경우 그의 결심은 엄청난 실패의 위험을 감수하게 된다. 1919년 윌슨Woodrow Wilson 대통령은 베르사유Versailles 회의에서 '독자적 노선' 채택으로 재앙적인 결과를 초래하였다.[1] 대통령은 또한 그의 보좌관들 사이의 갈등관계를 완화시켜야 하고 잠재적 동맹국의 관점을 고려해야만 하며 할 수 있다면 무정형적인 - 그러나 가장 현실적인 - 여론의 힘을 수용해야만 한다.

　　헤스는 근래 역사 속에서 대통령의 군사개입에 관한 매우 익숙한 세 가지의 사례를 선정하였다. 트루먼과 존슨, 부시 대통령은 각각 한국과 베트남 그리고 페르시아만에 미군병력을 파견하였다. 이들은 침략에 대한 응징과 안정적인 국제질서의 유지, 미국의 신뢰성 확보와 자칭 '자유세계' 지도자 및 수호자임을 모두 강조하였다. 역설적이지만 이 세 지도자는 '자유'의 기치를 내건 국가들을 대표해서

---

1) 윌슨 대통령은 제1차 세계대전 이후 평화적인 국제질서를 정립하기 위한 외교를 추진할 목적으로 회의에 참석하였다. 그러나 1918년 미국의 공화당은 윌슨의 평화구상에 반대하였다. 공화당은 독일에 대한 보복적인 성격의 강화조약을 강하게 요구하였다. 공화당은 또한 국제연맹과 같은 기구의 참여는 미국이 전통적으로 누려왔던 독자적인 기능을 박탈할 것이라고 주장하였다. 공화당은 회원국들이 독립을 보존하기 위해서 국제분쟁에 개입할 것을 규정한 국제연맹 조약 제10조의 유보를 주장했으나 윌슨은 이를 거부하였다. 결국 상원은 베르사유 조약의 비준을 거부하였다(역자 註).

4 ｜ 전쟁에 관한 대통령의 결정

전쟁에 개입하였다.

대통령의 전쟁에 대한 합리화는 미국 외교정책의 기조를 반영한 것이었다. 세 명의 대통령은 모두 그들의 정책이 최소한 역사의 틀 안에 존재한다고 설명하였다. 이들은 모두 1930년대 일본과 독일의 팽창주의의 위기를 경험하였고 유화정책의 위험으로부터 터득한 교훈과 집단안보의 필요성을 인식하였다. 루스벨트 이래로 모든 대통령은 그러한 원칙에 흡수되었고 이에 따른 일관된 정책을 형성하였다. 트루먼과 존슨 그리고 부시 대통령은 그들의 수사(修辭)를 넘어 약속을 실행하기 위한 중대한 군사적 모험을 감행해야 했다. 그들의 고결한 야망에도 불구하고 목표와 현실의 현격한 차이는 그들로 하여금 여론의 심대한 추락을 경험하게 했다.

트루먼은 북한의 침략행위에 대하여 제2차 세계대전의 고전적 방식으로 대응하였다. 그는 만약 미국이 북한의 침략을 멈추게 하지 못한다면 보다 광범위한 침략과 아마도 또 다른 세계대전을 피할 수 없게 될 것이라고 믿었다. 트루먼은 '경찰행위'라는 제한적 형태의 전쟁을 희망하였다. 그러나 정복과 진군의 제2차 세계대전의 기억은 대중들의 마음속에 생생하게 남아 있었고 그 전쟁에서 군사적 목적과 목표는 항상 명확하였다. 전쟁에서 연이은 승리는 열정을 불러왔고 국민들은 뜨거운 지원을 보냈다. 그러나 한국전쟁은 제2차 세계대전과는 달리 조기에 전선이 교착되었고 조금도 발전할 기미가 보이지 않았다. 여론과 의회는 승리 없는 전쟁을 이해하거나 받아들이지 못하였다. 그리고 트루먼 대통령의 인기는 전례 없을 정도로 추락하였다.

한국전쟁에서 트루먼이 경험한 교훈에도 불구하고 존슨 대통령은 베트남전쟁에서 그 어떤 결과도 이끌어내지 못하였다. 베트남전쟁에 개입한지 1년여 뒤, 미국이 파견한 거대한 규모의 군사력은 그 전쟁에 부적절하고 비효과적이라는 것이 입증되었다. 존슨 대통령은 전쟁에 대한 보다 적극적 개입을 원하는 매파와 더 이상의 모험을 자제하려는 비둘기파 사이에서 주의깊게 균형을 유지하려고 하였다. 이러한 와중에 그는 전쟁목표와 국가목표를 일치시키는 데 실패하였으며 어려운 상황을 극복해 나가려는 그의 노력은 오히려 속임수로 비쳤다. 그는 또한 행정부에 대한 내부적 이견을 배제하였고 의회를 오도하였으며 법적인 비난을 무시하려고 했다. 대통령은 여론의 비평을 '신경질적인 바보'들의 행위라고 공격하였다.

침략행위를 응징하고 도미노현상과 같은 공산주의의 연쇄확산을 저지하고 공산화를 예방하기 위한 명분으로 나섰던 전쟁 또한 교착상태에 빠져 버렸다. 결과적으로 지속적인 대규모의 미군병력의 주둔만이 베트남정부를 유지할 수 있었다. 그러나 이는 국민과 의회가 받아들이기에는 너무나 큰 짐이 되었다. 결국 존슨 대통령의 베트남 정책은 찬반으로 분열되기 시작하였고 그의 전쟁노력은 힘을 잃게 되었다. 마침내 베트남전쟁은 그에게 대통령직의 사임까지 요구하게 되었다.

이라크의 후세인이 쿠웨이트를 침략하여 합병시키자 부시 대통령은 침략자들에 대한 집단안보의 필요성을 제기하였다. 그러나 석유 왕국은 미덥지 않은 동맹국이었고 이전의 남한이나 베트남에서와 상황과 크게 다를 바 없었다. 부시 대통령은 트루먼과 존슨 대통령이 의회와 협조를 유지하기 위해 지불해야 했던 실패비용을 기억하고 있었다. 의회는 전쟁에 관한 승인을 주저하였으나 근소한 차이로 부시의 손을 들어 주었다. 의회의 승인은 전쟁기간 중 반대의견들을 무마시켰고 부시는 좀더 자유롭게 행동할 수 있었다. 전쟁이 끝나고 나자 부시의 전쟁수행에 관한 논란이 다시 고개를 들었고 실로 수년 동안 이러한 문제들은 지속되었다.

1941~1945년까지 수행되었던 제1차 세계대전과 같은 동일한 형태의 전쟁은 가까운 장래에는 반복되지는 않을 것이다. 그러나 '초강대국'으로서 미국의 역할은 국익의 추구, 역사적 원칙, 인도주의적 관심, 또는 국가건설 등과 같은 모호한 명분에도 불구하고 어느 순간 대통령이 군사적 개입을 결심하도록 요구할 것이다. 대통령이 그러한 모험을 추구하고자 할 때 전쟁은 역사적 유산으로 남게 되거나 또 하나의 영예를 더하게 되는 결과를 낳게 될 것이다. 링컨이나 루스벨트는 후자와 같이 전쟁을 통하여 중대한 위기를 이겨낸 지도자로서의 명예를 누렸다. 그러나 역사에 대한 주의깊은 탐독은 그러한 가정이 성립되지 않을 수도 있다는 것을 분명하게 보여줄 것이다. 지난 50여 년 동안의 대통령이 수행한 모험적 행동에 대한 이 책의 저자 헤스의 논쟁은 대통령에 대한 보다 복잡한 기록을 제공하고 있다. 그의 저서는 복잡하고 경쟁적인 국제사회에서 대통령의 선택과 부담을 사려깊게 제시하였다.

스탠리 커틀러
매디슨, 위스컨신

:: 머리말

이 책은 미국의 외교적 개입주의에 관한 가능성을 다룬 커틀러 Stanley Kutler 와의 대화를 기초로 하였다. 커틀러와의 논의 후에 우리 는 트루먼과 존슨, 부시 대통령이 각각 한국과 베트남 그리고 페르 시아만에서 어떻게 전쟁에 개입하게 되었고 전개하였는지에 대한 연구를 실시하였다. 필자는 오랫동안 대통령의 권력에 대한 관심과 의사결정의 수단에 대하여 관심을 가져온 터라 이러한 연구가 도전 해볼 만한 매우 흥미로운 것으로 생각되었다. 필자는 대통령이 전쟁 의 핵심적 국면과 그 발전과정에서 위기의 안개 속으로 어떻게 움직 였는지를 재구성해보려 하였고 궁극적으로는 전쟁의 필요성에 대해 어떻게 결정하게 되었는지를 찾아내고자 노력하였다. 다음으로 필 자는 전쟁이 지속되는 동안 각각의 대통령이 군사적·외교적·정치 적 도전에 대하여 어떻게 대응하였는지 검토해봄으로써 그들의 지 도력을 평가하고자 하였다.

필자의 동료인 역사학자 킴벌Warren Kimball은 제2차 세계대전 당시 루스벨트 대통령의 지도력을 '곡예사'로 표현하였다. 그는 트루먼과 존슨 그리고 부시 대통령도 똑같이 곡예사라고 명명하였다. 이 대통 령들은 민간관료와 군지도부로부터 제시된 조언과, 국내의 정치적 압력, 국제사회의 행동 그리고 헌법에 제시된 대통령의 의무조항 중 어느 쪽에 무게를 둘 것인가 끊임없이 계산하였다. 대통령이 건전한 결심에 도달하고 강력한 지도력을 발휘하기 위해서는 경우에 따라 공식적 또는 비공식적인 권력의 사용을 필요로 한다. 필자는 사려깊 은 대통령의 지도력에 대한 기대를 전제로 전쟁에 대한 결정과 시행 의 범주 속에서 사고의 균형을 이루고자 노력하였다. 이러한 노력을 통하여 필자는 트루먼과 존슨 그리고 부시 대통령의 업무수행에 대한 평가에 도달할 수 있었으며, 독자들이 이러한 평가에 공정성과 사려깊은 마음으로 가치 있는 토론이 되기를 희망한다.

볼링 그린 주립대학Bowling Green State University의 앨리슨Bill Allison, 창Doris Chang, 에번즈Mike Evans, 영Matt Young 그리고 제노비세Pete Genovese 등 연구보좌관들이 많은 도움을 주었다. 1999년 가을 볼링 그린 주립대학의 정책역사 박사과정 학생들은 이 책을 감수하고 의견을 제시해 주었다. 이 과정의 담당교수인 니먼Don Nieman은 심도 있는 비평을 해 주었다.

이 책의 발간을 위해 존스 홉킨스Johns Hopkins 대학 출판부의 지원과 편집장 톰Henry Y. K. Tom 『미국의 결정적 순간』 출판물 시리즈 편집장인 커틀러Stanley Cutler, 조달 보좌관 론그로Michael Lonegro 그리고 선임 편집인 폴리퍼Linda Forlifer에게도 감사를 보낸다.

끝으로 이 책의 완성을 위하여 한 학기 동안의 연구를 허락해주신 볼링 그린 주립대학의 문화사회연구소에 깊은 감사를 드리는 바이다.

:: 차 례

국가를 전쟁 속으로 뛰어들게 하는 것은 한 국가가 직면해야 할 가장 극적인 결정이다. 미국의 정치체제에서 대통령은 전쟁을 수행하는 핵심적인 위치에 있다. 헌법은 대통령에게 외교정책에 관한 결정과 실행권한을 부여하고 있으며 이를 통하여 대통령은 국가 간의 관계를 결정함에 있어 보다 폭넓은 위상을 지니게 된다. 학자출신으로 대통령에 당선된 윌슨 대통령은 1908년에 관한 그의 미국헌법연구에서 다음과 같이 기록하였다. "대통령의 통제에 있는 가장 절대적이며 강력한 권한 중 하나는 국가의 외교관계이다. 대통령이 보유한 제한 없는 외교에서의 주도권은 실제적으로 이를 완벽하게 통제할 수 있는 힘을 보유하게 되는 것이다."

특히 이러한 대통령의 권한은 국제적 위기시에는 더욱 의미를 더하게 된다. 일단 국가의 목표가 설정되면 대통령은 그의 의지대로 경쟁세력에 대한 압력을 가하기 위해서 정치적 · 경제적 그리고 군사적 수단을 활용하게 되며 필요하다고 판단할 경우, 다른 국가와 미국의 이익을 제휴하기도 한다. 그 대표적인 예로 1898년 미국과 스페인의 갈등이 고조되어 위기의 문턱에 이르자, 미국의 매킨리 William McKinley 대통령은 쿠바독립의 정당성을 미국의 목표로 설정하였다.[2] 결국 이 위기는 미국과 스페인의 전쟁으로 이어졌다. 한편

---

2) 1895년 스페인의 쿠바에 대한 압정과 경제적 불황으로 쿠바 내에 반란이 촉발되었다. 당시 미국은 쿠바의 설탕생산에 많은 투자를 하였으나 이 반란으로 미국의 투자자들은 많은 손실을 입게 되었다. 한편 스페인의 압정에 대한 미국 신문의 일방적 보도는 미국이 개입해야 한다는 여론을 형성하였다. 당시 미국 대통령 클리블랜드는 불간섭방침을 견지

1914~1917년과 1939~1941년, 각각 세계대전의 국제적 위기에 직면하였던 윌슨 대통령과 루스벨트 대통령은 이미 전쟁에 참여한 국가 중에서 미국의 국익에 절대적 영향을 미치는 국가들과의 이해 관계 설정하였고, 이는 후에 미국의 참전여부를 결정한 중요한 요소가 되었다. 냉전시기에도 미국은 독일의 서베를린의 방위약속을 통하여 소련에 대응하였다.

대통령은 자신의 의지대로 목표를 달성하기 위하여 상대방에 대한 경제적 압력을 가하기도 하였다. 1941년 루스벨트 대통령은 일본의 침략 행위가 더 이상 확대되지 않도록 그들의 자산을 동결시키고 무역거래를 중단시켰다. 이러한 전술은 카터Jimmy Carter 대통령이 1979~1981년 이란의 인질위기가 발생하자 재차 사용되었다. 대통령이 군의 통수권자로서 발휘할 수 있는 국력의 도구 중 가장 강력한 군사력은 적대국과의 관계에 직접적으로 영향력을 발휘하게 된다. 아마도 지금까지 가장 논란의 여지가 되었던 사례는 1846년 당시 포크James Polk 대통령이 멕시코의 분쟁지역에 군대를 보내 멕시코의 공격을 야기함으로써 전쟁선포를 정당화한 것이 될 것이다.[3] 한 세기가 지난 1941년 루스벨트 대통령은 대서양을 가로 질러 상품을 실어 나르는 상선을 보호하기 위하여 미 해군을 파견하였고 이러한 행동은 독일과의 해전으로 비화되었다.

하였으나 매킨리는 대통령의 선거공약으로 쿠바의 독립을 내걸었고 대통령에 당선되었다(역자 註).

3) 1846~1848년 미국과 스페인 전쟁은 1845년 미국의 텍사스주 병합으로부터 기인하였다. 1821년 멕시코가 스페인으로 독립되면서 캘리포니아, 뉴멕시코 그리고 텍사스를 물려받았다. 그러나 당시 혼란 상황에 있었던 멕시코 정부는 이에 대한 통치력이 미치지 못하였고 여기에 미국인의 이주를 허용하였다. 미국은 멕시코 정부에게 3개 주를 팔 것을 꾸준히 요구했으나 멕시코는 이를 거절하였다. 이후 멕시코와 미국의 영토에 대한 갈등은 지속되었고 마침내 리오 그란데(Rio Grande)강을 중심으로 양국군대가 대치하게 되었다. 포크 대통령이 재임 중이던 1846년 텍사스는 미국의 28번째 주로 병합되었다(역자 註).

대통령은 국가의 지도자로서 국민들에게 직접적으로 연설할 수 있는 고유한 권한을 누리게 된다. 위기가 발생할 경우, 대통령이 어떤 사안을 제시하게 되면 국민은 그 주변으로 집중되는 경향을 보이게 된다. 연설을 통하여 대통령은 그의 목표와 행동을 국제사회에서 수행해야 할 역할과 연계시키고 그의 정책을 제시함으로써 국민의 지지를 호소하게 된다. 양차 세계대전을 주도한 윌슨과 루스벨트 대통령은 대부분 자유의 가치에 기초를 두고 보다 나은 세계를 건설하기 위한 비전과 연계하여 그들의 정책을 정당화하여 국민과 의회로부터의 지원을 얻어냈다.

　　그러나 대통령의 권력 또한 한계를 지니고 있다. 의회, 이익집단, 대중매체 등은 예외 없이 대통령의 계획에 민감하게 반응하기 때문에 국제적 위기에 대한 개입단계마다 불가피하게 국내적 비판을 불러일으키게 된다. 따라서 대통령은 국민이 원하지 않는 방향으로 정책을 이끌어 나가지 않도록 정치적 민감성을 고려해야만 한다. 일부 대통령이 행사할 수 있는 압력수단 중에서는 의회의 승인을 얻어야만 하는 경우가 있다. 이러한 예는 1916년 윌슨 대통령이 해군의 규모를 증강시키려 했던 노력과 1940년 루스벨트 대통령이 최초의 평시징병법안(Peacetime Draft, 1940년 10월 군 의무복무에 대한 첫 번째 계획이 발효되었다. 21~35세 사이의 장정은 이법에 따라 등록대상이 되었다. 역자 註)을 실행하려던 것 그리고 1년 후 추축국의 희생자에 대한 지원과 최소의 군사적 개입을 규정한 렌드리스 법안(Lend-Lease act[4])을 들 수 있다. 의회는 경우에 따라 대통령보다 더욱 호전적일

---

4) 제2차 세계대전 중인 1941년 3월, 미국이 연합맹방에 군사원조를 하기 위하여 제정한 법률로 유럽에서 제2차 세계대전이 일어나자 미국은 전쟁에는 직접 참전하지 않았으나, 미국방위에 필요하다고 인정되는 어떤 나라에도 무기를 대여할 것을 결정하여 이 법을 제정하였다. 참전 후 무기대여는 더 활발해졌으며, 1945년까지 이 법률에 의해 약 500억 달러의 군수물자가 연합국측, 특히 영국(전체의 약 60%)과 소련(전체의 약 22%)에 공급

때가 있다. 1812년과 1898년의 미국과 스페인의 전쟁에서 의회의 대다수 의원들은 매디슨_{James Madison}과 매킨리 대통령을 분쟁 속으로 뛰어들도록 강요하였다. 결국 이 두 대통령은 전쟁의 불가피성을 받아들였다. 대통령은 국내적 제약과 압력에 주의를 기울이는 가운데, 헌법에 명시된 대통령의 권위와 비공식적인 권력을 통하여 논쟁에 대한 조건을 설정하고 국민적 지원을 얻어낼 수 있다. 그러나 의회가 국제적 위기상황에서 대통령의 구체적 수단에 대한 승인 또는 재정적 지원에 관한 제안을 거절한 경우는 아주 드물었다.

대통령은 국가를 전쟁직전까지 이끌어갈 수 있다. 그러나 헌법은 마지막 단계에서 의회의 조치가 필요하도록 규정하고 있다. 헌법 제1조 8항은 '전쟁의 선포와 포획의 승인 그리고 지상전과 해전에서의 포로에 관한 규칙'을 기술하고 있다. 이러한 의회에 대한 유보는 전쟁은 사려깊은 사법적 결정 후에 신중을 기해서 결정해야 한다는 강한 의지를 반영하기 위한 것이었다. 1789년 연방이 성립되고 난 후 1950년까지 대통령은 다섯 차례에 걸쳐 의회에 선전포고를 요청하였다. 선전포고는 1812년 영국, 1846년 멕시코, 1898년 스페인, 1917년 독일 그리고 1941년 일본에 대하여 각각 이루어졌다. 일본이 진주만을 공격한 다음 날 선전포고에 관한 투표가 이루어진 제2차 세계대전을 제외한 모든 사례에서 논쟁은 매우 격렬하였고 10~40%의 의원들은 전쟁에 관한 결정에 반대하였다.

20세기 중반 미국인들은 언젠가 가까운 미래에 그들의 대통령과 의회가 또 다른 세계전쟁을 치르게 될 것이라고 생각하였다. 이러한 우려는 저명한 학자 출신 외교관 케난_{George Kennan}이 저술한 책으로 인하여 크게 영향을 받게 되었다. 『미국의 외교, 1900~1950』으로

되어 연합국측의 승리로 이끈 일대 원동력이 되었다.

명명된 책에서 케난은 "1900년의 세계가 그토록 안정적임에도 미국은 오늘날 어떻게 그토록 불안정하게 되었는가?"라는 질문을 제기하였다. 냉전이 하나의 역사 속의 기록으로 남았고, 중대한 전쟁의 위험성은 사라졌으며 50년 전 미국인들이 느꼈던 불안정은 멀리 있었다. 그러나 국가안보에 대한 위협은 줄어들지 않았고 만만찮아 보였다. 냉전은 중동과 유럽에서 소련과의 긴장을 유발시켰고 가장 최근인 1948~1949년 베를린위기가 있었다. 이러한 불안정과 함께 1949년 후반 소련은 원자탄실험을 실시하였고 이에 따라 미국의 원자무기 독점시대는 막을 내리게 되었다. 미국지원으로 장제스(蔣介石)정부는 부상하는 중국 공산주의자들과의 내전을 치렀고 결과적으로 지구상에서 가장 인구가 많은 국가에서 공산세력으로의 권력이 이동되었다. 아시아에서의 소련의 공산화진출이 어두운 그림자를 드리우고 있는 것처럼 보였다.

케난의 저서는 미국 외교정책의 성격이 초기 반세기 동안 잘못 지향되었다고 생각하는 맥락 속에서 그의 우려를 드러낸 것이었다. 그는 국제문제에 대하여 도덕적 접근보다는 현실적 접근을 통하여 논하였다. 그의 분석에 대한 독자의 수용여부와 상관없이 "1900년 국가는 외부 세력에 의하여 자국의 번영과 생활양식이 위협받게 되리라는 생각을 하지 못했으며 1950년이 되어서야 이러한 위험에 대하여 조금씩 생각하게 되었다"라는 그의 주장에 모두 공감하기 시작하였다.

위협은 실로 절박해 보였다. 1950년 4월, 여론조사결과 67%의 미국인은 10년 내 또 다른 세계대전이 있을 것이라고 답변하였다. 이러한 긴장이 고조되는 분위기 속에서 미국정부의 관료들은 조용하게 미국의 국가안보정책을 재정의하기 시작하였다. 국가안전보장회의는 미국이 '역사상 가장 중대한 위기에 직면하고 있음'을 불길하게 전망하는 극비문서인 NSC-68 문건을 승인하였다. 호전적인 소련은 세계지배를 모색하고 있었고 미국을 '하나의 수단 또는 다른 수단들에 의해서 그 지속성과 통합성을 파괴 또는 와해시켜야만 하는 주적'으로 간주하였다. 미국은 이에 대하여 '정치·경제·군사력의 신속한 증강을 통하여 대응해야만 하며 가능하다면 소련의 팽창을 저지하고, 필요할 경우 소련 또는 소련의 지도하에 제한 또는 총체적 성격의 행위를 패퇴시키기 위한 군사력'을 필요로 하였다. NSC-68은 미국이 이러한 소련제국에 대한 다각적인 국제적 투쟁을 수행하기 위해서는 모든 가용한 자원을 동원해야 할 것으로 결론지었다.

예견되었던 제3차 세계대전은 다행히 일어나지는 않았다. 반면 20세기 후반기에 미국의 국익과는 다소 거리가 있어 보이는 지역의 군소세력들과의 예기치 않은 세 차례의 전쟁을 치러야만 했다. 1950년의 한국, 1964~1965년의 베트남 그리고 1990~1991년의 페르시아만에서 트루먼과 존슨, 부시 대통령은 미국의 국가안보는 무력사용을 필요로 한다는 것을 믿었다. 북한과 월맹 그리고 이라크에 대한 그들의 전쟁결정은 다양한 출처로부터 심사숙고를 거듭한 조언들과 장기간의 토의 후에 도달한 것이었다. 특히 부시 대통령은 이러한 소규모의 전쟁을 통하여 그보다 더 큰 대규모의 전쟁을 피할 수 있을 것임을 믿고 있었다.

미국이 한국과 베트남 그리고 페르시아만에서 수행한 일련의 전쟁에 대한 결정은 논쟁의 여지를 남겨놓았다. 이러한 논쟁은 토의에 참여했던 사람들의 기억 속에서 그리고 학자들의 저술활동에서 끊임없는 주제로 거론되었고, 이 중 일부논쟁은 대중적 문화 속에서

담론이 되어왔다. 여기서 필자는 한국과 베트남 그리고 페르시아만에서의 위기에 대한 이들 각 대통령들의 위기대처과정과 방법을 분석해봄으로써 대통령의 지도력을 평가하고자 하였다. 전쟁결정을 검증함에 필자는 위기의 감각을 다시 만들어내어 – 전쟁과 평화의 문제가 균형 상태를 유지하고 있었던 역사적 순간 – 대통령의 입장에서 관망하고 전개되는 상황과 예견되는 우발상황에 대한 대통령의 조치를 하나씩 열거해 보았다. 이는 각 위기의 근원에 대한 토의와 이로 인한 국제적 파장, 대통령의 의사결정형태, 정책형성에 대한 국내정치의 영향 그리고 무엇보다도 각각의 대통령과 그의 가장 측근의 조언자들이 미국의 국가이익과 관심사항들을 어떻게 정의하였는지 그리고 전쟁이 필요하다는 것을 어떻게 결론지었는지 등을 포함하였다.

역사적 순간을 재포착하는 노력 이후에 전쟁에 대한 결정은 다수의 연관된 질문들의 관점에서 평가될 것이다. 필자는 먼저 다음과 같은 질문을 던졌다. 첫째, 전쟁에 어떤 사건이 가장 지배적이었는가?(대통령에 대한 조언들 중 어떤 사안이 전쟁에 가장 강한 의견일치를 불러오는 요인이었는가? 충분히 검토되지 않거나 아예 검토되지 않은 대안은 있었는가?) 둘째, 정치적 목표와 군사적 수단은 서로 협조되고 이해되었는가? 셋째, 대통령은 어느 정도 완벽하게 헌법적 절차에 충실하였으며 전쟁에 대한 의회와 국민의 지지를 창출할 수 있었는가?(대통령은 국민들의 지원을 받았으며, 의회의 승인을 얻었는가?) 넷째, 미국의 행동은 국제적 지지를 받았는가?(미국의 주요동맹국과 지역동맹국들의 지지를 공고히 하였으며 그들은 지지를 표명하였는가? 미국은 유엔 내부에서 그리고 유엔의 지지를 받았는가?)

물론 어느 경우를 막론하고 완벽한 결정은 없으며, 항상 그 과정은 변화한다. 환경은 종종 불완전한 정보의 기초에서 성급한 결정을 요구하기도 한다. 전쟁에 관한 문헌들은 '전장의 안개'를 설명해 주고 있다. 즉, 지휘관은 군대가 전투를 수행하고 있는 동안 무엇이 일어나고 있는지를 완벽하게 알 수 없다는 것이다. 동일한 상황은 위기에도 발생한다. 위기에는 불확실성 또는 '안개'가 항상 존재하고 이로 인해 상황에 대한 분석은 제한적이다. 따라서 대통령의 지도력에 대한 평가는 전개될 위기의 완전한 맥락에서 이해되어야 한다.

전쟁에 관한 결정은 전쟁기간에 대통령이 직면하게 되는 문제에 영향을 받게 된다. 대통령의 권력은 방대하며 헌법은 국가가 전쟁에 돌입하게 되면 대통령이 군사작전을 지휘하는 완전한 권한을 보유하게 된다는 것에 질문의 여지를 남겨놓지 않았다. 연방주의자 보고서Federalist papers의 저자는 대통령을 군의 통수권자로 임명한 것은 '정부의 모든 관심 중에서 전쟁의 지휘는 한 손에 의해 실행되는 권력으로 구별되는 가장 독특하게 요구되는 사항'임을 확실하게 한 것이라고 기술했다. 헌법은 또한 군대에 대한 문민 통제 기본원칙을 명백히 하고 있다. 전시에 대통령과 군사지도자들과의 관계는 거의 모든 경우 의문의 여지를 가지고 있다. 대통령의 전쟁에 관한 정치적·군사적 측면의 통합에 관한 관심은 전장에 우선적 관심을 가지는 군사지도자들과의 관계에서 상충할 수밖에 없다. 전쟁기간에도 대통령은 여전히 군의 통수권자로서뿐만 아니라 국내의 지도자로서 광범위한 권력을 가지게 된다. 그는 전쟁에 관한 지속적인 국민의 지지를 필요로 한다. 이와 동시에 상대국가와의 문제를 다루는 외교관과 같이 대통령은 동맹국과 국제적 조직의 지원을 얻어내고 전쟁 종결에 관하여 제3자나 그 밖의 조언에 귀를 기울여야 한다. 마지막으로 대통령은 평화에 대한 그의 계획을 언제 착수할 것인지를 결정해야만 한다.

전시에 대통령이 직면하게 되는 모든 문제들 이외에도 트루먼, 존슨 그리고 부시 대통령은 각각 제한전쟁을 수행해야만 하는 특별한 어려움에 직면하였다. 이들은 미국의 안보를 위해서는 한국과 베트남 그리고 페르시아만에서 무력사용을 필요로 한다는 확신을 가졌으나, 이를 위해 대규모의 전쟁으로 가지 않을 것임을 확고하게 결심하였다. 결과적으로 이 전쟁들은 목표와 범주측면에서 제한되었다. 전쟁에 대한 다양한 시각을 제공했던 제2차 세계대전의 경험과는 달리 이러한 분쟁들은 적을 파괴시킴으로써 무조건적 항복을 받아내는 것을 목표로 하지는 않았다. 미국의 목표는 오히려 한국, 베트남 그리고 쿠웨이트 등 정부의 보존을 유지하는 데 제한되었다.

제한전쟁에서 대통령들은 전쟁에서의 승리를 요구하는 대신 국민의 지지를 만들어내야만 하였다. 이들은 전쟁에 관한 강도 높은 지지와 헌신의 감정을 북돋우는 대신 정당한 명분에 대한 희생을 요구해야만 했다. 국민의 감정은 1898년 전함 메인Maine호를 격침시킨 사건(메인 호를 기억하라. 스페인을 지옥으로 내쫓아 버리자)과 1917년 미국선박에 대한 독일군의 잠수함전 그리고 1941년의 일본의 진주만 기습공격(진주만을 기억하라!) 등으로 촉발된 애국주의와는 사뭇 다른 것이었다. 국민들은 미국과 스페인의 전쟁, 제1,2차 세계대전에 대한 광범위한 지지를 보냈다. 그러나 20세기 말의 분쟁에서 대통령은 미국국민들에게 미국에 대한 직접적인 공격이 아닌 아주 멀리 떨어져 있는 조그만 나라의 방위를 요구하였고 미국인과는 동질성을 찾아볼 수 없는 국민들을 위하여(스페인과의 전쟁이나 양차 세계대전과는 달리) 역시 멀리 떨어져 있는 적들과 싸워야만 하였다. 전쟁에 대한 결정을 포함하여 전시 대통령의 지도력에 대한 평가는 전반적인 맥락의 이해를 전제로 한다. 트루먼과 존슨 그리고 부시 대통령은 예견할 수 없었던 군사적·정치적 그리고 외교적 상황에 대응하였고 이 과정에서 대통령이 극복해야만 했던 난관들은 지도력평가의 기본적인 근거가 되었다. 이를 판단하기 위해 우선 다음과 같은 질문을 제기하였다. 첫째, 대통령은 군사적 수단들을 정치적 목적과 조정하였는가?(대통령은 명확한 정치적 목표를 가지고 있었는가, 대통령은 민군관계를 어떻게 관리하였는가?) 둘째, 대통령은 국내정치에서 능력을 발휘하였는가?(대통령은 미국의 목표와 얼마나 근접하여 조율하였는가? 그리고 그는 국민과 의회의 지지를 얻어낼 수 있었는가?) 셋째, 대통령은 유능한 외교관이었는가?(그는 미국의 목표를 위해 국제적 지지를 얻어낼 수 있었는가? 그의 전쟁에 대한 행동은 국제적으로 미국의 위치를 강화시켰는가, 아니면 약화시켰는가? 그는 전쟁을 종결하기 위하여 얼마나 효과적으로 기회를 관리하고 지시하였는가?)

트루먼과 존슨 그리고 부시 대통령에게 전쟁은 그들의 대통령직의 수행을 증명하는 계기가 되었다. 한국과 베트남 그리고 페르시아만에서 직면한 도전에 대한 그들의 기록은 국내의 다양한 문제뿐만 아니라 국제적 문제에도 영향을 미치게 되었다. 그리고 이들 각각의 대통령들은 전시지도자로서 기억되며 대통령의 자리를 떠났다.

:: 제1장
트루먼과 한국의 위기

유엔의 첫 시험대

1950년 6월의 마지막 주말, 트루먼은 그의 고향인 미주리Missouri 주에서 휴가를 보내고 있던 중 북한군이 남한을 침공했다는 보고를 받았다. 1950년 6월 24일 오후 11:20에 국무장관 애치슨Dean Acheson은 대통령에게 급하게 전화를 걸어 북한의 공산정부가 한반도를 분할하고 있는 38선을 넘었다고 보고하였다. 북한의 공격은 당시 미국의 지원을 받고 있던 남한정부를 위협하였다. 트루먼과 애치슨은 즉각적으로 유엔안전보장이사회의 긴급개최를 요구하기로 하였다. 3시간 뒤 애치슨은 다시 대통령에게 '평화를 파괴'한 북한의 침략행위에 책임을 묻기 위해 제출할 유엔안보리결의안 초안을 보고하였고 트루먼은 이를 승인하였다. 애치슨은 안보리에도 침략행위를 중단하기 위한 조치를 취하도록 대통령에게 건의하였다.

북한의 침략행위에 대한 첫 번째 보고서는 단편적이고 불명확하였다. 이어 일요일 아침까지 한국으로부터 날아든 소식은 북한이 전면적인 침략을 감행하였다는데 의심의 여지가 없었고 수적 열세에 있는 남한군은 저항할 여력이 없다는 것이었다. 북한군은 남한의 수도인 서울을 향하고 있었고 이승만 정부는 대전으로 긴급히 이동할 준비를 하고 있었다. 유엔안보리가 뉴욕시에서 14:00에 개최되었으며 북한의 공격을 비난하는 미국의 결의안을 통과시켰고 38선 이북으로 병력을 철수시킬 것을 요구하였다. 안보리 상임이사국인 소련이 그 동맹국인 북한에 대한 결의안에 대하여 거부권을 행사할 것으로 예상되었다. 그러나 소련은 6개월 전 새로 수립된 중국 공산정부의 유엔안보리상임이사국 진출에 대한 거부권행사에 항의표시로 유엔에 불참하겠다는 결정을 내렸고 다행히 미국의 결의안은 9-0으로 통과 되었다(1개 국가 기권).[1]

유엔안보리가 열리고 있을 즈음, 애치슨과 트루먼은 대통령의 즉각적인 워싱턴 복귀의 필요성을 전화로 논의하였다. 일요일 오후 돌아오는 기내에서 트루먼은 미국이 국제적 지도력을 발휘해야 함을 결심하였다. 그의 회고록에서 트루먼은 마음속에 있었던 생각을 다음과 같이 기록하였다.

나는 비행기 안에서 생각할 시간을 가졌다. 우리 세대에서 강자가 약자를 공격한 것은 이번뿐만이 아니다. 나는 만주와 에티오피아, 오스트리아 등과 같은 선례를 상기했다. 나는 이 각각의 시기에 어떻게 민주주의가 행동하는 데 실패하였는지 그리고 침략자가 어떻게 앞으로 계속해서 나아갈 수 있도록 독려했는지를 기억하였다. 공산주의는 히틀러, 무솔리니 그리고 일본이 10 수년 전에 한 것과 마찬가지로 한국에서도 행동하고 있었다. 나는 만약 한국이 몰락하도록 방치한다면 공산주의 지도자들은 우리 가까이에 위치한 국가들까지 차례로 유린할 정도로 과감해질 것임을 확신하였다. 만약 공산주의자들이 자유세계의 아무 저항없이 한국으로 진격을 계속하도록 놓아둔다면 이웃한 보다

---

1) 1950년의 안보리는 5개의 상임이사국(미국, 소련, 영국, 프랑스 그리고 대만)과 비상임이사국(인도, 이집트, 유고슬라비아, 쿠바, 에콰도르,. 노르웨이)으로 구성되었다. 이 결의안에서 유고슬라비아는 기권하였으며 소련은 물론 투표에 응하지 않았다.

강한 공산국가의 공격 앞에 약소국가들은 저항할 용기를 상실할 것이 분명하였다. 만약 이들의 침략행위가 용인된다면 이는 제2차 세계대전과 마찬가지로 제3차 세계대전이 될 것임을 의미할 것이다. 또한 한국에 대한 공격이 멈추어질 수 없다면 유엔의 설립목적과 원칙은 위기에 처하게 되리라는 것을 나는 확신하였다.

워싱턴에 도착하자 트루먼은 기다리고 있던 애치슨 장관과 보좌관들에게 다음과 같이 단언하였다. "신의 이름으로 나는 그들에게 그것을 가지도록 할 것이오!" '그들에게 그것을 가지도록 할 것'이란 의미는 헤아릴 수 없었기 때문에 불분명한 것이었다. 북한군의 전력에 대해 상세히 알고 있는 사람은 없었으며 침략행위에 소련이나 중국의 역할에 대하여 아는 바도 없었다. 유엔의 회원국 중 어느 국가가 북한의 침략행위에 대해 강경한 입장을 취하게 될지 예측할 수 없었으며, 북한군의 진격을 막기 위해서 한국군에 대한 미국의 지원이 어느 시기와 규모로 필요로 하는지를 판단할 수 없었다. 그리고 가장 불길한 것은 한국의 위기가 제3차 세계대전으로 촉발될 것인지를 아무도 모른다는 것이었다.

일반 국민 대다수가 지도상 어디에 위치한 나라인지도 잘 모르는 나라를 지원하기 위하여 미국이 전쟁에 뛰어들 것인가 하는 치열한 논쟁 속에서 트루먼은 한 주를 시작하였다. 일본을 향하여 칼처럼 향하고 있는 한반도는 3면이 바다로 이루어졌다. 아이다호Idaho주와 비슷한 크기와 2,700만 명의 인구로 구성된 한반도는 강대국간 세력각축장이 되어 왔고, 일본의 36년간 점령기간이 종료된 1945년 이후 미국과 소련이 남북을 각각 점령하였다.

미 군정사령관 하지 중장

이승만 대통령

    냉전체제와 한국 민족주의의 상호작용은 한반도의 위기를 영속화
하였고 제2차 세계대전에서 일본의 패배는 미국과 소련의 군대를
한반도로 불러들이는 계기가 되었다. 미·소 양국은 한반도를 가로
지르는 38선을 경계로 분할점령에 합의하였고 이 분계선은 미국과
소련 그리고 여타의 국가들이 '적절한 시기에' 한국을 독립시킨다는
공동목표를 확인하였기 때문에 잠정적인 분할선으로 생각되었다.
    보수 및 진보세력의 구분없이 모든 정치적 집단들이 즉각적인 독
립을 요구하는 한국의 민족주의의 역동성에 대하여 주요강대국들은
크게 관심을 보이지 않았다. 한편 제2차 세계대전의 종료와 함께 한
반도에서의 공산주의 또한 급격하게 확산되기 시작하였다. 남한지
역에서는 하지John Hodge중장이 이끄는 군사정부가 정치적 망명생활
을 마감하고 복귀한 이승만의 지도력 하에서 보수세력의 정치적 주
도권을 지원하였다. 일본의 정치적 박해를 피해 한국을 떠났던 이승

만은 주로 미국에서 독립활동을 하고 있었다. 북한지역에서는 김일성이 이끄는 조선공산당이 소련과 협력하고 있었다. 결국 한국의 민족적 통합성은 강대국 간의 세력다툼으로 인하여 훼손되었다.

냉전 초기 한국은 미·소간의 긴장관계에서 가장 주목받지 못하던 지역 중의 하나였다. 1947년 미국은 소련을 봉쇄하기 위한 정책에 착수하였고, 그 핵심은 유럽의 경제회복에 있었다. 아시아는 어느 정도 미국의 전략적 사고 속에 자리잡고 있었으나 미국의 주요관심은 일본에 대한 점령과 중국의 내전이었다.

일본과 중국에 대한 우선순위에 밀려 미국이 한국에 대해 영향력을 발휘할 여력이 없었음에도 불구하고 트루먼 행정부는 미국의 위상을 강화시키는 방향으로 움직였다. 합동참모본부는 한국의 전략적 중요성에 의문을 가지게 되었고, 따라서 비록 한반도 전체가 전쟁으로 공산화된다고 해도 군사적 지원은 하지 않겠다는 입장이었다. 그러나 트루먼은 미국이 한국정부를 강화시켜야만 하며, 공산주의에 대처하도록 돕는 것이 아시아의 장래를 위하는 것이라는 국무부의 건의에 동의하였다. 중국내전에서 공산세력이 점차 세력을 넓혀 1949년에 마지막 승리를 눈앞에 두게 되자 이러한 국무부의 생각은 힘을 더하게 되었다.

트루먼은 미국이 지향하는 목표의 정당성 확보를 위해서 한국문제를 유엔에 상정하였다. 유엔에서는 한반도문제를 취급하기 위하여 유엔한국임시위원단United Nations Temporary Commission on Korea/UNTCOK을 구성했다. 유엔은 제2차 총회에서 통일된 한국정부 수립을 위해 1948년 5월 31일까지 한반도 전역에서 선거를 실시하기로 결의하고 유엔한국임시위원단이 선거감시 임무를 맡도록 했다. 그러나 소련은 국제기구가 미국의 영향력에 있고, 한반도 전체 인구의 2/3

가 남한에 거주하고 있기 때문에 유엔감시하의 선거를 받아들일 수 없다고 주장하였다. 예상한 대로 소련은 선거제안을 거절하였고 대신 양국의 군대철수를 제안하였다. 당시 소련은 북한지역에서 군대를 훈련시키고 장비를 지급함으로써 이미 유리한 위치를 점령하고 있었다.

곤경에 직면한 미국은 유엔한국임시위원단에 '위원회의 접근이 가능한 남한지역의 일부'에서만이라도 선거를 치를 것을 호소하였다. 비록 일부 유엔회원국들이 남한의 일부지역에서만 선거를 치르는 데 반대하였으나 1948년 5월 유엔한국임시위원단은 미국점령의 남한지역에서 선거를 실시하였고 결과적으로 이승만이 이끄는 당이 승리를 거두었다. 이승만은 선거결과를 토대로 새로운 정부를 구성할 수 있는 기반을 마련하였다. 법률위원회는 헌법의 초안을 작성하여 같은 해 7월 국회를 통과하였으며 이승만을 대통령으로 선출하였고 대한민국이라는 정식명칭을 사용하기 시작하였다. 1948년 12월 유엔총회는 대한민국이 한반도에서 '유일한 합법정부'임을 천명하였다. 미국은 신속하게 한국에 대한 외교적 승인을 보내왔고 경제 및 군사원조 계획을 시작하였다. 이승만 대통령은 공산주의자들에 대한 제지와 정치적 라이벌의 견제 등을 포함한 그의 입지를 강화하기 위한 활동을 개시하였다.

남한에서의 이러한 전개상황과 함께 북한에서는 소련의 지원으로 조선공산당은 공산주의 정부의 수립을 완료하였다. 1948년 조선민주주의 인민공화국이 설립되었고 김일성이 주석의 자리에 올랐다. 그는 남으로부터 올라온 공산주의자들과 함께 통일에 대한 약속을 공고히 하였다. 1948년에 철수한 소련군대의 지원을 충분히 받아온 북한군은 병력을 12만 5,000명으로 확장시켰다. 미국은 1949

년 6월까지 그들의 군대철수를 연기해왔다. 당시까지 한국군은 5만여 명 수준을 유지하였고 이는 북한의 공격을 저지하는 데는 적합할 것으로 생각되었다.

한국에서의 긴장감으로 말미암아 미국은 바야흐로 전세계적인 불안정이 확대되고 있음을 느끼게 되었다. 1949년 말, 국제적 힘의 균형은 전환되는 것처럼 보였다. 미국의 원자무기 독점은 소련이 최초의 핵폭탄실험을 종료함으로써 막을 내렸다. 중국의 내전은 마오쩌둥의 중화인민공화국 선포와 장졔스 국민당 정부의 대만 이동으로 정점에 달했다. 미국의 관료들에게 전세계적으로 가장 인구가 많은 국가에서의 공산화는 '고통스러운 정치적 패배'가 되었다. 중국과 소련의 동맹이 아시아지역에서의 공산화확대의 기초를 제공한다는 의미는 가히 두려움이 되었다.

이러한 상황하에서 트루먼 행정부는 1950년 초기 미국의 국가안보정책을 재정의하였다. 1월 12일 국무장관 애치슨은 미국이 아시아정책에 대한 일관성이 결여되었다는 비평에 대응할 의도로 중요한 연설을 하였다. 애치슨은 미국의 이익이 아시아인의 자유에 대한 열망에 있음을 밝히면서 그의 연설 대부분을 미국의 군사적 개입약속을 명백히 하는 데 두었다. 그는 미국이 알류산Aleutians으로부터 일본, 류큐스Ryukyus, 그리고 필리핀을 잇는 방위선Defense Perimeter에서 전투를 수행할 것임을 확인하였다. 그러나 애치슨의 연설문은 아시아의 다른 지역에 모호하게 남아있었다. 그는 "군사적인 공격으로부터 이러한 지역을 보장하는 문제는 불필요할 것이다"라고 언급하였다. 이는 미국이 다른 국가들을 고려대상에서 제외시킨 것처럼 보였다. 그러나 애치슨은 '방위선' 밖에 지역에서의 침략행위가 발생할 경우 무관심하지는 않을 것임을 천명했다. 이 경우, 전쟁 초기에는 공격을 받은 국가가 침략행위에 대응하기 위해서 외로운 투쟁을 전개해야 할 것이나 지금까지 외부의 공격으로부터 독립을 지켜내기 위한 싸움에서 주저하지 않았던 전세계 문명국가들이 유엔헌장 아래 약속을 지키기 위해 단결할 것이라고 주장하였다. 그는 연설의 말미에서 미국이 지원하는 계획의 목표 중에는 남한에서의 강력한 정부건설을 지원하는 것이 포함되었음을 강조하였다.

한편 애치슨 장관이 국무부 정책기획관으로 임명한 니체Paul Nitze 가 이끄는 국가안보회의는 미국의 정책에 대한 포괄적 검토를 시작하였다. 이 문서는 60쪽 분량의 NSC-68: "국가안보에 관한 미국의 목표와 계획"2)에 관한 보고서로 명명되었다. 이 문서는 국제적 차원의 봉쇄독트린으로부터 냉전수행을 위한 국내자원과 인력의 할당까지 포함하는 포괄적인 내용으로 기술되었다. NSC-68은 미·소 간의 경쟁관계를 '노예사회와 자유 세계간의 권력의 양극화'로 묘사하였다. 소련을 '광신적 믿음에 사로잡혀 우리와는 정반대의 방향을 지향하고…… 여타의 국제사회에 대한 절대적 권위를 추구'하는 세력으로 규정하였고 현재 소련이 기울이고 있는 노력을 유라시아 영토의 지배를 지향하는 것이라고 기술하였다. 또한 "자유세계에 대한 공격은 전세계적으로 번져가고 있으며, 현재의 양극화 속에서 자유세계의 패배는 전세계의 패배를 의미할 것이다"라고 주장하였다. 여기에는 어떠한 협상의 여지도 없었다. NSC-68은 만약 국가 간의

---

2) 국가안보회의는 미국의 외교정책을 수행함에 외교, 군사 그리고 예산분야의 효과적인 협조를 위한 의도로 제정된 국가안보법에 따라 1947년 설립되었다. 국가안보회의의 책임 분야는 대통령에게 '국가안보와 관련된 국내외 그리고 군사정책의 통합'에 조언을 하며 '실제적·잠재적 군사력에 관련되는 목표, 공약 그리고 위험'에 대한 평가를 실시하고 이와 관련된 문제에 대한 건의를 실시하는 것을 포함한다. 1950년 국가안보회의의 구성원은 대통령, 국무장관, 국방장관, 국가안보자원위원회 의장과(법적으로 지정된) CIA 국장, 합참의장, 원자력에너지 위원장 등 대통령이 지정한 인사가 포함되었다.

질서가 무너진다면 인내하기 어려운 지경에 이르게 될 것이라며 이러한 새로운 도전에 대응하기 위해서 미국은 자유세계의 정치적·경제적 기능 발휘가 가능하도록 주도적 역할을 수행해야 할 것이라고 주장하였다. 한편 미국은 군사력의 우위를 달성하기 위해서 경제력을 동원해야만 했으며 재래식 군대를 극적인 수준으로 증강시키고 최근 소련이 개발한 원자탄에 대응하기 위한 수소폭탄의 개발에 박차를 가해야만 했다. 일부관료들이 NSC-68의 가정과 권고사항은 과도한 우려를 표명한 것이며 재정적 와해를 불러오게 될 것이라고 주장하였다.

애치슨 장관의 방위선에 대한 공식적 발표와 NSC-68의 비밀문서 작성은 국제적 압력뿐만 아니라 국내적 압력에 대한 트루먼 행정부의 대응을 반영한 것이었다. 보수적인 공화당원들은 트루먼과 애치슨이 장제스정부를 '구원'하는 데 실패함으로써 중국을 '상실'하게 되는 원인을 제공하였다고 비난하였다. 위스컨신Wisconsin 상원의원 매카시Joseph McCarthy 등을 비롯한 일부비평가들은 미국의 국무부 내에서 공산주의 첩자들이 '중국'을 팔아넘기는 반역행위를 하였다고 맹렬히 비판하였다. 비록 중국정책에 관한 그러한 비판은 사실적 근거가 미약하였으나, 한때 소련의 간첩행위가 밝혀짐으로써 국가지도자들의 정직성은 국민의 신뢰에 막대한 영향을 미치게 되었다. 중국의 내전이 외세에 의한 것이 아니라 내부의 세력에 의해서 결정되었다는 트루먼과 애치슨의 주장은 의심할 바 없었지만 미국은 장제스의 패배를 구해낼 수는 없었다. 이러한 상황은 트루먼 행정부를 수세에 몰리게 하였고 공산주의의 도전에 대한 어떠한 약점의 노출이라도 트루먼의 지도력을 손상시킬 것으로 보였다.

이러한 긴장된 국내외적 환경 속에서 트루먼 행정부는 1950년대 초반 일본의 경제를 회생시키는 데 박차를 가하는 한편, 필리핀과 태국에 대한 군사적 · 경제적 지원계획을 확대하였다. 베트남에서는 공산주의 세력의 저항에 맞서는 프랑스를 지원함으로써 아시아에서의 미국의 입지를 강화하고자 하였다. 이와 함께 미국의 관료들은 점차 남한의 상황에 우려를 표명하기 시작하였다. 미국의 원조와 지원에도 불구하고 이승만 정부는 반대세력에 대한 체포와 과도한 인플레이션으로 인한 경제적 악화로 점차 장악력을 상실하였다. 1950년 5월 국회의원 선거에서 여당이 48석을 확보한 반면 야당은 168석을 확보하였다.

한편 평양에서는 김일성이 군사력의 우위를 통하여 남한의 혼란을 이용하려 하였다. 1950년대 초 북한은 비밀리에 전면적인 남침을 계획하였다. 김일성은 남한의 국민들이 '해방자'를 지원하려 모여들 것이고 통일은 쉽게 성취될 것으로 판단하였다.

소련의 지원을 받고 있던 북한의 김일성은 그의 남침계획이 스탈린의 승인을 얻기 위해 노력하였다. 스탈린은 매우 주의 깊은 인물이었으며 미국이 결코 '한국을 버리지 않을 것'임을 두려워하였고 '국제사회에서 강대국의 평판'을 잃을지 모르는 모험을 걸고 싶지 않았다. 김일성은 신속하게 분명한 승리를 거둘 것임을 확신하며 그의 계획승인을 위하여 호소를 계속하였다. 여기에 스탈린은 다음과 같은 조건을 추가하였다. 첫째, 소련은 북한군을 지원하되 북한군이 예기치 못한 어려움을 겪을 지라도 병력파견을 실시하지 않는다. 둘째, 김일성은 그의 계획에 대하여 중국의 승인을 필요로 하며 필요할 경우 중국에 군사적 지원을 요청한다. 김일성은 인접국가에서 '제국주의 세력'에 저항하는 '혁명세력'을 지원할 기회로 간주하고 있는 마오쩌둥의 승낙을 얻기 위해 분주하게 노력하였다. 마오쩌둥의 야심은 김일성과 그 맥락을 같이 하는 것이었고 국가적 통일을 위하여 마오쩌둥 또한 대만침략을 계획 중이었다. 공산세력의 승인과 함께 북한의 김일성은 38선 넘어 공격을 개시하였다. 그러나 평양과 모스크바 그리고 베이징의 지도부는 미국의 반응을 오판하였다.

북한침략의 미국대응 여부는 당시 66세로 5년 동안 백악관을 지켜온 트루먼에게 달려 있었다. 한국의 위기를 대통령직 수행의 가장 중요한 도전으로 인식하였던 트루먼은 이전의 냉전대결에서 취했던 단호한 대응의 교훈을 잊지 않고 있었다. 그는 국제적 문제에서 관심과 경험이 부족하였음에도 불구하고 실제로 그의 능력은 외교정책에 관한 지도력으로부터 발휘되었다.

처칠, 트루먼, 스탈린

트루먼 대통령

1884년 미주리Missouri주의 중산층 농부의 가정에서 태어난 트루먼은 고등학교를 끝으로 정규학업과정을 종료하였다. 그는 엄청난 독서광이었고 특히 역사에 관심이 지대하였다. 한때 농장을 경영하였으며 몇 번의 사업에서 실패도 경험하였다. 그가 33세 되던 해자격미달에도 불구하고 제1차 세계대전 참전에 지원하면서 그의 생애 처음으로 성공을 경험하였다. 트루먼은 포병 대위로 전투에서의 그의 용맹성과 지도력을 보여주었다. 정치에 입문하고 나서 트루먼은 또 다른 성공을 경험하게 되었다. 당시 그는 훌륭한 선거운동가는 물론 효율적인 행정가로서 명망을 떨치기 시작하였다. 또한 미주리주를 지배하였던 악명 높은 정치적 분위기 속에서도 정직성과 성실성으로 명성을 날리기 시작하였다. 1934년 상원의원으로 선출된 트루먼은 루스벨트 대통령의 뉴딜 개혁정책의 열렬한 지지자가 되었다. 그는 제2차 세계대전 기간 중 군사비의 효율성을 검증하는 상원위원회의 의장직을 수행하면서 마침내 국가적 명성을 얻게 되었다. 1944년 건강이 악화된 루스벨트가 네 번째의 대통령직에 도전하고자 하였을 때, 트루먼은 선거에 영향을 미치게 될 중요한 주지역에서 존경받는 상원의원으로 명망을 날리고 있었고 이를 배경으로 부통령 후보로 지명되었다. 부통령직을 12주 남짓 수행하였던 트루먼은 1945년 4월 12일 루스벨트 사망으로 갑작스럽게 대통령직을 승계하였다.

트루먼은 대통령직을 인수한 직후부터 수많은 도전에 직면하였으나 강한 신념으로 그의 능력을 빠르게 입증하였다. 트루먼은 방문객들에게 다음과 같이 말했다. "나는 여기에 결정을 위해서 존재하오. 그리고 그것이 옳든 그르든 나는 결정할 것이오" 그는 미국역사 연구를 통하여 강한 지도력을 발휘하기 위해서는 확고한 통제력의 필요성을 믿고 있었다. 따라서 그는 이전의 다소 느슨하면서도 비공식적인 성향의 전임자와는 대조적으로 고도로 구조화된 행정수단을 통하여 정책결정을 해나갈 작정이었다. 그의 책상에 새겨진 "책임은 여기에서 멈춘다"는 유명한 문구와 함께 시스템의 정상에는 트루먼이 위치하고 있었다. 근면성과 자신감으로 충만한 허식을 좋아하지 않는 그의 지도력은 전후 소련과의 긴장상태에서 미국의 외교정책을 이끌어나가는 근간이 되었다.

그러나 트루먼은 결코 인기가 많은 대통령은 아니었으며, 어떤 의미로는 대통령이라는 직책이 그의 가장 최악의 적이었다. 그의 대통령직 수행의 정기적인 여론결과는 일반적으로 50%를 미치지 못했다. 그의 직무수행은 항상 전임자와 비교가 됨으로써 그를 괴롭혔으나 많은 문제들은 그가 스스로 만들었다. 날카로운 그의 연설스타일 또한 대중에게 영감을 주지 못하였다. 그의 평소 소심함과 기질 그리고 당파성을 반영하듯 종종 그의 행동은 위엄을 상실하였다. 트루먼은 그의 직무수행도 노력만큼 평가받지 못함에 유감을 표명하기도 하였다. 1948년 미국의 대통령 선거는 역사상 가장 큰 의외의 결과를 낳았다. 당시 민주당은 세 갈래로 분열되었고 공화당의 듀이 Thomas Dewey 후보가 무난히 당선될 것으로 예측되었다. 그러나 듀이 후보의 지나친 자신감과 '해리에게 몰표를'이라는 선거구호로 내건 트루먼이 대통령으로 당선되었다. 그는 선거 이후 적수들과 손을 뻗어 협상하기보다는 더욱 퉁명스럽고 자만에 빠져 있는 대통령의 모습으로 비쳤다. 그러나 트루먼은 이전 아시아정책에 대한 비난을 극복하기 위해 의회의 초당적 협력을 요구하는 분위기를 형성하였다.

국무장관의 직무수행을 탐탁지 않게 생각하고 있었던 트루먼은 1947년 초 참모총장으로서 제2차 세계대전을 승리로 이끌었던 마셜George Marshall 장군을 그 자리에 앉히고 싶어하였다. 마셜은 당시 대중들로부터 가장 많은 존경을 받고 있었다. 1949년 그가 건강악화로 인하여 사임하자 그의 후임으로 1945~1947년에 국무차관으로서 충언과 충성을 아끼지 않았던 애치슨을 국무장관으로 임명하였다.

　한국의 위기가 발생하기 이전까지 트루먼-애치슨 사이의 관계는 매우 부드럽게 이어졌다. 명문대를 졸업한 애치슨은 변호사로서 트루먼과는 달리 오만한 태도와 깔끔한 용모를 유지하였다. 두 사람은 서로의 의견을 존중하였고 의사결정과정은 그리 어렵지 않았다. 트루먼은 애치슨의 충성심과 간명한 조언에 감사하였고 애치슨 또한 트루먼 대통령의 직선적인 성격과 과감한 결단력을 칭송하였다. 이들은 정기적으로 회동하였으며 애치슨은 건의사항을 제시하고 트루먼은 이를 두고 논의한 후에 거의 변동사항 없이 안건이 승인되었다. 애치슨은 모든 최종적인 권한은 대통령에게 있음을 주지하면서 그의 광범위한 재량권을 행사하였다. 애치슨 자신도 유능한 참모의 조언을 청취하였고 특별히 중요한 아시아정책에 관한 사안들에 대해서는 동아시아 담당 차권보인 러스크Dean Rusk와 논의하였다.

　후에 국무장관으로 임명되었던 많은 사람들과는 달리 애치슨은 그의 외교정책 수행에 있어 국방부장관과 비교적 원만한 관계를 유지하였다. 국방부장관직은 1947년의 국가안전보장법에 의해서 새롭게 만들어졌고 1950년 정치적으로 야심가였던 존슨Louis B. Johnson 이 장관직을 수행하고 있었다. 그러나 애치슨은 수차례에 걸쳐 다양한 의제로 존슨과 충돌하기 시작하였다. 특히 국가안보에 필수적인 국방비를 NSC-68에 의거하여 급격하게 증가시키려 하자 보수 성향의 존슨은 불필요하며 낭비적 요소가 있음을 지적하였다. 이를 계기로 두 사람의 관계는 다소 멀어지기 시작하였다. 트루먼은 그의 선거운동을 도와준 보상으로 존슨을 국방부장관직에 임명하였으나 그를 신뢰하지는 않았다.

　1950년 6월 25일 오후 늦게 워싱턴으로 돌아온 트루먼은 눈앞에

펼쳐진 한반도위기에 대하여 광범위한 토의를 시작하였고 애치슨 장관에게 국무부 및 국방부 고위 담당자들을 소집하도록 요청하였다. 일련의 고위 관료들이 그 날 밤 블레어 하우스Blair House로 집결하였다(당시 백악관은 내부를 수리 중에 있었으며 블레어 하우스는 백악관의 맞은편에 위치하였다. 일부 참모들은 여전히 백악관에서 머물렀으나 트루먼은 블레어 하우스에서 일시적으로 업무를 수행하였다). 저녁시간 비공식적인 대화를 통하여 자리에 모였던 13명의 고위관료들은 미국이 명백한 침략행위에 대응해야 한다고 의견을 모았다. 이들은 북한의 침략행위를 1930년대 히틀러의 침략행위와 동일선상에 있음을 지적하면서 유화정책의 반복은 안 될 것임을 주장하였다. 이들은 모두 소련이 미국과 유엔의 결심의지를 시험하려 한다고 믿었다. 회의에 참석한 한 관료는 트루먼과 자기 자신에게 상기시키는 듯한 어조로 "우리는 유엔을 저버릴 수 없다. 우리는 유엔을 저버릴 수 없다"를 반복하였다. 참석자들은 대응의 필요성에 합의하면서도 소련이 한국의 침략을 이용하여 바다 건너 다른 곳에 있는 미국전력의 전환을 꾀하려 할지도 모른다고 주장하였다. 궁극적으로는 무엇을 필요로 하는지 아무도 확신할 수 없었으나, 행동하지 않는 것은 대안이 될 수 없다는 것에 모두 동의하였다. 다만 현 상황에서 이제 어느 정도 '선을 그을 때'가 되었다는 인식이 주류를 이루었다.

만찬 이후 공식적인 회의가 시작되자 애치슨은 여러 가지 의결사항을 진행하였다. 그는 먼저 서울에 주재한 무초John Muccio 대사로부터 북한이 전면적인 남침을 개시하였고 선전포고에 상응하는 선언을 했음을 알리는 최근 보고서 내용을 포함하여 진행상황을 요약·설명하였다. 애치슨은 당시 일본에 위치한 극동군 사령관 맥아더 장군을 통하여 한국에 필요한 추가적인 무기와 탄약, 장비를 지급하고, 미국국민을 후송하기 위한 항공수단을 제공할 것을 건의하였다. 트루먼 대통령은 그의 건의사항을 승인하였다.

북한이 유엔안보리의 결의를 무시할 것임을 의심한 적이 없었던 트루먼은 추가적인 조치의 필요성을 인식하였다. 그는 군사지도자들에게 소련의 확전가능성 여부와 지역 내에서 미ㆍ소간의 상대적 전력차이를 판단해보도록 지시하였다. 또한 합동참모본부를 통하여 전력보강을 준비하도록 지시하는 한편 한반도의 군사상황을 판단하기 위하여 맥아더에게 조사팀을 보내도록 지시하였다.

다음날 아침인 6월 26일 월요일, 한국으로부터 불길한 보고서가 날아들었다. 무초 대사는 한국의 상황이 '급격하게 악화되고 있으며 와해 직전'에 있음을 보고하면서 미국 대사관 직원들을 철수시키고 있다고 보고하였다. 남한의 국회는 미국과 유엔에 지원을 요청하였다. 이승만 대통령과 내각은 서울을 빠져나갔다. 모스크바 주재 커크Alan Kirk 대사는 '소련이 세계대전의 모험을 걸 가능성을 배제하기 위하여 결정적 조치'가 필요함을 조언하였다. 그는 소련에게 체면을 세워주면서 교전에 참여하지 않도록 하는 방법은 침략에 대한 소련의 역할을 중요시하지 않는 한편 공공연한 비난을 삼가는 것이라고 주장하였다.

트루먼은 정상적인 일정을 시작하였으나 위기감은 팽배하였다. 주요 신문들은 한반도의 상황이 악화되고 있음을 일제히 보도하였고 사설에서는 미국이 이에 상응한 조치를 취할 것을 주장하였다. 뉴욕 타임즈는 한반도에서 전투가 "미국이 심장을 잃게 되면 전세계의 절반을 잃게 될지도 모르기 때문에 결정적이고 명료한 조치의 필요성을 미국에게 강요하고 있다"고 보도하였다.

이것은 트루먼이 바라보는 시점과 정확히 일치하는 것이었다. 그는 그 날 아침 보좌관들과 함께 의견을 나누고 있었다. 대통령 집무실을 거닐며 트루먼은 벽에 붙은 지도에서 중동 쪽을 가리켰다. 트루먼은 1945년 스탈린과 포츠담Potsdam에서 가진 회담을 상기하면서 원유수입에 의존해야만 하는 스탈린의 소련 군대에 대한 발언을 주목하였다. 트루먼은 지도에 이란Iran을 지목하면서 "우리가 조심하지 않으면 그들이 문제를 일으킬 곳은 여기다"라고 언급하였다. 트루먼은 그의 경험을 바탕으로 소련을 다루는 지침을 다음과 같이 하달하였다. "한국은 동양의 그리스이다. 만약 우리가 강하게 밀어붙이면서 3년 전 그리스에서 우리의 입장을 그대로 가져간다면, 그들은 어떠한 다음 조치도 취하지 않을 것이다. 그러나 만약 우리가 그대로 기다린다면 그들은 이란 쪽으로 움직일 것이고, 전체 중동 장악을 넘보게 될 것이다. 만약 우리가 전투를 계속한다면 그들은 무엇을 할 것인지에 대해 아무 말도 하지 않을 것이다."

트루먼은 정오 직전에 위기에 관한 그의 첫 번째 성명을 발표하였다. 그는 간단한 보도문을 통하여 '도발행위'에 대한 그의 결정을 재확인하였고 미국은 '평화를 해치는 심대한 침략행위를 종식시키기 위한 안보리의 노력에 대하여 전폭적인 지지'를 보낼 것임을 표명하였다. 트루먼은 그의 결정에 관한 비판에 대해서 침묵하지 않았다. 곧이어 열린 상원회의에서 공화당은 대통령의 결정에 대하여 중국의 '상실'이 종국에는 한반도에 위기를 불러오게 되었다고 주장하면서 아시아에서 트루먼의 '유화정책'에 관한 비난기회로 삼았다. 실제로 이와 같은 트루먼에 관한 비판은 이전에 대통령 집무실에서 회의 중 제기되었던 몇몇 관료의 언급과 맥을 같이 하는 것이었다. 격론의 와중에서 브리지스(Styles Bridges, 뉴 햄프셔 주) 의원은 이제 "선을 그어야 한다"라고 거듭 주장하였다. 놀랜드William Knowland 의원은 트루먼 대통령이 언급했을 법한 내용을 다음과 같이 남겼다.

> 오늘날 한국은 과거 만주, 에티오피아, 오스트리아 그리고 체코슬로
> 바키아가 그랬던 것과 같은 동일한 입장에 있다. 법을 지키고자 하는
> 국가들에 의하여 완고한 입장을 취해옴으로써 앞의 각각의 예는 평화
> 를 구할 수 있었다 …… 대한민국의 파괴는 파국적 결과를 가져올 것이
> 다 …… 만약 이 나라가 이러한 침략행위에 의하여 무너진다면, 아시아
> 대륙에서 공산화를 더 이상 막을 수 없을 것이다.

놀랜드와 일부 보수적 공화당 의원들은 초당적 행동에는 참여하
지 않았다. 오히려 이들은 트루먼과 애치슨이 한국전쟁을 통해 정치
적 이익을 추구하려 한다고 비난하였다. 브리지스 의원은 "우리의
일부 지도자들은 국가이익에는 관심도 없어 보이며 …… 어깨를 움
츠리고 있다"라고 언급하였다. 한편 놀랜드 의원은 "외교관들이 잡
담하는 동안 한국의 국민들은 자유를 잃게 될 것"이라며 유엔을 비
난했다.

트루먼은 이미 한국이 얼마나 위급한 상황에 놓여 있는지를 잘 알
고 있었다. 당시 도쿄에 위치한 맥아더는 북한이 압도적인 군사적
우위에 있으며 남한이 어떠한 효과적인 저항도 할 수 없음을 타전하
였다. 그는 '완전한 붕괴가 임박'했음을 결론지었다. 그 날 오후 늦게
대통령 집무실에서 주미 대사는 이승만 대통령을 대신하여 미국의
지원을 호소하였고 대한민국 국회의 '효과적이고 적시적인 원조'요
청을 전달하였다. 트루먼은 대사에게 이보다 더한 상황에서도 사
람들은 살아남았음을 강조하면서 그가 지원할 것임을 재차 확인하
였다.

이러한 상황 속에서 트루먼과 애치슨은 시간은 남한을 위해 별로

남아 있지 않음을 깨닫고 있었다. 국무부로 돌아온 애치슨은 당국자들과 회의를 시작하였으나 잠시 후 그가 혼자 있고 싶다며 그의 생각을 서면으로 정리할 것임을 언급하며 회의를 종결하였다. 한국의 절망적인 상황에 대해 추가적인 보고서가 도착하게 되자 애치슨은 트루먼에게 전화를 걸어 고위 관료회의가 즉시 개최될 것을 건의하였다.

이에 따라 바로 하루 전에 회의에 참석했던 인원들은 월요일 이른 아침 다시 회의에 참석하였다. 먼저 합참의장 브래들리Omar Bradley 장군은 맥아더 장군의 긴박한 판단을 제시하였다. 애치슨은 그의 명확한 방책을 제시하였다. 가장 급박한 건의는 38도선 이남에 위치한 한국의 해군과 공군에 대해 전폭적인 지원을 하도록 명령을 내리는 것이었다. 애치슨은 필리핀에 대한 군사원조 증가 및 인도차이나 반도에서 프랑스에 대한 군사적 지원을 가속화함으로써 아시아에서 미국의 전략적 위치를 고양시키려 하였다. 이와 동시에 그는 중국과 대만 간의 긴장완화를 모색하였다. 애치슨은 중국과 대만 간 상호 침략행위를 방지할 수 있도록 미국이 제7함대를 대만해협에 보내 순찰활동 임무를 수행할 것을 제안하였다. 그는 마지막으로 유엔회원국들이 남한에 대한 군사적 지원을 할 수 있도록 미국이 유엔에 결의안을 제출할 것을 건의하였다.

애치슨이 역사상 중요한 시점에서 결정한 군사·외교적 조치는 몇 가지 의문을 제기하게 되었다. 우선 소련이 안보리에 대표를 보내서 유엔의 추가적인 조치에 거부권을 행사할 것인가의 여부였다. 국무부의 소련 전문가는 애치슨에게 소련의 관료정치 특성상 한국에서 전개되는 급박한 상황에 신속하게 대처하지 못할 것이라고 조언하였다. 따라서 소련대표단이 갑작스럽게 안보리에 나타나지는 않을 것으로 보였다. 다음으로 미국의 해군력과 공군력은 충분한 것인가, 아니면 지상전투부대가 북한에 대응하기 위하여 투입이 요구될 것인가의 문제였다. 육군의 지도부는 공군력과 해군력만으로 상황에 대처하는 것에 회의적이었다. 애치슨은 미국의 군사력이 가용하지 않더라도 대응해야만 한다고 응답하였다. 합참의장 브래들리와 육군참모총장 콜린스Lawton Collins는 만약 지상군이 필요로 한다면 트루먼은 동원령을 선포해야 한다고 주장하였다. 마지막으로 이러한 사안에 대한 의회와의 논의 여부가 쟁점으로 떠올랐다. 트루먼과 애치슨 그리고 존슨은 다음날 아침 의회지도자들과의 회동에서 어떠한 공식적인 승인요청도 하지 않을 것임을 결정하였다.

트루먼은 애치슨의 건의를 승인하였다. 1930년대 그가 체득한 '교훈'과 소련을 다루었던 경험을 바탕으로 그는 미국과 유엔의 민주주의 회원국들이 분명한 결의를 보여줄 것이라고 확신하였다. 회의가 진행되는 동안 그는 한국의 위기상황과 1930년대 독일, 이탈리아 그리고 일본의 침략행위를 동일선상으로 가져다 놓았다. 그는 또한 1947년 그리스 위기와 1948~1949년 베를린봉쇄를 통하여 결집된 힘의 적용만이 소련을 물러나게 했음을 상기하였다.

6월 26일 대통령 집무실에서 나온 조치는 북한의 공격이 시작되고 48시간이 지난 시점에서 북한에 의해 포위된 한국의 방위를 위하여 미국의 공군력과 해군력을 투입한다는 것이었다. 그러한 조치가 남한에게 북한의 공격에 대응할 수 있는 기회를 마련해주기를 희망하면서 행정부에서는 미국의 지상군투입이 요구될 수 있음을 인정하였다. 이들은 소련이나 중국의 개입가능성의 위험성을 준비하였다. 트루먼은 수차례에 걸쳐 전쟁을 원하지는 않지만 침략에 대응할 결의가 되어 있음을 언급하였다. 제반 상황을 미루어볼 때 트루먼에게는 신속한 결단이 요구되었다. 그러나 여전히 미국의 군사력 투입에 대한 의회는 승인을 하지 않았고 유엔에 대한 군사적 제재조치도 유보상태에 있었다. 이러한 와중에서 국방부는 맥아더에게 '남한 내에서 북한군을 몰아내는 것'이 그의 임무라고 전했다.

대통령의 집무실에서의 회의결론에 따라 트루먼과 그의 보좌관들은 일련의 조치와 작전을 수행하기 위한 다음과 같은 가정 사항을 채택하였다.

첫째, 소련은 공격을 지시하였으나, 전면전은 피하고자 할 것이라는 가정이다. 누구도 북한의 침략에 소련의 책임이 있음을 부정하지 않았으며 소련의 목표가 변화했다고 생각하지 않았다. 이는 다음과 같은 이유로 소련의 행동을 설명할 수 있을 것이다. 즉 소련은 서유럽 세력의 '약점'을 공략함으로써 결의를 '시험'해보고, 다른 곳에서 행동을 계획하기 위하여 미국의 관심을 '한국으로 전환'시키고자 할 것이다. 한편 지역 내에서 미국의 영향력을 감소시킴으로써 소련은 '동아시아의 전략적 행보'를 시작할 것이다. 미국의 관료들은 북한의 승리로 인하여 소련이 다양한 이익을 창출할 수 있을 것으로 판단하였다. 그러나 북한이 남한을 용이하게 점령할 것으로 기대하였으나 미국 주도의 유엔군 저항을 받게 될 경우, 스탈린에게 한국은 제한적인 중요성을 지니게 되며 총력전의 위험을 감수할 필요가 없을 것으로 판단하였다.

둘째, 침략행위는 미국의 안보를 위협할 것이라는 가정이다. 소련의 동기와 무관하게 공격행위는 미국의 지원을 받고 있었던 정부에 대한 공격이었으며 이는 아시아에서의 미국의 상징이나 다름없었다. '신뢰성'이 문제의 선상에 올랐다. 즉, 침략대응의 실패는 동맹국가들 사이에서 미국의 약속을 저버리는 것이었으며 적대국가로

하여금 다른 방법으로 미국을 공격하도록 부추길 수 있었다. 1930년대의 교훈은 유화정책은 보다 많은 침략행위를 초래한다는 것이었다. 애치슨은 그의 회고록에서 "이러한 도전으로부터 우리가 물러서게 되면, 미국의 힘과 특권은 파괴될 것이다. 이렇게 되면 억제의 중요성에 그림자를 드리우게 될 것이다"라고 언급하였다.

셋째, 침략은 또한 유엔의 통합성을 위협할 것이라는 가정이다. 남한의 정부에 합법성을 부여한 유엔은 이를 유지하기 위한 특별한 책임이 있었다. 더욱 중요한 것은 유엔의 역할이 효과적으로 수행되기를 미국이 열망한다면 이러한 도전에 맞서야만 했다. 한국의 위기는 1930년대 우유부단함으로 인하여 무용지물이 되어 버렸던 국제연맹The League of Nations의 운명을 피할 수 있을지에 대한 시험대가 될 것이었다.

넷째, 미국은 강력하면서도 억제된 리더십을 제공해야만 한다는 가정이다. 침략에 대한 비난과 보다 단호한 계획을 수립함에 유엔에서의 주도권을 확보하고 있던 미국은 소련에 자극을 주지 않도록 해야 했다. 트루먼과 애치슨은 소련이 북한의 침략행위를 지시하였다고 믿고 있었고 소련은 이에 노여워하였다. 그러나 그러한 감정은 한국의 위기상황이 세계대전으로 확전될 위험으로 인하여 절제되어야만 했다. 미국의 관료들은 소련이 대규모의 전쟁을 원하지 않으나 위협을 받게 되면 그들도 전쟁에 임할 수밖에 없음을 잘 알고 있었다.

다섯째, 한국침략이 공산세계의 최초의 협조된 공세라는 관점에서 미국은 또 다른 지역에서 위기를 예방하는 한편, 그 밖의 지역에서 입지를 강화해야만 한다는 가정이다. 이는 베트남과 필리핀 그리고 대만해협 등 분쟁가능성이 농후한 아시아 3개 지역에서 미국의 군사력의 현시 노력이 강조되어야 했다.

여섯째, 일단 미국의 결심이 확고하고 한국에 적절하게 전투력이 투사된다면 상대방은 적대행위를 중지할 것이라는 가정이다. 한국이 소련에 의한 하나의 '시험'무대라면 1947년의 그리스 그리고 1948~1949년 베를린에서와 같이 확고한 의지를 미국이 보여주어야 한다는 것이다. 트루먼은 미국의 결의 앞에 공산세계가 더 이상의 적대행위를 하지 않을 것임을 묵시적으로 믿고 있었다.

6월 27일 화요일, 미국해군과 공군은 한국군을 직접적으로 지원하는 임무를 부여받았다. 이 날 워싱턴과 뉴욕에서 트루먼 행정부는 전날 밤 합의한 사항에 대한 의회와 유엔의 승인을 기다리고 있었다.

오전 11시 30분, 트루먼과 애치슨 그리고 존슨은 트루먼의 조치에 확고한 지지를 보내온 민주당 및 공화당 의원들과 모임을 가졌다. 한 의원이 한국의 방위를 위해 미군의 병력을 투입할 것인지의 여부를 질문하자, 트루먼은 유엔의 회원국으로서뿐만 아니라 안보리의 결의에 따라 그렇게 할 것이라고 답변하였다. 애치슨은 한국을 원조하기 위한 결의안을 토의하기 위해 회의소집을 요구하였다. 미국은 이 날 오후 안보리에 이를 상정하였고, 미국의 동맹국들로부터 지원은 거의 없을 것임에 유념하였다. 트루먼은 의회에 상황변화를 지속적으로 통고할 것임을 약속하였다. 회의가 끝나갈 무렵 백악관은 성명서를 통하여 북한이 6월 25일의 유엔안보리의 결의안을 무시하였기 때문에 한국정부를 지원하기 위하여 미국의 군사적 역할을 확대할 것이라고 밝혔다. 강력한 어조로 구성된 성명서 내용은 다음과 같았다.

한국에 대한 공격은 공산주의가 주권국가를 정복하려는 기도가 넘었음을 보여주었고, 안보리의 질서를 파괴하였다. 이러한 환경 속에서 이들은 이제 무력분쟁과 전쟁을 기도할 것이다. 공산주의 세력에 의한 대만 점령은 태평양지역의 안보에 직접적인 영향을 미치게 될 것이며, 이에 따라 미국은 이 지역에서 합법적이고 필요한 조치들을 취하게 될 것이다. 따라서 본인은 제7함대에게 어떠한 대만에 대한 공격도 예방하도록 지시하였다. 이러한 조치의 결과로서 본인은 중국 정부가 대만의 모든 공중 및 해상 공격을 중지할 것을 요청하는 바이다. 제7함대는 이러한 상황을 지켜보게 될 것이다.

트루먼의 군사적 투입발언은 급속히 확산되었고 폭넓은 지지를 받았다. 상·하원의 모든 의원들은 기립박수를 보냈다. 공화당원들도 민주당원들과 함께 대통령의 결정에 환호를 보냈다. 트루먼의 대아시아정책에 오랫동안 거리낌 없이 비판해왔던 놀랜드 공화당의원도 "이제 트루먼이 극동지역에서 선을 그어야만 하며 초당적인 미국 국민의 지지를 받아야 한다"고 주장하였다. 1948년 대통령 선거 당시 트루먼의 적수였던 공화당의 당수인 뉴욕 주지사 듀이Thomas Dewey는 '우리의 조국과 국제안보를 위하여 필요한 결정'이라며 이를 인정하는 전문을 보냈다.

한편 유엔안보리는 소련이 참석하지 않은 가운데 3시에 회의가 열렸다. 주 유엔 미국대사 오스틴Warren Austin은 휴가 중에 급히 돌아와 긴급회의에 참석하였다. 그는 짧지만 설득력 있게 북한의 침략행위를 유엔에 대한 공격이라고 주장하면서 어떠한 이유를 막론하고 유엔의 권위를 무시하는 이와 같은 전례를 찾아볼 수 없다고 주장하였다. 그는 또한 '국제평화를 회복하기 위하여 긴박한 제재를 가하는 것은 유엔의 명백한 임무'라고 설명하면서 북한에 대한 제재를 요구하였다. 그는 "한국은 유엔에 보호를 요청하였으며, 본인은 한국의 보호요청을 유엔에 보고하는 것에 회원국으로서 자부심을 느낀다"고 덧붙였다. 마지막으로 오스틴은 '무력공격을 격퇴하고 이지역에서 국제평화와 안전을 회복하기 위한 필요한 조치를 한국에 제공'하도록 유엔회원국들에게 요구하는 결의안을 소개하였다. 안보리는 각국의 대표들이 이 역사적 결의안에 대한 투표 이전에 본국정부와 협조하도록 하기 위하여 오후 5시까지 휴회 되었다.

이 날 밤 10시 25분, 유엔안보리는 좀더 심도 있는 논의를 위하여 회의를 재개하였고 자정 직전에 위원회는 찬성 7표, 반대 1표(유고슬라비아)로 결의안을 통과시켰다. 소련이 불참한 가운데 주요 강대국들은 거부권을 행사하지 않았다. 본국으로부터 지시를 받지 못한 인도와 이집트는 기권하였다(6월 28일 이집트는 결의안에 대한 지지를 하지 않겠다고 선언하였고 6월 29일 인도는 지지를 표명하였다. 이는 결의안이 8대 2로 승인되었음을 의미하는 것이었다).

트루먼 행정부는 북한이 공격을 감행한 지 72시간이 지난 수요일 자정까지 남한을 방어하기 위한 국제적 결의안을 만들어 낼 수 있었다. 유엔의 제재조치에 따라 미국의 해군력과 공군력은 국내에서의 강력한 지원에 힘입어 아시아지역에서 미국의 위신을 크게 손상시킬지 모르는 급박한 위험에 대처하기 위하여 전개되었다.

6월 28일 수요일은 워싱턴에서 비교적 조용한 날이었다. 미국인들은 제한된 군사력의 전개가 한반도의 흐름을 바꾸어 놓을 수 있을지 한국에서의 전개상황을 걱정스럽게 바라보았다. 유럽의 주요 신문들과 국내의 거의 모든 신문 그리고 영국, 프랑스 등 주요국가의 지도자들은 트루먼의 결정에 찬사를 보냈다. 영국은 제일 먼저 군사적 지원을 약속하였고 애틀리Clement Attlee 총리는 영국함정을 태평양으로 파견하였다. 트루먼은 예비역장교단협회 연설에서 열렬한 지지를 받았다. 대통령에 이어 연단에 나선 존슨 장관은 트루먼의 결정을 "역사에 기록될 가장 위대한 순간이며 역사는 트루먼을 찾았다"라며 대통령을 높이 칭송했다.

그러나 상원위원회에서는 영향력 있는 공화당원들이 트루먼의 조치에 대한 위헌성 문제를 들고 나왔다. 미스터 공화당원이라 할 만큼 보수주의자로 명망이 높았던 오하이오주의 태프트Robert Taft 상원의원은 한국에 대한 방어 결정을 지지하면서도 한국전쟁에 개입함에 있어 수단에 대한 의구심을 제기하였다. 태프트는 트루먼이 '올바른 일을 그른 방법'으로 대처하고 있다며 전면적인 논쟁을 제기하였다. 의회 내 일부의원들도 이전에 동일한 문제를 제기한 바 있었다. 헌법의 조항과는 반대로 트루먼은 의회를 우회하여 한반도에 병력을 투입하였다. 태프트는 만약 행정부가 의회에 개입승인을 요구하였다면 헌법상의 절차에 따라 찬성의 표를 보냈을 것이라고 주장했다. 태프트는 그의 입장을 다음과 같이 표명했다.

트루먼의 조치는 의문의 여지없이 사실상 북한과의 전쟁을 선언한 것이다. 대통령은 의회와 협의 및 승인 없이 전쟁을 시작한 것이다 ……이는 본인의 판단에 의하면 군사력 사용에 대통령이 권위를 침해한 것으로 보인다. 만약 이러한 사태가 아무런 저항 없이 진행된다면 ……우리는 최종적으로 미국의 헌법에 보장된 오직 의회만이 지니고 있는 전쟁을 선포하는 그러한 권리를 종식시켜야 할 것이다.

트루먼 행정부는 태프트 의원의 발언을 무시하였으나 한국으로부터의 어두운 소식을 피해갈 수는 없었다. 이른 아침 미국인들은 서울이 함락되었다는 소식을 접하였다. 도로는 퇴각하는 군인들과 피

난민들로 인산인해를 이루었다. 한국에 공군과 해군력을 지원하라는 명령을 수령한 맥아더 장군은 38선 이남의 북한군과 전차, 항공기, 보급로를 공격하기 위하여 가용한 모든 폭격기와 전투기를 파견하였다.

트루먼은 북한의 공격을 저지하기 위해 취해진 과감한 조치가 본질적으로 위험을 내재하고 있음을 인식하고 있었다. 국가안보회의에서 애치슨은 만약 한국에서의 군사적 상황이 악화되고 개입으로 인한 상당한 희생을 강요받게 된다면 국내외적 지원은 약화될 수 있음을 예견하였다. 부통령 바클리Alben Barkley는 상당수의 상원의원들과 유럽동맹국들로부터의 지원이 회의적임을 언급하였다. 트루먼은 한국을 지키기로 결심하였으나 만약 심각한 위기가 다른 곳으로부터 발생하게 된다면 병력투입을 재고할 것임을 인정하였다. 결과적으로 이러한 불확실성은 유럽회원국들로부터 보다 많은 도움을 얻어내는 결과가 되었다.

6월 29일 목요일, 남한사람들의 운명은 점점 더 절망 속으로 빠져갔다. 아침에는 북한의 공격을 저지하는 데 실패한 한국군이 마침내 한강 이남까지 철수하였다는 보고서가 워싱턴에 도착하였다. 한국에서의 전황을 알아보기 위하여 맥아더 장군이 파견한 처치John Church 장군은 오직 미국의 전투부대 파견만이 전한반도를 점령하려는 북한군을 막아낼 수 있을 것이라는 전문을 워싱턴에 보냈다. 맥아더는 직접 한국을 시찰하기로 결심하고 그의 전용 비행기 바탄Battan을 타고 일본을 떠났다. 목요일 이른 아침 맥아더는 처치 장군이 배석한 가운데 이승만 대통령과 회의를 가졌으며 서울 이남에서의 전투를 관망하였다. 이어 맥아더는 미국군과 외교단을 만났으며 전투병력의 투입이 필요하다는 결론을 내렸다. 도쿄로 돌아오는 4

시간 동안의 비행에서 메모장을 손에 들고 워싱턴에 보고할 내용과 건의사항을 준비하였다. 목요일 저녁 맥아더는 일본에 도착하였다. 그가 워싱턴에 보고서를 보내기 전 본토와 일본 사이에는 16시간의 시차가 존재하였다.

맥아더의 보고서가 전달되기 전에 트루먼과 애치슨은 한국의 생존을 위해 미국군을 투입한다는 매우 중대한 성명서를 작성하였다. 이 날 오후 기자회견에서 트루먼은 북한의 공격행위에 강경하게 대응할 것임을 분명히 하였다. 질문이 쏟아지는 가운데에서도 트루먼은 기자들에게 어떠한 군사적 조치에 폄하하는 발언은 삼가도록 하였다. 한 기자가 "우리나라의 전국민들은 현재 우리가 전시인지 아닌지를 묻고 있습니다"라는 질문을 던지자, 트루먼은 "우리는 전시가 아니다. 그러나 유엔의 회원국들은 괴뢰들의 침략을 제압하기 위하여 한국을 돕고 있다"라고 답변하였다. 그러자 기자는 "대통령 각하, 당신의 설명에 의하면 이는 유엔의 통제에 경찰행위Police Action라는 것이 타당한지요?"라고 질문하였다. 트루먼은 이에 "그렇습니다. 지금 진행되는 것이 그러하오"라고 재빨리 답변하였다. 트루먼은 미국의 역할이 국제적인 경찰행위로서의 역할을 수행한다는 데 의심의 여지가 없다고 생각하였으나, 이는 부정적 의미로 인식되면서 불행하게도 언어를 잘못 선택하였음이 입증되었다. 후에 언제 끝날 지 모르는 전쟁에서 사상자수가 증가하게 되자 결정적으로 기자들은 트루먼의 '경찰행위'를 언급하기 시작하였다.

같은 날 미국신문협회 연설에서 애치슨은 '유엔에 직접적으로 도전하는 야만적인 침략행위에 미국군의 투입은 제한된 목표를 추구하는 것'임을 분명히 하였다. 또한 유엔의 한국지원은 "북한의 침략으로부터 한국을 전쟁 이전의 상태로 회복하는 단일의 목적과 그 침략으로 인해 깨진 평화를 회복하는 것"이라고 하였다.

이 날 저녁 국가안보회의를 위해 잠시 모였던 자리에서 애치슨은 '재앙을 막기 위해서는 맥아더 장군에게 그가 필요로 하는 모든 것을 지원해주는 것이 필수적'이라고 언급하였다. 합참의 전략지침 초안과 함께 트루먼은 38선 이북에서의 해군 및 공군작전 승인과 이를 지원하기 위해 필수적인 지상군의 운용에 동의하였다. 한국의 절박한 상황은 그에게 선택의 여지가 없었다. 그러나 트루먼과 애치슨은 한반도를 전쟁 이전 상태로 되돌려놓기 위한 미국의 역할을 제한하기로 결심하였다. 따라서 트루먼은 해군과 공군작전은 맥아더의 판단에 따라 '한국을 잃을지도 모르는 중대한 위험'의 경우에만 북한지역의 군사적 표적에 공격할 수 있도록 하는 건의사항을 승인하였다. 트루먼은 '북한이 남한사람들의 생명을 위협하지 못하도록 맥아더 장군에게 그가 필요로 하는 모든 것을 지원해 주겠지만 38선을 넘지 않기'를 원했다. 북한의 진격을 중지시키기 위하여 합참은 부산 근처의 남서해안 주변에서 교두보를 확보하는 계획을 수립하였다. 트루먼은 이를 위해 항공기 제공과 활주로 건설 그리고 비행장을 보호하기 위한 미국군의 파견을 승인하였다.

트루먼의 확전에 대한 우려는 소련의 개입가능성을 제시한 합참의 작전지침내용에 그의 언급이 보여주듯 명백하였다. 트루먼은 완강하였다. "본인은 이번에 소련과의 전쟁으로 비화될지도 모르는 어떠한 암시도 원치 않는다. 우리는 소련과의 전쟁을 예견하고 있음을 언급해서는 안 된다. 우리는 북한을 38선 이북으로 밀어내기 위해 어떠한 조치도 취할 것이지만 전반적으로 복잡한 상황에 우리가 과도하게 휘말리는 것을 원하지 않는다." 이러한 트루먼의 격한 감정 표현은 내재적으로 위험한 상황일 수밖에 없는 현실에 대한 이해될 수 있는 우려였다. 사실, 맥아더에게 내려진 합참의 지침은 충분히 예견될 수 있었던 것으로 소련이 개입할 경우, 명령에 의하여 수세적 태세를 취하면서 워싱턴의 결정을 기다리는 것이었다.

트루먼은 한반도 위기에 대한 소련의 유화적인 반응에 고무되었다. 모스크바 주재 미대사관은 정부가 통제하는 중앙지 프라우다 Pravda를 통하여 소련정부가 당분간 "두고 관망한다"라는 태도를 취할 것이라고 해석하였다. 6월 25일 소련은 미국이 남한전쟁을 예견한 듯한 언급 내용을 비난하였으나 북한의 내부문제에 간섭하지 않을 것이라고 덧붙였다. 미국의 국무부는 소련이 군사력을 투입할 의사가 없을 것이라고 해석하였다. 트루먼은 이에 '소련인들은 중국이 그들을 위해 전투를 하도록 할 것'이라고 언급하였다. 실제로 미국 정책에 중국의 반응은 미국의 관료들을 곤혹스럽게 만들었다. 베이징의 회견에서 저우언라이(周恩來)는 대만해협에 미 제7함대의 투입은 '중국 영토에 대한 침략행위'라고 주장하였다. 애치슨은 중국이 한국에 대한 개입의 전제조건으로 대만을 활용할 수 있음을 두려워하였다.

두 개의 중국정부에 대한 정책으로 야기된 혼란으로 인하여 애치슨은 그 날 밤 늦게 백악관으로 돌아와 트루먼과 이 문제에 대하여 개인적인 대화를 나누었다. 애치슨은 장제스가 한국에서의 유엔군 작전을 지원하기 위하여 3만 3,000여 명의 병력을 파견할 용의가 있음을 보고하였다. 트루먼은 군사적 목적뿐만 아니라 상징적 목적을 위해 강력한 국제적 지원을 희망하고 있었기 때문에 이러한 제안을 받아들이기를 원하였다. 그러나 애치슨은 장제스가 이끄는 국민군의 한국유입은 중국공산당을 자극할 뿐만 아니라 개입을 초래할 우려가 있다고 경고하였다. 그는 국민군이 대만방위를 위해 필수적임을 강조하였다. 그러나 트루먼은 그와 의견이 달랐다.

오후 6시 59분 전문을 통해 맥아더에게 전달된 명령은 신속하게 사태를 수습하는 것이었다. 6시간 30분 뒤인 금요일 오전 1시 31분, 국방부는 마침내 미국군 전투부대의 운용에 관한 맥아더의 긴급한 건의사항을 수신하기 시작하였다. 그는 전문에서 한국군은 무질서 속에서 '북한군에 대한 주도권을 확보할 능력이 없음'을 발견하였으며 '군사적 침략을 위해 건설된 북한군'은 전한반도를 금방이라도 유린할 태세라고 타전하였다. 맥아더는 "한국군은 완전히 대응할 능력을 상실하였다. 현재의 선에서 저지를 위한 확실하고 유일한 방법은 한국의 전투지역에 미국의 지상군을 투입하는 것뿐 이다"라고 보고하였다. 맥아더는 이를 위해 2개 사단을 요청하였다. 그는 이보다 적은 병력이 투입될 경우 '불필요한 병력손실을 포함하여 외교적·경제적 실패로 돌아갈 것이다'라고 덧붙였다.

한반도위기에 대처하기 위하여 일시적으로 합참에 사무소를 개소한 육군참모총장 콜린스 대장은 잠자리에서 맥아더의 전문을 수령하였다. 그는 맥아더와 회의를 위하여 새벽 3시 40분 참모들을 소집하였다. 콜린스는 맥아더에게 전투부대가 투입되기 위해서는 트루먼의 승인을 필요로 하지만 지침에 포함되어 있는 대로 일단 부산교두보로 1개 연대의 전투단 파견을 건의할 것이라고 말했다. 맥아더는 이에 간결하게 답변하였다. "미국의 지상군이 한국전쟁에 투입된다는 기본원칙을 설정하였으나 현 상황에 대처하기에 충분한 정도는 아닙니다. 시간은 아주 중대한 요소이며 지체 없이 결정하는 것이 필수적입니다" 콜린스는 연대규모의 전투단이 투입되는 여부를 조기에 결심할 것이라고 약속하였다. 그는 "대통령이 병력의 한반도 투입승인 이전에 그의 수석보좌관들과 조심스럽게 논의하기를 희망하는 것이 나에게 감지되었다"라고 덧붙이며 백악관 회의의 움직임을 전하였다.

콜린스 대장과 육군 장관 페이스Frank Face의 지원에 맥아더의 긴급한 요청은 즉각적인 결심을 촉구하였다. 그러나 트루먼은 서두르지 않았다. 그가 4시 57분에 깨어나 맥아더의 건의사항을 보고받자 "오늘밤 이일을 결정해야 하는 것인가?"라고 물었다. 그는 1개 연대의 전투단 투입은 승인하였으나 추가적인 전투부대의 투입에는 의견을 달리 하였다. 트루먼의 결정이 국방부에 전해지자 콜린스는 맥아더에게 추가적인 병력투입은 후에 논의될 것이나, 그가 건의한 대로 1개 연대 전투단의 이동을 승인했음을 알렸다. 이에 따라 6월 30일 이른 시각 미국의 지상군 전투부대가 전투임무를 수행하기 위해 한반도에 투입되었다.

중앙청 앞을 지나는 북한군

전선으로 향하는 국군

이 날 밤 전투부대 투입에 관한 격론이 이어졌고 트루먼은 금요일 이른 아침 핵심군부인사와 각료를 급히 소집하였다. 시간의 중대성을 인식한 트루먼은 장제스의 군사력 제공수락여부와 맥아더의 병력지원요청에 대하여 어떻게 처리할 것인지 조언을 구하였다. 그는 여전히 유엔의 전폭적인 지지로 인식될 수 있는 장제스의 군사력 제공을 받아들이기를 희망하였다. 영국이 해군력의 지원을 약속하였고 호주, 캐나다, 네덜란드 그리고 뉴질랜드는 공군력과 해군력을 지원하기로 약속하였지만 지상군을 지원하겠다는 나라는 아직까지 없었다. 그러나 애치슨과 합참은 중국국민군의 한국전쟁 투입은 중국공산당의 개입을 자극하게 될 것이며 따라서 트루먼에게 장졔스의 제안을 거절하도록 건의할 작정이었다.

트루먼은 그의 대통령직을 걸 만큼 가장 중대한 결정의 기로에서 한 주를 보내게 되었다. 합참은 맥아더 장군에게 2개 전투사단을 파견하는 새로운 지침초안을 작성하였다. 맥아더의 급박한 상황평가는 현재 남한정부가 급격한 사기저하상태에 놓여 있으며 한국군이 와해직전의 기로에 섰다는 서울 무초 대사의 보고와 함께 그 심각성을 더하게 되었다. 트루먼은 맥아더 장군에게 그의 지휘에 있는 어떠한 지상군에서라도 필요한 병력을 전개할 권한을 부여한다고 발표하였다. 트루먼은 또한 해군으로 북한지역을 봉쇄해야 한다는 건의를 승인하였다. 누구도 트루먼의 결정에 이의를 제기하지 않았다. 일요일 이후 점점 악화되는 한국의 위기상황을 지켜보면서 트루먼과 그의 보좌관들은 이러한 중대한 결정의 필요성을 깨달았다. 이들은 만약 군대가 전투를 수행하게 된다면 미국의 목표 달성을 확실하게 보장하기 위해서도 맥아더에게는 보다 광범위한 권한위임이 되어야 한다고 믿었다. 이러한 급박한 결정으로 미국은 한국전쟁에 본격적으로 뛰어들게 되었다.

1시간 뒤 트루먼은 2차 회의에서 의원지도부와 회동을 가졌다. 군사상황을 검토한 이후 트루먼은 한국에 지상군병력을 파견하기로 결정했음을 알렸다. 의원들은 이러한 결정이 지니는 함의와 헌법의 절차문제 등을 제외하고는 대통령의 결정을 강력히 지지했다. 공화당 상원의원 거니Chan Gurney는 한국방위를 위해 미국이 본격적으로 개입하고 있다는 사실을 트루먼이 인지하고 있는지 물었다. 트루먼은 "확실하게 이해하고 있다"고 답변하였다. 공화당의 훼리Kenneth Wherry 의원은 의회와 협의하지 않은 것에 우려를 표명하였다. 트루먼은 이에 대해 긴박한 상황으로 인하여 협의할 충분한 시간이 없었다고 설명하였다. 이에 훼리 의원은 '이해'는 하지만 어떠한 대규모의 조치가 취해지기 전에는 의회와 협의가 이루어져야만 했다고 주장했다. 트루먼은 의회의 조치가 필요했다면 이에 대해 협의했을 것이나 '북한괴뢰집단에 대응하는 과정에서 그러한 절차가 필요없을 것'으로 판단했기 때문이라고 응답하였다.

트루먼은 회의의 말미에 배포될 예정이었던 대언론 발표문을 의원들에게 읽어주었다. 강력한 군사적 조치에 관한 충분한 검토 이후에 작성된 문서의 내용은 다음과 같았다.

> 북한의 침략자들을 한국에서 격퇴시키고 한국의 평화를 재건하기 위한 유엔 안전보장이사회의 요청에 부응하기 위하여 대통령은 이북지역 어디에서도 군사적으로 필요로 하는 표적에 공군력을 사용하도록 승인하였으며, 해군에게 전한반도 해안의 봉쇄를 명령하였다. 맥아더 장군에게는 지상군부대의 사용을 승인하였다.

트루먼의 자서전에서 나타난 것과 같이 마지막 문장은 전반적으로 불분명하게 기술되었고 지상군투입에 트루먼의 결정범위를 전달하지 않았다. 이러한 모호함은 일종의 정치적 고려사항으로 해석되었다. 즉 맥아더 장군이 특별하게 부여된 권한으로 지상군부대를 본인의 의지대로 운용할 경우, 문제를 복잡하게 만들 가능성도 고려되었기 때문이었다.

트루먼은 한국에 대한 개입의 결정이 그의 재임기간 중 가장 중요한 결정이었다고 생각했다. 북한군이 남한을 점령하도록 방치하는 것은 미국의 지위를 약화시키고 국제질서를 유지하기 위한 유엔의 역할을 해칠 수 있는 것이기에 개입의 중요성은 더욱 컸다. 트루먼의 보좌관 중 어느 누구도 한국에 군사력을 투입하는 것에 대한 의문의 여지가 없었다. 미국의 의회와 주요언론 그리고 여론도 대부분 이에 동조하였다. 1930년대 국제적 와해를 생생하게 경험했던 트루먼 세대의 사람들에게 북한의 침략은 제2차 세계대전을 불러일으켰던 독일, 이탈리아, 일본을 즉시 떠올리게 하였다. 따라서 '1930년대의 교훈'은 '침략자의 화해'는 곧장 '총력전쟁'을 의미하는 것이었다.

1950년까지 공산세력의 확장은 일종의 기회였고 어떤 의미로는 합법성마저 지녔다. 동유럽에 대한 소련의 영향력 확장은 퇴각하는 독일군을 추격하고 정치세력들에게 지역공산당의 힘을 실어주는 형태로 진행되었다. 전후에 민주주의를 표방한 정당들은 소련과 미국 간의 긴장이 고조됨에 따라 점차 지역에서 제거되었다. 소련블록이 형성이 된 이래로 가장 악명이 높았던 파워게임으로 기억되는 1948년 체코슬로바키아의 쿠데타에서 소련은 체코 공산주의의 상대적인 힘을 이용하였고 비공산주의 지도자들을 와해시켰다. 아시아에서 공산주의자들의 전진은 민족주의의 인식으로부터 출발하였다. 미국의 지도자들이 인정한 바와 같이 중국에서의 공산주의의 승리는 외부세력의 통제범위를 벗어난 토착적 요인으로부터 기인하였다. 한편 한국과 베트남에서 공산주의 운동은 외부세력의 지배에 저항하는 그들의 생명력으로부터 시작되었다.

만약 한국이 외부의 개입으로부터 자유로웠다면 공산주의를 포용할 수 있었을 것인가 하는 문제가 논쟁이 된 바 있었다. 이러한 주장은 만약 북한이 무력으로 침략하지 않았더라도 공산당은 남한의 혼란을 활용할 수 있었을 것이며, 이승만 정부에 대한 광범위한 불만은 내전으로 발전될 가능성도 있었다는 것이다. 이 경우 한반도 전체가 공산화될 수도 있었을 것이며 미국은 이러한 상황에서 남한을 '구하기' 위해 곤궁에 처할 수도 있었을 것이라는 주장이다.

그러나 문제는 한국전쟁이 한국 내 공산주의자들과 보수세력 간 상대적인 역학관계로부터 기인한 것이 아니라 북한군이 냉전의 분계선을 넘었다는 것이었다. 그들의 목표는 유엔이 인정한 합법정부를 쓰러뜨리는 것이었다. 어떤 상황에서든 이승만 정부는 공격의 희생양이 되었을 것이 분명하였다.

소련의 무기로 무장한 북한군은 소련의 지시에 따라 움직였을 것으로 추정되었다. 미국의 관료들은 김일성이 전쟁을 선동했으며, 스탈린은 전쟁을 주저하였기 때문에 중국의 지원을 받기 위해 김일성을 마오쩌둥에게 보냈음을 알지 못했다. 그러나 보다 미묘한 이 공산국가들 간의 관계도 미국의 대응방안에 어떠한 변화도 가져오지 못했다. 소련지시의 침략과 소련의 지원하의 침략의 구분은 중요한 것이 아니었다. 워싱턴의 관점에서 북한의 공격은 국제적 상황을 명백하게 하였다. 미국은 동유럽에서의 '철의 장막' 확산이나 체코의 쿠데타, 중국의 공산화와 같은 복잡한 문제를 더 이상 다루지 않아도 되었다. 한국은 그리스나 베를린 봉쇄보다 훨씬 더 단순한 문제를 제시하였다. 이 경우 모호성은 존재하지 않았다. 침략은 저지되어야만 했다. 워싱턴에서 20년 이상 경험을 쌓아온 하시Joseph Harsch 특파원은 1950년의 상황을 "이전에는 한 번도 이와 같은 지원에 완벽한 합의가 워싱턴에서는 존재하지 않았다"라고 기록하였다.

전쟁에 관한 안건은 이제 강력한 국제적인 지원으로 힘을 얻게 되었다. 한반도문제를 즉각적으로 유엔안보리에 상정하는 위험부담이 전혀 없지는 않았다. 그러나 급작스런 침략행위는 한반도 등 아시아의 신생국가 및 중동지역 국가와 동맹형성을 위한 트루먼 행정부의 행보를 가속화 하였다. 역사적인 유엔안보리결의안은 안보리의 목적과 미국의 목적을 통합할 수 있게 하였고 전례없이 미국은 국제적 권위 아래 전쟁을 수행하게 되었다.

그러나 트루먼이 전쟁으로의 발걸음을 옮기는 과정에서 누락된 사항이 없었던 것은 아니었다. 먼저 그는 의회의 승인없이 전쟁에 뛰어들어 헌법적 절차에 따라 광범위한 초당적 지원을 받을 기회를 상실하였고 대통령의 권력남용이라는 비난을 불러일으켰다. 의회에 부여된 선전포고권을 무시하고 트루먼은 6월 27일부터 남한에 군사적 지원을 결정하였다. 이로부터 대통령의 전쟁결정에 일부 공화당 의원들의 비난이 시작되었다. 태프트 의원은 대통령의 조치를 '국가의 무력을 사용할 수 있는 대통령의 권한에 의한 완전한 찬탈행위'라고 비난하였다.

의회의 승인절차를 무시한 트루먼의 조치는 헌법적·정치적 그리고 전략적 고려사항으로부터 기인한 것이었다. 트루먼은 군통수권자로서의 권한과 유엔의 회원국으로서의 의무는 한국에 충분한 전투력을 보내는 것이라고 믿고 있었다. 그는 대통령의 특권을 유지하기로 결심하였고 따라서 효과적인 외교정책은 대통령의 강력한 지도력에 달려 있다고 믿었다. 위기의 시기에 그가 받았던 자문은 그러한 생각을 더욱 강화시키는 계기가 되었다. 6월 26일 트루먼은 외교위원회 의장을 맡고 있었던 텍사스 출신의 민주당 상원의원 코널리Tom Connally에게 전쟁결심문제에 관하여 조언을 구했다. 코널리의원은 선전포고의 요청은 "의회에서 오랫동안 논쟁이 될 것이며, 대통령의 손을 완전하게 묶게 될 것이다"라고 경고하였다. 그러나 한편으로 "대통령은 헌법에 따라 군통수권자로서 군대를 보낼 권리를 가진다"라고 조언하였다.

이러한 상황 속에서 미국은 유엔의 회원국으로서 어떤 특정한 상황에서는 전쟁을 안보리로 이관할 수도 있다는 것을 암묵적으로 논의하였다. 유엔헌장은 안보리가 평화에 대한 위협 또는 침략행위에 대한 최소한의 조치가 실패할 경우, "국제평화와 안전을 회복하고 유지하기 위하여 지상군, 해군, 공군을 이용하여 그러한 조치를 취할 수 도 있다"라고 제시하였다. 안보리의 한국 결의는 이러한 '집단적 강제권력'이 처음으로 적용된 사례였다.

트루먼은 미군이 처음으로 전투에 임하게 된 7월 3일에 가서야 헌법적인 문제에 관심을 기울이기 시작하였다. 한편 국무부는 대통령에게 상하원 합동회의에 출석하여 군의 통수권자로서 한반도의 전개상황을 검토해야 한다고 조언하였다. 트루먼은 민주당 상원의원 루카스Scott Lucas와의 회동에서 이 문제를 논의하였다. 애치슨은 트루먼이 전쟁결심의 승인문제보다는 대통령의 조치에 대하여 의회 지도부의 지지 표명을 유도하도록 조언하였고 이를 위해 행정부의 각료들이 긴밀하게 협력할 것을 제안하였다. 애치슨은 대통령의 군통수권자로서의 권력과 의회의 선전포고권한을 절충시키는 방향으로 가닥을 잡았다. 실제로 애치슨은 미국이 모든 적절한 조치를 지속적으로 취해야만 유엔헌장과 안보리 결의안을 지속시킬 수 있을 것이라는 판단 아래 이러한 인식을 '의회에 공고하게 인식'시키기 위한 결의안 초안을 준비하였다. 애치슨과 일부 국무부 관리들은 의회가 개입하여 지원해야만 만약 한국에서 문제가 발생하더라도 국제적으로 도움을 받게 될 것이라고 주장하였다.

그러나 루카스 상원의원은 주저하였다. 그는 의회의 특권유지문제보다는 국무부의 제안과 정치적 문제가 있을 것임을 예견하였다. 루카스 의원은 '만약 트루먼이 의회에 나서면 선전포고를 요청하는 것처럼 보일 것'이라며 이의 우려를 표명하였다. 트루먼이 압도적인 지원을 믿어 의심하지 않고 제시된 결의안의 마지막 통과를 확실히 해두려는 데 주력한 반면 루카스는 공화당이 대통령의 아시아정책 비판을 새롭게 하려는 기회를 잡으려 할 것이라고 생각하였다. 그는 일부 의원들이 논쟁에 개입되기를 희망하지 않는다는 점을 상기시키면서 대통령의 결심에 관한 배경 설명을 라디오와 텔레비전을 통해 방송되도록 제안하였다. 주목할 점은 회의를 통해서 누구도 의회의 승인이 헌법적으로 필요하다는 의견을 제시한 사람이 없었다는 것이었다. 회의는 아무런 결론 없이 종료되었고 트루먼은 이 문제를 다시는 제기하지 않았다.

트루먼과 애치슨은 여전히 의회의 승인이 불필요하다고 생각하였다. 같은 날, 백악관의 회의에서 애치슨은 군의 통수권자로서의 권한과 역사적 선례에 기초하여 트루먼의 한국개입을 정당화하기 위해 국무부가 급하게 준비한 각서를 발표하였다. 국무부는 트루먼의 결정을 정당화하기 위해 1812년과 1932년 사이 대통령이 의회의 승인없이 해외에 병력을 파견한 85개 사례를 준비하였다. 여기에 1950년의 국제사회의 '평화를 유지하기 위한 유엔의 조치는 미국의 중대한 국가이익'임을 추가하였다.

헌법적인 고려사항 이외에도 국내정치는 의회의 승인여부를 두고 방법과 절차상에서 분명한 문제점을 드러내면서 전쟁결정이 트루먼의 입지에 영향을 미쳤다. 우선 아이러니하게도 의회의 전쟁에 관한 지지가 사실상 트루먼에 대한 지지로 해석되어 승인절차에 더 이상 과정이 없었다는 것이다. 국민과 의회로부터 지지를 받고 있다는 사실은 트루먼의 전쟁결정 확신을 더해주었다. 어느 보좌관이 대통령에게 전쟁 승인을 위해 왜 의회로 달려가지 않느냐고 묻자 트루먼은 "그들은 항상 나와 함께 하오"라고 답변하였다. 그러나 트루먼은 전쟁결정 승인여부와 관계없이 공화당 의원들이 그의 아시아 외교정책에 대해 논쟁을 장기화할지도 모른다고 우려하였다. 코널리와 루카스와 같은 영향력을 지닌 의원들도 이러한 이유로 인하여 트루먼이 의회에 달려가지 말 것을 조언하였다.

한편 트루먼은 당시 '희망적 사고'에 사로잡혀 있었고 이로 인해 전쟁결정의 의회승인은 그에게 필요하지 않은 것처럼 보였다. 트루먼의 전쟁결정에서의 암시는 미국이 일단 개입에 대한 결정이 있게 되면 위기는 조기에 종결될 수 있다는 기대감이었다. 트루먼은 소련이 침략을 지시했다고 믿고 있었고 그들이 위기의 초반에 개입되었을 것이라고 판단하였다. 그러나 더 이상의 확대를 원하지 않는 소련이 한국에서의 전쟁을 전면적으로 취소하거나, 적어도 북한지원을 최소화할 것으로 보였고 결과적으로 홀로 전쟁에 임해야 하는 북한을 미국이 상대적으로 용이하게 격퇴할 수 있을 것이라고 기대하였다. 트루먼은 북한을 '괴뢰집단'으로, 개입을 '경찰행위'로 언급하면서 그의 의중을 간접적으로 드러냈다. 물론 분쟁의 종결에 관한 그의 기대는 의회를 더욱 무시하게 되는 계기가 되었다. 의회의 지도자들이나 트루먼 모두 7월 4일부터 10일까지 의회의 휴회를 그대로 유지하기로 결정한 것은 워싱턴의 '평소와 같은 전쟁의 업무태도'가 변화하지 않을 것이라는 심적 상태를 강조한 것이었다.

결국 의회에 참석을 거부한 트루먼의 준거는 설득력을 지니지 못했으며 헌법상으로 그의 경우는 더욱 그러하였다. 한국의 개입에 역사적 선례를 제시한 국무부의 태도에 헌법역사학자 코윈Edward Corwin은 '당시 괴뢰집단과 해적에 대항하여 싸워온 기나긴 기록'일 뿐이라고 주장하였다. 실제로 이러한 85개의 선례는 소규모의 목적(대부분 내전이나 분쟁상황에서 미국국민의 생명보호와 재산을 보호하기 위하여)을 위해 미국이 짧은 기간 개입하였고 다른 군대와는 교전하지 않았음을 보여주었다. 헌법학자 피셔Louis Fisher는 이러한 '목록'들은 '한국 전쟁과 같은 단일의 군사적 모험'을 포함하지 않았다고 기록하였다. 미국으로부터 수천㎞ 떨어진 곳에 침략행위를 저지하기 위하여 9만여 명의 군대를 파견하는 것은 의회의 승인없이 해외에 파견하는 전례없는 일이었다.

이와 마찬가지로 유엔의 회원국으로서 지위가 전투지역에 군대를 파견하는 대통령의 권한에 정당성을 부여했다는 트루먼의 주장도 근거가 미약하였다. 의회는 이 문제를 트루먼이 1945년 서명한 유엔참여법령에 근거하여 논의하기로 결정했다. 이와 더불어 유엔에 의한 군사적 행위를 통한 제재행위를 위하여 미국이 군대를 파견하는 것은 오직 의회의 승인이 있을 경우에만 가능하다는 것을 재확인하였다. 이러한 조치들이 고려 중인 상황에서 애치슨은 의회의 승인을 받은 직후에 한하여 대통령이 유엔안보리에 의해 요청된 군대를 파견할 것임을 의회 소위원회에서 증언하였다. 태프트 의원은 "제반 환경과 군사력 사용의 범주설정 등 의회의 선행적 조치없이 유엔의 활동을 지원하기 위해 군사력을 사용할 권한은 없다"고 주장하면서 전쟁수행에 의회의 권한은 타협의 대상이 될 수 없음을 분명히 하였다. 이러한 그의 주장은 일리가 있었다.

트루먼의 의사결정에 영향을 미친 요인 중에서 의회의 논쟁의 장기화에 관한 대통령의 우려는 설득력이 미약하였다. 애치슨은 그의 회고록에서 미국의 군대가 일단 투입이 되면 첫 주 동안의 전투에서는 후퇴를 강요받게 될 것이고, 이 기간에 의회의 동의를 구할 시간을 벌게 될 것이며, 끝없는 의회의 논쟁은 군대의 사기나 국내에서의 응집력에 지대한 영향을 미치리라는 것은 미루어 짐작할 수 있을 것이라고 술회하였다. 또한 그는 이러한 결정으로 인해 당장은 어려움을 겪을 수도 있으나 차후에 좀더 값진 이익을 가져오게 될 것으로 생각하였다. 이러한 애치슨의 생각 또한 이치에 맞지 않았다. 미국의 군대가 예기치 않은 난적을 만나 전투를 치르고 있는 동안에도 의회가 '끝없는 논쟁'의 소용돌이에 빠질 것임은 상상할 수 없었다.

마지막으로 '희망적 사고'는 일반적으로 지도자가 국가를 전쟁으로 이끄는 경우에 적용되었지만 1950년 한국전쟁에서는 비현실적인 것이었다. 미국군의 준비상태부족과 한국군의 약점, 여타의 국가로부터의 제한된 지원 그리고 상대적인 북한의 군사력으로 미루어 보아 신속한 승리는 일종의 잘못된 기대였다. 군사지도자들은 한국개입이 상당한 희생을 필요로 한다는 것을 인정하였다.

전쟁이 점점 논쟁거리가 되면서 의회는 더 이상 전쟁에 대한 지지를 보내지 않는 이유를(전쟁결의안에 투표를 가정하고) 설명해야 했다. 그러나 트루먼 대통령은 오히려 의회의 승인여부를 지적하였다. 이것은 의회가 대통령의 전쟁결정에 비판을 하면서도 이에 반대 의견을 제시하는 데 문제가 있었음을 드러냈다. 결국 트루먼 대통령은 전쟁개입에 대한 일부반대의견은 물론 전반적으로 한국전쟁은 트루먼의 전쟁이라는 주장을 불식시킬 수 있었다. 중요한 것은 트루먼 대통령이 헌법적 절차에 따라 원칙을 고수하면서 그의 지도력을 발휘했더라면 전투에 보다 힘을 발휘할 수 있었다는 것이었다.

의회의 지원을 얻는 데 실패하였다는 것은 미국의 목표에서 모호성을 드러낸 것과 관계가 있었다. 의회는 결의안을 통하여 입장을 보다 명백히 표명할 수 있었다. 미국은 한반도의 분단상태를 회복하기 위하여 병력을 투입하였다. 트루먼 대통령이 6월 26일, 27일 그리고 30일에 성명서에서 밝힌 대로 북한의 철수와 남한지원의 언급은 이를 분명하게 해두고자 함이었다. 6월 29일 애치슨의 연설은 군사작전의 목표를 전쟁 이전의 상태로 돌려놓는 것으로 제한하였다. 그리고 일부 부적절한 방법이었으나 트루먼의 '경찰행위'에 관한 언급은 분단된 한반도를 회복하는 것을 암시하였다. 이와 반면에 남한을 지원하기 위해 미국군을 투입한 것은 6월 27일의 안보리 결의안인 '무장공격세력을 격퇴하고 이 지역에서의 국제적 평화와 안전을 회복하는 것'에 근거한 조치였다. 즉, 여기서 사용된 언어는 보다 포괄적인 목표를 의미하는 것으로 해석될 수 있었다.

트루먼 행정부 내부에서조차 목표는 명확성과 거리가 멀었다. 국무부에서는 한반도를 분할 이전상태로 돌려놓자는 의견과 유엔의 후원으로 통일을 이루자는 의견이 양분되어 조용하지만 날카로운 토의가 진행되었다. 한반도 개입과정에서 그러한 예민한 문제해결을 뒤로한 채, 트루먼과 애치슨은 해외에서의 군사작전과 국내에서의 정치적 고려사항에 기초한 전쟁목표를 행정부의 입장으로 정리하였다.

이러한 목표의 모호성 이외에도 전쟁을 수행함에 한국의 위기가 미국의 안보와 어떠한 관계를 가지게 될 것인지 하는 문제의 불확실성은 트루먼을 고통스럽게 하는 요인이 되었다. 미국인들은 일반적으로 북한의 침략에 대응하는 것은 받아들였으나, 트루먼의 이러한 개입결정에 관한 설명은 충분치 않았다. 트루먼은 지속적으로 남한의 방위를 유엔 회원국으로서의 미국의 의무와 연관지었다. 이는 이미 국제연맹이 실패한 자리에서 창설 5년째를 맞이하는 국제기구의 위기관리 능력의 성공여부를 평가하게 될 것이라는 그의 견해를 반영한 것이었다. 이러한 그의 견해는 병력이 파견된 이후에도 계속되었다. 6월 19일에 있었던 라디오와 텔레비전 연설에서 트루먼은 전투에 참여하는 이유를 다음과 같이 설명하였다. "한국은 수천 리 떨어진 곳에 위치한 작은 국가이다. 그러나 그 곳에서 일어나고 있는 일은 미국인들에 매우 중요하다. 북한의 침략행위는 유엔 헌장을 위반한 것이며, 미국은 유엔의 지휘와 깃발 아래서 그 일익을 담당할 것이다. 이는 국가 간에 오랫동안 추구해온 법의 규칙을 찾기 위한 출발점이 될 것이다."

대부분의 미국인들은 유엔의 대응에 대통령의 의견을 지지하였으나 트루먼은 유엔의 역할과 남한의 방위를 통해 미국의 국가안보를 실현할 수 있다는 사실을 국민들에게 전달하는 데 실패하였다. 미국은 국제적 안정유지와 주권국가의 생존성 보장, 적대세력으로부터의 전략적 접근을 예방하는 데 근본적인 국가이익을 두고 있었다. 트루먼 행정부의 발표는 이러한 조건을 언급하지 않았다. 결과적으로 대부분의 국민들은 점점 전쟁이 미국보다는 유엔의 전쟁이라고 인식하기 시작하였다. 트루먼이 유엔의 경찰행위로 전쟁의 성격을 규정함으로써 결과적으로 그의 행보에 방해하는 역할을 하게 되었다. 결국 트루먼은 유엔이 없다 하더라도 1950년 한국전쟁의 개입은 미국의 국익과 연관된다는 사실을 전파하는 데 실패한 것이다. 따라서 미국군의 투입은 불완전한 헌법적·정치적 고려사항을 동반하게 되었으며 전략적 문제들은 전쟁을 수행함에 어려움을 가중시켰다.

트루먼은 전쟁을 수행함에 고려되어야 했던 문제들로 인하여 그의 버거운 행로를 시작하였다. 이는 1950년 6월의 마지막 주에 그와 참모들이 직면했던 긴박성과는 대조적인 모습이었다. 이전까지 미국이 지원하는 국가는 단 한 번도 뜻밖의 침략행위를 받은 바 없었고 급박한 위기조치도 필요로 하지 않았기 때문에 한국전쟁은 그들을 더욱 당혹스럽게 하였다. 트루먼에게는 개입과정에서 그의 실수보다 그가 옳다고 생각한 것을 실천하는 것이 더욱 중요해 보였다.

대통령의 정치적·헌법적 오산은 돌이켜보면 '필요한 전쟁'이라는 사실에 대한 결정성을 흐려놓지 말았어야 했다. 1950년의 고조된 국제적 긴장상황과 북한의 침략행위를 고려해볼 때, 트루먼은 어떠한 조치라도 취했어야 했다. 일반대중에게 1930년대의 '교훈'과 이와 연관된 강력한 국제기구의 필요성을 차치하고서라도 한국개입의 결정은 필수불가결한 것이었다. 아시아지역에서의 '유화정책'을 비난하는 공화당원에게 한국전쟁 개입은 트루먼 결의와 힘을 보여주는 기회가 될 수 있었다.

만약 한국전쟁에서 북한이 승리하게 된다면 공산주의 정부로 한반도 통일을 의미하는 것으로 이는 공산세계에 엄청난 힘을 실어주는 기회가 될 것이었다. 항상 조심스러운 행동을 보여왔던 스탈린은 직감적으로 미국이 한국 내에서 그들의 위치를 확보하고자 개입을 시도할 것임을 인지하였다. 결국 스탈린은 북한지원을 주저한 나머지 김일성을 중국에 보냈다. 미국의 동맹국들은 한국에서의 공산주의 승리의 결과에 대한 우려를 공감하였다. 그러나 아시아의 신흥국가나 중동국가들은 냉전의 이해득실에 대하여 대부분 중립적이거나 관심이 없었다. 다만 그들은 북한의 침략행위에는 반대하였다. 한반도문제를 유엔으로 가져가려는 트루먼과 애치슨의 결정은 동맹국과 중립국가들의 지원을 확보하는 데 도움을 주었다. 그들은 세계대전을 피하기 위하여 소련에 대한 그들의 증오심을 조절하였다. 결국 트루먼은 유엔의 권위에 제재조치와 함께, 강력한 국제적 지원을 등에 업고 전쟁을 이끌었다.

:: 제2장
통수권자로서의 트루먼

우유부단한 결정

한국전쟁 개입결정을 통하여 트루먼은 두 번의 주요전쟁을 수행한 미국의 최초 대통령이 되었다. 제2차 세계대전의 마지막 2주 동안의 승리경험과는 달리 트루먼 대통령은 한국에서의 전쟁 상황에 절망을 느끼게 되었다. 이러한 트루먼의 고충은 제한전쟁이 지니는 근원적 어려움으로부터 기인한 측면도 있었다. 민주주의 국가에서 지도자들은 결정적인 승리를 달성하기 위한 국민적 지지와 희생을 요구하는 독특한 도전에 직면하게 된다. 트루먼 대통령이 직면했던 문제들은 그가 미국을 전쟁으로 이끌어가는 과정에서 파생되었다. 전쟁의 의회승인문제와 전쟁이 미국의 안보에 매우 중요하다는 인식을 국민들에게 전파하지 못한 것 그리고 명확한 정치적 목표의 미설정은 전쟁기간에 그의 지도력을 훼손시키는 요인이 되었다.

만약 트루먼이 보다 광범위한 정치적 통찰력과 보다 양질의 조언을 받았더라면 통수권자로서의 그의 문제는 해소될 수 있었을 것이다. 트루먼은 사안을 검토하고 승인하는 과정에서 군사전문가 및 관료들의 조언과 의문점을 논의하지 않았다. 대신 그는 주요핵심 직위자, 특히 애치슨 장관에 크게 의지하였다. 그러나 전쟁은 이들의 관계마저 변화를 가져오게 하였다. 미국이 전쟁에 개입하는 의사결정

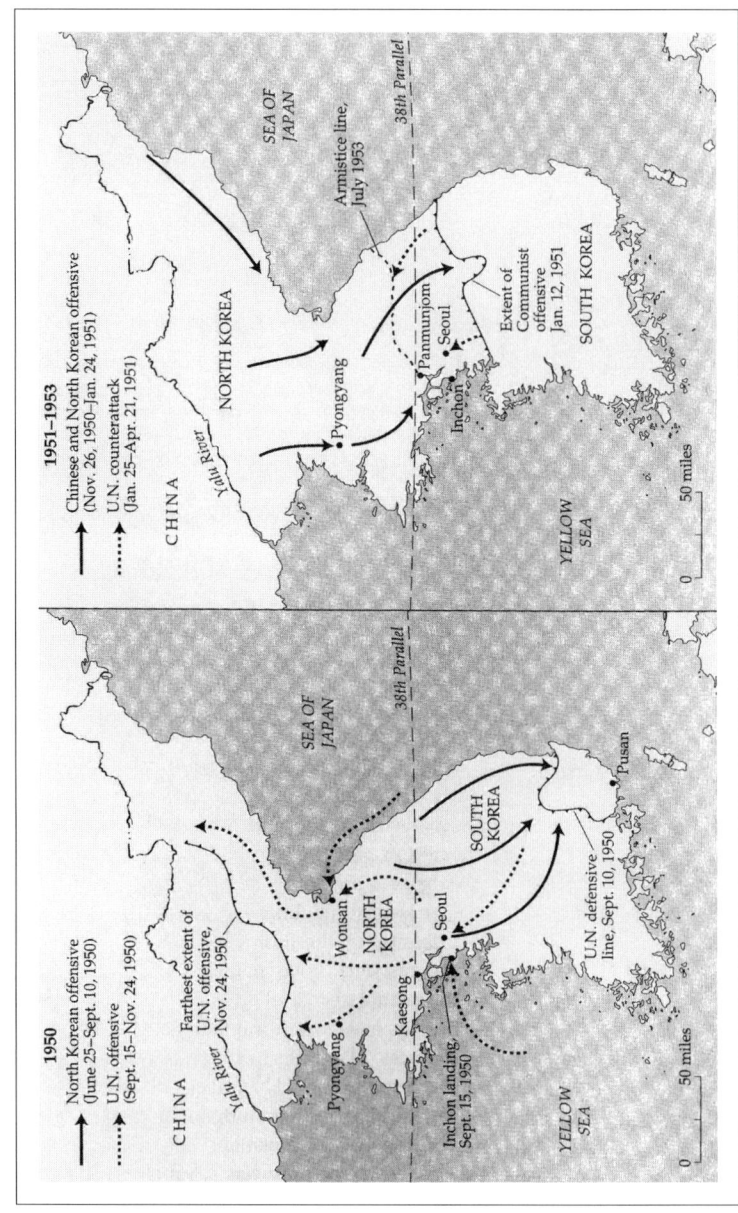

THE KOREAN WAR: Canpaigns if NOrth KOrean, Chinese, and U.N.Forces

1951–1953

→ Chinese and North Korean offensive
(Nov. 26, 1950–Jan. 24, 1951)

⋯→ U.N. counterattack
(Jan. 25–Apr. 21, 1951)

SEA OF JAPAN

38th Parallel

Armistice line, July 1953

NORTH KOREA

CHINA

Yalu River

Pyongyang

Panmunjom

Seoul

Inchon

Extent of Communist offensive Jan. 12, 1951

SOUTH KOREA

YELLOW SEA

0   50 miles

1950

→ North Korean offensive
(June 25–Sept. 10, 1950)

⋯→ U.N. offensive
(Sept. 15–Nov. 24, 1950)

Farthest extent of U.N. offensive, Nov. 24, 1950

SEA OF JAPAN

38th Parallel

CHINA

Yalu River

Pyongyang

Kaesong

Wonsan

NORTH KOREA

Seoul

SOUTH KOREA

Pusan

U.N. defensive line, Sept. 10, 1950

Inchon landing, Sept. 15, 1950

YELLOW SEA

0   50 miles

과정을 장악했던 애치슨은 전투가 시작되자 군과 의견을 달리하였다. 이는 애치슨이 취한 권위적 서열관계를 반영한 것으로 외교정책 문제에 주요조언자라는 그의 역할의 완고한 입장으로부터 기인하였다. 따라서 그는 군사적 문제에 대해 국방부 장관이나 합참의장의 의견에 논쟁을 회피하였다. 이에 일부 학자들은 "어느 측면에서 애치슨은 군사전략가에 대한 두려움을 가지고 있었고, 군사적 결정이 중대한 외교적 결과를 초래할 경우에도 그들의 판단에 직접적으로 도전하는 것을 꺼려하였다"고 기술하였다. 애치슨의 이러한 태도는 오히려 야전사령관에게 광범위한 지휘폭을 부여하는 미국의 전통에 따라 유엔군사령관이 보다 제한없는 지휘권을 행사하게 되는 결과를 가져왔다. 트루먼 자신도 "당신이 당신의 사람을 직접 선발하고 그를 지원해야만 한다. 이것만이 군사조직을 움직이게 하는 유일한 방법이다"라고 언급하면서 군사작전에 관한 지휘권한을 대폭 위임하였다.

트루먼은 '사람을 선발'하는 첫 번째 결정을 통해 그의 태도를 보여주었다. 1950년 7월 7일 유엔안전보장이사회는 한국의 방위를 위해 필요로 하는 '군사적 수단과 기타수단'을 지원하고, 이러한 군사적 수단인 유엔군사령부를 지휘할 사령관을 '미국이 지명'하도록 하는 결의안을 통과시켰다. 트루먼은 유엔군사령관을 지명할 권한이 주어지자 합동참모본부에 건의하도록 하였고 합참은 신속하게 맥아더 장군을 추천하였다. 이에 트루먼은 주저없이 승인하였다. 제2차 세계대전 당시 태평양지역에서의 맥아더의 명성과 연합군의 일본점령 등을 포함하는 실질적인 극동지역에서의 총사령관 역할을 미루어 짐작해 보면 합참은 그를 '고려할 수 있는 유일한 선택'으로 보았다. 그러나 맥아더는 이미 군에서 퇴역의 나이를 넘어서 70세를 접어들고 있었으며 건강은 그를 괴롭히고 있었다. 더욱이 그는 감정에 이끌려 지휘해온 오랜 기록을 가지고 있었다. 맥아더 자신의 상당한 자만심과 자존심은 그를 협력하여 작전을 수행하기 어려운 사람으로 만들었다. 뉴욕 타임즈의 레스톤James Reston 기자는 "새로운 보직에 있어 외교력과 여론에 대한 폭넓은 관계 그리고 상대와의 민감성 등은 필수적인 정치적 자질이었지만 맥아더는 과거 바로 이러한 면에서 자질부족으로 인하여 비난 받아왔다"고 기술하였다.

유엔군사령부가 창설됨에 따라 트루먼은 행정부 내부에서 오랫동안 지속된 유엔의 정치적 목표에 대한 논의에 보다 폭넓은 관점으로 보기 시작하였고, 이 과정에서 '제한'적인 전쟁의 목표(전쟁이전의 상태로 복귀)로부터 궁극적 '승리'로(북한군을 격멸하고 한반도 통일) 목표가 전환되는 논의 까지도 허용하였다. 미군이 전투를 개시함에 따라 유엔안보리결의안의 문구는 물론 트루먼의 '괴뢰집단'에 대한 '경찰행위' 언급 그리고 '북한이 침략하기 이전의 상태로 남한을 복귀시키고자 하는 단일의 목적'은 애치슨의 발표에 따라 한반도에서의 '제한'된 목표는 보다 분명해 보였다.

전투가 진행 중이던 초기 유엔군은 북한군의 진격을 멈추기 위한 방어 작전을 실시하였고 부산을 중심으로 한반도 남동지역에서의 교두보 확보에 주력하였다. 이러한 상태에서 군사적 상황을 반전시키고 북한군을 38선 이북으로 밀어내는 것은 어렵고도 먼 도전처럼 보였다. 그러나 일부 군사지도자 및 관료들은 종국적으로 공세전환은 북한에 대한 결정적 패배를 가져올 것으로 판단하였으며, 이는 유엔의 통제 하에 통일로 이끌게 될 것으로 생각하였다. 7월 1일 일찍이 국무부 동북아시아 담당 국장이었던 앨리슨John M. Allison은 미국이 북한에 대한 점령계획을 발전시키고 유엔의 감시에 선거 치를 준비를 해야 한다고 주장하였다. 맥아더 장군은 전쟁이 북한지역으로까지 수행되어야 함을 의심해 본 적이 없었다. 그는 육군 및 공군 참모총장이 도쿄에 위치한 그를 방문했을 때 북한군을 격멸하고 통일을 이룩하겠다는 그의 의도를 언급하였다.

트루먼 행정부 내에서 '승리'에 대한 목표는 상당한 힘을 얻게 되었다. 이는 여러 가지 다양한 가정에 근거한 것이었다. 먼저 "원상을 복구한다"는 방안은 한반도에서 또 다른 불안을 가져올 가능성이 있었다. 국무부 자문역할을 하고 있었던 저명한 외교관 출신의 공화당원 덜레스John Foster Dulles는 한반도분할이 '침략자의 도피처'를 제공하게 될 것이라며 이는 '6월 25일 북한의 공격보다 더 위험한 상황에 한국을 노출'시키거나 '북한을 38선에서 견제하기 위하여 미국은 대규모의 군사력을 투입'해야 하는 결과를 가져올 것으로 보았다. 여기서 합동참모본부는 "군사작전의 관점에서 볼 때 38선은 더 이상 중대한 의미를 지니지 않는다"라고 덧붙였다. 이 선은 어떠한 천연적인 장애물도 제공하지 않으며, 북한에게 퇴각 이후에 장차 재무장과 전쟁계획을 새롭게 만들 기회만 제공할 것으로 보였다.

둘째, 유엔의 북한지역으로 이동은 공산주의에 대한 승리를 쟁취할 유일한 기회를 제공하는 것이었다. 합참은 이에 '소련의 영향력으로부터 벗어나는 첫 번째 기회'를 제공하게 될 것이며 따라서 '소련이 조직 중인 극동지역으로부터 여타지역을 연결하는 전략적 의도'를 와해시켜야 한다고 주장하였다. 이 과정에서 한국의 통일로 말미암아 더 이상 공산주의가 아시아의 장래를 위협하고 있다는 인상을 불식시킬 수 있을 것이며, 합참은 "아시아를 통하여 소련의 정복을 예견하는 사람들에게는 그것은 단지 희망사항일 뿐이다"라는 메시지를 보낼 수 있을 것으로 판단하였다. 그러나 여기에는 한국이 아시아지역에서 소련과 중국 사이에 쐐기역할을 할 것이라는 또 다른 정치적 이익도 존재하였다. 합참은 중국이 한국과 경제적 접촉을 통하여 소련에 대한 의존도를 줄일 수 있게 될 것이며, 중국공산당은 이를 교묘하게 조작하여 자국의 국익을 추구할 수 있을 것이라고 주장하였다.

셋째, 결정적 승리는 남한에 고난과 고통을 가한 북한을 응징함으로써 유엔의 목적을 보다 분명히 해둘 수 있을 것이라는 판단이었다. 이에 국무부의 앨리슨은 다음과 같이 언급하였다. "나는 명확한 도덕적 원칙에 따라 협상하여 얻게 되는 이익을 보지 못했다. 우리의 의무는 침략행위의 대가를 명확하게 해두는 것이며 이를 기피하는 것은 칼로 흥한 자는 칼로 망하게 된다는 고귀한 격언을 어기는 것이 될 것이다. 모든 법적·도덕적 권리는 우리 편에 있다. 무엇을 주저하는가?"

넷째, 북한은 대규모 전쟁의 모험을 감행할 것으로 보이지 않았다. 8월 말 대부분의 미국의 관료들은 소련이 한반도에 개입하지 않으리라는 것을 확신하였다. 전쟁 초기 두 달여 동안 소련의 조치는 매우 조심스럽고 타협적이었다. 소련은 말리크Jacob Malik 대표가 유엔안전보장이사회에 출석하게 된 8월에 이미 거부권을 행사하였다. 또한 외국군의 철수에 이어 남북한 정부의 합의를 통해 한국에서의 전쟁을 종식시키고자 하는 인도의 제안을 소련이 지지한 바 있었다.

대부분의 미국관료들이 한국의 통일가능성을 확신한 반면 일부에서는 의문과 경고를 제기하였다. 특히 소련전문가 케난George Kennan과 볼렌Charles Bohlen은 소련이 한국의 북쪽 국경선에 유엔군이 존재하는 것을 달갑지 않게 행동할 것이라고 주장하였다. 국무부의 정책기획자들은 북한으로의 어떠한 군사적 진격이라도 소련이나 중국의 개입을 불러오게 될 것이며, 유엔 내부에서의 미국의 지지에 대한 약화를 가져오게 될 것이라고 덧붙였다. 케난은 지속적으로 억제를 주장해온 사람이었다. 그는 애치슨에게 '스스로 감정적인 도덕적 태도에 빠져 있는 사람들'로 인하여 미국이 '소련과의 실질적 분쟁'으로 치닫게 될지도 모르기 때문에 이들을 무시하도록 권고하였다. 케난은 만약 미국이 한국의 '상실'을 예방하기 위하여 행동한다면 소련과 중국은 왜 북한의 '상실'을 예방하기 위해서 행동하지 않겠는가? 라며 이들 국가가 개입하지 않을 것이라는 주장에 의문을 제기하였다.

국가안보회의는 이러한 우려를 배제하면서 군사적 상황이 허락할 경우 북한으로의 군사적 진격문제를 계획할 것을 조심스럽게 건의하였다. 9월 11일 트루먼 대통령은 만약 어떠한 것도 장애가 되지 않는다면 그러한 진격을 허가한다는 NSC-81/1을 승인하였다. 최종결정은 '소련과 중국의 행동과 유엔의 우호세력들과의 협의 및 합의 그리고 총력전으로의 확전 위험평가'의 관점에서 내려질 예정이었다.

인천상륙작전 중인 미군

맥아더와 워커 장군

그러나 9월 15일 미국군과 한국군이 인천에 상륙작전을 개시하자 상황은 급변하기 시작하였다. 맥아더 장군은 이 과감한 상륙작전을 지휘하였고 트루먼은 합참의 성공가능성에 의구심이 있음에도 불구하고 이를 승인하였다. 이 계획의 목적은 확장된 적의 병참선을 차단하여 북한군의 취약점을 이용하려는 것이었다. 유엔군은 이 도박과도 같은 작전으로 북한군에게 기습을 가하여 다시 주도권을 잡게 되었다. 전황은 밤 사이에 완전히 뒤 바뀌었다. 인천에 교두보를 확보한 뒤, 해병대는 서울로 진격하였다. 이들은 강력한 적의 저항을 극복하고 9월 28일 수도 서울을 다시 장악하였다. 다음 날 이승만 대통령과 정부는 서울로 돌아왔다. 한편 남쪽에서는 워커Walton H. Walker 장군이 이끄는 제8군이 북한군의 방어선을 돌파하여 북진 중에 있었다. 이러한 갑작스런 북한군의 퇴각상황으로 인하여 유엔의 목표를 재검토하여 다시 설정해야 할 상황에 이르게 되었다.

이제 더 이상 전쟁문제는 비밀문서를 통하여 은밀하게 논의할 사안이 아니라 공개적인 토론문제로 발전되었다. 초기 전쟁기간에 후퇴와 인원손실로 인하여 의기소침하던 미국인들은 승리의 목표를 점차 받아들이기 시작하였다. 의회지도자들과 주요 신문의 사설은 한국의 통일을 논의하기 시작하였고, 소련이나 중국의 개입가능성은 대해서는 폄하하기 시작하였다. 1947년 이래 트루먼 대통령의 비타협적인 외교정책을 비난해왔던 저명한 칼럼니스트 리프먼Walter Lippmann은 전쟁 이전의 상태로 복귀시키는 것은 받아들여질 수 없다고 주장하였다. 여타의 평론가 또한 전쟁에서의 승리를 연호하였다. 알소프Joseph Alsop는 트루먼 대통령에게 더 이상 '우유부단'해서는 안 된다고 주장하였다. 로렌스David Lawrence는 북한군의 격멸과 한국 통일의 실패는 침략자의 유화적인 태도로부터 기인하게 될 것이라고 주장하였다. 의회 또한 강경한 입장으로 기울었다. 공화당과 논쟁을 벌여왔던 민주당 또한 전쟁에서의 승리를 요구하였다. 공산화로 인한 중국 '상실'에 대하여 트루먼 정책에 비판을 가해왔던 공화당원들은 침략에 대한 '대가'로 북한전쟁 수행에 목소리를 낮추었다.

트루먼 대통령은 이미 실질적으로는 북한으로의 진격결정을 굳힌 바 있으나 이를 공론화하지 않았다. 9월 21일의 기자회견에서 트루먼은 38선 북방으로 미군을 진격시키는 문제에 대하여 질문을 받았다. 그의 답변은 불성실해 보였다. "아니오. 나는 계획을 가지고 있지 않소. 그 문제는 유엔에서 결정할 문제입니다. 우리는 이 문제에 관심을 가지고 있는 유엔의 여러 참전국 중 한 국가일 뿐이오. 이 문제는 유엔에서 해결하게 될 것이며 본인은 유엔의 결정을 지켜나갈 것이오."

트루먼의 숨은 의도는 그가 마셜George C. Marshall 장군을 국방장관으로 임명하면서 더욱 분명해졌다. 그는 중대한 시기에 병상에 있던 그를 입각시키기 위한 설득에 성공하였다. 이는 그가 가장 신뢰하는 애치슨과 마셜 두 사람이 전쟁에 관한 대통령의 주요한 정치적·군사적 조언자가 된다는 것을 의미하였다. 마셜은 제2차 세계대전 중 합참의장으로 재직하면서 그리고 1947년부터 1949년까지 국무장관으로 재직하면서 폭넓은 명망을 얻게 되었다. 그의 국방장관으로의 임명은 군사적 지도력에 엄청난 영향력을 행사하게 될 것이며 애치슨조차도 그에게 두려움을 가지고 있었고 감히 그의 판단에 도전장을 내밀지 않았다. 그러나 마셜의 화려한 경력에서의 마지막 직책은 그의 건강악화로 인하여 업무의 효율성을 발휘하기에는 제한이 되었다. 맥아더의 완강한 행동과 미국이 한국에서 직면한 정치적 상황에서 그에게 요구되었던 전쟁에 대한 강력한 입장을 그는 결코 취할 수 없었다.

9월 27일 맥아더가 38선 이북에서의 군사작전을 지휘하도록 애치슨과 마셜이 건의하자 트루먼은 이를 즉각 승인하였다. 주요 공산세력에 대한 도발적 행위의 가능성을 줄이기 위하여 맥아더에게 부여된 북진지침은 중국과 소련의 국경지대에는 한국군 이외에는 전개되어서는 안 된다는 것이 구체화되어 하달되었다. 주요 공산세력이 개입할 경우에 대비한 우발계획도 수립되었다. 첫 번째 우발계획은 만약 소련이 개입하게 된다면 맥아더는 수세적인 입장을 취하고 어떠한 충돌행위도 피하며 워싱턴에 보고하는 것이었다. 그러나 만약 중국이 개입하게 되면 상당한 정도의 성공의 기회를 잡을 때까지 군사작전을 계속 수행한다는 것이었다.

트루먼은 이어 맥아더의 군사작전계획을 승인하였다. 제8군은 서측에서 평양과 그 이북으로의 진격을 계속하고 제10군단은(1개 해병사단 및 1개 육군사단으로 구성) 제8군으로부터 분리하여 해상으로 기동, 원산지역에 상륙하고 이로부터 북동쪽 방향으로 공격을 계속한다는 것이었다. 맥아더는 미군과 한국군 그리고 유엔군으로 하여금 후퇴하는 북한군이 한만(韓滿) 국경선을 넘기 전에 신속하게 이들의 배후를 차단할 수 있을 것으로 판단하였다. 야전사령관에게 상당한 정도의 지휘권의 폭을 부여하는 전통을 반영하듯 마셜은 맥아더에게 전화를 걸어 "우리는 장군이 38선 이북으로 진격함에 전략적으로나 전술적으로 방해가 되지 않기를 바라오"라고 말하였다. 맥아더는 이 지침을 한국군을 제외한 병력들이 국경선으로 진격하지 말라는 이전의 제한사항을 무효화한 것으로 해석하였다. 맥아더는 워싱턴에 다음과 같이 회신하였다. "적들이 항복할 때까지 우리의 군사작전은 한반도 전체를 통하여 수행될 것입니다" 결국 트루먼은 유엔의

승인 이전에 38선 이북으로의 군사작전을 승인하였고 맥아더에게
는 폭넓은 재량권이 부여되었다.

북한지역으로의 군사작전을 결심한 트루먼 행정부는 이제 유엔의
승인절차를 밟고자 했다. 영국의 관료들과 함께 애치슨은 유엔군이
북한으로 진격하기 위한 결의안을 준비하였다. 애치슨은 다음과 같
이 주장하였다. "한반도의 통일을 위해서는 한반도 전역을 통하여
전반적인 안정을 확보하기 위한 모든 적절한 조치가 취해져야 한다.
소련대표단이 유엔으로 복귀하였고 안전보장이사회의 결의안에 거
부권을 행사할 수 있기 때문에 미국은 이 결의안을 모든 대표들이
참석하는 총회에 상정할 것이며, 주요 강대국들은 거부권을 가지지
못할 것이고 미국의 동맹국들은 다수가 될 것이다." 그러나 절차상
이유로 인하여 미국은 결의안 작성에 참여하지 않았다. 결국 영국을
포함한 8개국들이 북한지역에서의 군사작전 승인에 관한 '8개국 결
의안'을 제출하였다.

9월의 마지막 주와 10월 초 미국과 영국이 결의안 문구를 손질하
고 있는 동안 중국은 만약 유엔군이 38선을 넘게 되면 그들도 개입
할 것이라고 경고하였다. 9월 25일 중국의 관료들은 베이징 주재
인도 대사에게 "미국이 중국의 국경선까지 진격하도록 팔짱을 끼고
앉아 있지는 않을 것"이라고 말하였다. 1주 후 저우언라이는 만약
미국군이 북한에 들어오게 되면, 중국은 개입할 것이라고 언급하
였다.

유럽의 동맹국들과 중립국가들은 중국의 태도를 심각하게 받아들
였고 확전을 우려하였다. 처음으로 미국의 정책에 대한 국제적 지원
이 약화되었다. 그러나 트루먼은 '그러한 중국의 과감한 태도는 유
엔에 협박행위를 하는 것'이라며 중국의 경고를 묵살하였다. 영국관

료들과의 회동에서 애치슨은 한반도의 상황을 '포커게임'에 비유하면서 중국이 '허세'를 부리고 있다고 보았다. 중국개입의 위험성과는 상관없이 애치슨은 '보다 큰 위험은 주저함과 소심함을 보이는 것'이라고 주장하였다. 북한으로의 진격을 중단하는 것은 이미 때가 늦어버렸다. 심지어 중국의 위협을 심각하게 생각한 관료들도 미국이 위협받아서는 안 된다고 생각하였다. 예를 들면 중국전문가이면서 국무부 중국문제국장이었던 클럽Edmund Clubb은 만약 소련이나 중국이 개입하게 된다면, 그것은 제3차 세계대전을 기꺼이 치르겠다는 것을 의미하는 것이 될 것이므로, "우리는 이로부터 후퇴하거나 중국의 위협에 굴복하는 위험성 모두를 피할 수 없을 것이다. 이 두 움직임은 모두 우리에게 내재적인 위험성을 증가시킬 것이다"라고 주장하였다.

　미국이 중국의 위협을 무시하고 군사력을 한반도 통일을 위한 방향으로 운용하려 하자 북한의 침략 초기에 미국에 지지를 보냈던 아시아와 중동 국가들은 물론 미국의 동맹국들마저 행동을 자제할 것을 주장하였다. 10월 2일 소련은 한반도문제 해결을 위한 새로운 제안을 제출하였고 일부 유엔 회원국들은 이를 긍정적으로 평가하였다.[1] 그러나 미국은 이를 묵살하였다. 일부에서는 소련이 한국에서의 유엔개입을 두려워하여 자세를 낮추고 있다고 믿었다. 이들은 "소련이 유엔개입에 확신이 없었기 때문에 한국에 공개적인 개입선언을 할 수 없었고 온건한 태도를 견지할 수밖에 없었으며, 아마도 미국의 봉쇄정책으로 인한 성과일 수도 있다"라고 기록하였다. 한편 일부 주요국가의 지도부는 소련의 정책에 다소 긍정적인 태도를 보

---

1) 소련은 한국에서의 정전과 한반도에서의 모든 외국군의 철수를 제안하였다. 또한 남북한 두 정부에 의한 자유선거를 실시할 것과 한국과 국경을 접하고 있는 중국이나 소련 등을 포함하여 선거과정을 감독할 유엔위원회 구성을 제안하였다.

였다. 대표적인 예로 인도의 네루_{Jawaharlal Nehru} 총리는 '모든해결 방책을 강구할 때까지' 북한지역에서의 군사작전을 반대한다는 입장을 표명하였다. 그는 소련의 제안과 기타 8개국 사이에서 협상을 이루어내기 위한 특별위원회 구성을 제안하였다. 소련은 인도의 제안에 호의적인 반응을 보냈으나 미국은 이에 반대하였다. 미국의 동맹국들은 무모한 군사적 승리의 추구에 대한 의구심을 가지게 되었다. 미국은 동맹국에 상당한 로비활동 후에 다소 유리한 입장을 유지할 수 있었고, 인도의 결의안은 총회에서 24개국의 찬성과 36개국의 반대라는 근소한 차로 부결되었다.

10월 7일 유엔총회는 투표결과 찬성 47, 반대 5, 기권 7로 38선 이북지역에서 군사작전을 승인하는 8개국 결의안을 통과시켰다. 압도적인 찬성으로 통과된 결의안은 미국과 유럽의 동맹국들에게 목표의 범주를 확장시키는 한편 대규모의 전쟁으로의 발전가능성을 확대시키게 되었다. 유럽 국가의 지원은 대부분 대서양동맹_{NATO}을 해치지 않으려는 미국의 배려를 반영한 것이었다.

비록 8개국 결의안은 통과되었으나, 미국의 행보를 바꾸려는 노력은 중단되지 않았다. 캐나다와 네덜란드는 유엔외교사절단을 북한에 파견하거나 북한지역으로의 군사작전을 유보하여 8개국의 결의안에 제시된 평화적인 통일안을 북한이 수용하도록 하고 이를 통해 전쟁을 종식시키는 비공식적인 제안을 하였다. 미국의 한반도 통일목표에 도전하는 다양한 제안에도 불구하고 미국은 군사작전을 계속할 것을 결심하였다.

미국과 중국 간의 직접적인 외교관계의 부재는 양국 간 이해관계를 해치는 요인이 되었다. 중국의 경고는 위험을 가중시켰다. 중국은 미국으로부터 외교적으로 적대관계에 직면하고 있었으며, 특히 미국은 국제적 정당성에 도전한다는 이유로 인하여 중국의 유엔회원국으로서의 자격연장 인정에 반대하였다. 미국은 군사적으로 공산주의의 팽창에 대항하여 아시아에서 '선을 긋는 조치'를 취하였다. 미국은 이를 위해 인도차이나 반도에서 프랑스에 대한 지원을 시작으로 대만을 방어하기 위해 제7함대를 파견하였고, 한국전쟁에 전투병력을 파견하였다. 중국의 인민일보는 미국의 조치에 '한국으로부터 시작하여 일본의 류큐열도, 대만과 필리핀 그리고 베트남으로 이어지는 봉쇄를 위한 구상"이라고 언급하면서, 중국이 자국의 국경을 방어하고 한국에 개입하기 위해서 필요시에는 만주에 주둔하고 있는 20만 명의 병력을 7월까지는 증원해야 한다고 주장하였다.

북한의 생존과 중국의 안보는 서로 뒤얽히게 되었다. 전반적인 패배의 절망감에 휩싸인 김일성은 9월 29일 스탈린에게 소련의 '직접적인 군사적 지원'을 요청하였으나 스탈린은 추가적인 무기와 장비를 지원할 것을 약속하면서도 추가적인 병력지원은 중국으로부터 '자원병 형태'로 이루어져야만 한다고 주장하였다. 중국은 한국의 군사적 지원방향이 구상 되자 미국에 대한 적대적 감정을 유발시키고 자국을 방어해야 한다는 충성심을 고무시키기 위하여 대대적인 선전행위를 시작하였다.

공산국가 간의 상호관계를 가볍게 여기면서 중국으로부터의 경고에도 무관심했던 미국은 북한으로의 유엔군 진격을 이끌게 되었다. 트루먼과 애치슨은 다른 유엔회원국들의 우려에 대해 민감하였으나 맥아더는 북진에 따른 한반도의 긴장고조에 크게 개의치 않았고 다만 8개국 결의안에 따라 최후통첩의 형태를 통해 그의 권한을 확장시켰다. 결의안은 정치적 안정을 위하여 군에 '안전의 조건확보'를 요구하였으나, 맥아더는 '북한이 무력행위를 중단하고 한반도에 민주적인 통일정부를 수립하는 데 유엔에 협조할 것'을 요구하였다. 이에 김일성은 라디오 방송을 통하여 다음과 같이 응답하였다. "우리는 홀로 외롭게 투쟁하고 있는 것이 아니라 소련과 중국으로부터 전폭적인 지원을 받고 있다." 한편 베이징에서는 저우언라이가 '미국의 한국침략방식은 초기부터 한반도 안보에 중대한 위협이 되고 있다. 중국인민들은 그러한 중대한 상황을 그냥 바라보고만 있지 않을 것'이라고 언급하였다. 실제로 바로 전날 마오쩌둥은 중국 '인민해방군'들에게 '미제국주의에 저항하기 위하여' 한국으로의 진격명령을 하달하였다.

미국의 군사작전에 중국이 불안전한 신호를 보내는 가운데 트루먼은 맥아더와 직접 만날 것을 결심하였다. 그는 자서전에서 "나는 총사령관인 맥아더가 누구인지 그리고 극동지역에서의 최고야전사령관으로서 어떻게 임무를 수행하는지 알아야만 했다"고 회고하였다. 이 두 사람은 이전에 한 번도 만난 적이 없었다. 맥아더와의 회동생각은 트루먼이 당시 매우 존경받는 인물이었던 맥아더를 만나 정치적으로 그와 긴밀하게 협조하고 있음을 알리는 것이 좋을 것이라는 백악관 참모들의 의견에 따라 9월 초에 결정된 것이었다. 처음에 트루먼은 너무나 정치적으로 보일지 모른다며 회동을 주저하였다. 그러나 9월 말경에 맥아더의 인천상륙작전이 대성공을 거둔 이후에 재차 건의되자 트루먼은 이를 승인하였다. 애치슨과 마셜은 물론 이를 환영하지 않았고 그 자리에 배석하는 것도 사양했다. 정치적 의도와 정책적 의도가 서로 맞물린 트루먼은 인천상륙작전 성공 이후 치솟아 오른 맥아더를 그와 동일시함으로써 얻게 되는 정치적 이익을 계산한 것이었으나 전쟁은 곧 승리하게 될 것이라는 확신을 확고하게 심어주기 위한 의도도 내포되어 있었다.

웨이크섬의 트루먼과 맥아더　　　　　　연설하는 맥아더

　　10월 15일 일요일 트루먼과 맥아더는 태평양의 작은 섬 웨이크 Wake에서 만남을 가졌다. 트루먼은 이 만남을 위해 무려 1만km를 날아갔고 맥아더는 3,500km를 날아갔다. 맥아더는 그의 군사작전 계획에 워싱턴의 지원을 확실히 해두기 위한 기회를 잡게 되었다. 이 회의는 그에게 기념사와 같은 공허한 발언을 위한 모임이 아니었다. 아침 일찍 도착한 트루먼은 기다리고 있던 맥아더에게 "나는 장군을 만나기 위해 오랫동안 기다려왔습니다"라고 말했고 맥아더는 "다음 만남은 그리 오래 기다리지 않기를 희망합니다"라고 답변하였다.

　　웨이크섬 회의는 간단히 끝났다. 두 사람은 한 시간 동안 사적인 자리를 가졌고 이 때 맥아더는 중국은 공격하지 않을 것이며 승리는 곧 성취될 것임을 대통령에게 확신시켜 주었다. 이후 이들은 소수의 참모진을 배석시킨 후 회의를 가졌다. 맥아더는 회의를 주도하였다. 그는 이 자리를 통하여 대통령과 참모들이 듣고 싶은 바를 전해주었다. 맥아더는 북한의 저항이 추수감사절 이전까지는 종료될 것이라고 보고하였다. 트루먼이 중국이나 소련의 개입가능성을 질문하자,

맥아더는 이 두 나라 모두 '불량품을 위해 아끼는 돈을 투자하지는 않을 것'이라고 대답했다. 맥아더는 중국의 능력을 얕보았으며 '그들은 압록강을 건너 북한으로 진격하기 위하여 5만 명 이상의 병력을 끌어 모으기도 쉽지 않을 것이다. 더구나 공군도 보유하지 않고 있다. 만약 그들이 평양으로 내려오려 한다면, 더 많은 살육이 그들을 기다리고 있을 것'이라고 주장하였다. 회의 말미에 중국의 경고의견을 묻자 맥아더는 "왜 그들이 머나먼 변방까지 달려올 것인지 그 이유를 모르겠으며 그들이 온다고 해도 겪게 될 곤경에 매우 당혹하게 될 것이다"라고 답변하였다. 결국 맥아더는 유엔군이 전반적인 상황을 통제할 수 있을 것임을 확신하였다.

웨이크섬 회의는 전부 3시간 가량 계속되었다. 미국으로 돌아오는 길에 트루먼은 기자들에게 "내가 대통령에 취임한 이래 이처럼 만족스러운 회의는 처음이었습니다"라고 언급하면서 맥아더를 '매우 위대한 군인'이라고 칭찬하였다. 실제로 웨이크섬에서 트루먼은 전쟁을 지휘하는 맥아더에게 그의 의도와 결심을 전달하기 위한 어떠한 노력도 없었고 중국의 의도나 능력을 파악하기 위한 노력도 하지 않았다. 대신 트루먼은 맥아더에게 토의를 주제하도록 허락하였고 그의 주장에 아무도 이의를 제기하지 않았다. 많은 주제들이 상정되었으나, 어느 것 하나 완전하게 토의되지는 않았다. 회의가 끝날 무렵 보좌관 중 한 명이 트루먼에게 회의를 보다 천천히 진행할 것을 전달하였으나 트루먼은 "우리가 곤경에 빠지기 전에 여기서 이 회의를 당장 종료시키고 싶다"며 휘갈겨 쓴 메모를 다시 건네주었다. 결국 웨이크섬에서 회의는 미국정책의 가정과 방향을 강화시키는 계기가 되었고 트루먼은 질문을 던질 아무런 이유가 없었다. 한 역사학자는 이 회의를 두고 다음과 같이 기록하였다. "미국과 유엔의 정책 목표에 기본적인 토의도 없었으며, 대통령과 장군이 서로의 마음을 열고 다가설 기회도 없었다. 이는 그들이 그러한 토의가 필요하다고 생각하지 않았기 때문이었다."

웨이크섬 회의의 실패는 트루먼보다는 애치슨과 마셜의 책임이 컸다. 이 중 한 명 또는 모두의 참석은 보다 심도 깊은 토의를 이끌 수 있었을 것이다. 이 회의에 참석한 참모들도 트루먼이 문제를 성급하게 해결하기 위하여 달려들고 있다고 생각하였다. 그러나 이들은 대통령을 제지할 수 없었다. 일단 대통령이 맥아더와 만날 것을 결심하였으면 애치슨과 마셜은 당연히 참석해야 했다. 애치슨은 회고록에서 다음과 같이 표현하였다. "맥아더 장군이 많은 공적을 지니고 있었던 반면 나는 많은 어려움을 지니고 있었다. 그를 인정하는 것은 현명하지 않은 것처럼 보였다. 전체적인 그의 생각은 나와 맞지 않았다. 나는 그로부터 어떠한 것도 얻고 싶지 않았다. 결과적으로 트루먼은 중대한 회의에서 아무런 이유 없이 중요한 참모진 두 명을 참석시키지 않았다." 애치슨의 이러한 회고는 자존심으로부터 비롯되었으나 그의 불참을 정당화시키지는 못했다.

중국의 위협을 과소평가한 것은 맥아더 혼자만이 아니었다. 대부분의 외교관리와 군사관계자들은 중국의 이해관계와 능력으로 보아 한반도의 개입가능성은 희박하다며 일축하였다. 그들의 추론은 완벽해보였다. 첫째, 중국정부 입장에서는 우선순위가 국내에 집중되었다. 중국은 10여 년 동안 지속되어온 내전으로부터 회복하여 공산당의 개혁을 추진하고자 했다. 둘째, 미국의 분석자료에 의하면 중국군은 여태까지 체계적으로 잘 훈련된 적이 없었으며 사기도 높지 않았고 무기도 좋지 않았다. 더욱이 이들은 무기를 효과적으로 사용할 기술조차 지니지 못했다. 따라서 이들은 유엔군에 효과적으로 대응할 능력을 지니지 못했다. 셋째, 중국은 유엔의 안보리 의석을 원했고 따라서 개입은 이러한 의도를 해칠 것으로 판단하였다. 넷째, 모스크바의 한반도에 대한 무관심은 중국에 대한 억제요인이었다. 만약 그들이 개입하게 된다면, 소련의 공군과 해군력의 지원을 필요로 하게 될 것이고, 이는 소련이 두려워하는 확전을 가져올지도 모를 일이었다. 다섯째, 북한은 소련의 위성국가였으며 중국정부와는 제한적인 접촉을 유지해왔고 따라서 북한을 '구해야 한다'는 것이 절박한 사안이 아니었다.

중앙정보부CIA 보고서의 다음과 같은 결론은 미국의 지배적인 사고방식을 반영한 것이었다. "저우언라이의 성명서에도 불구하고 만주지역으로의 병력이동상황과 국경선 침범에 관한 책임을 묻는 선전행위로 보아 실제로 중국이 한반도에 전면적인 개입을 할 의도는 발견되지 않고 있다." "만약 중국이 개입할 의도를 보이고 미국의 관료들이 이를 믿게 된다면 이는 북한이 거의 승리를 목전에 두고 있을 때가 될 것이다."

웨이크섬에서의 회의 후 3주 동안 한반도에서의 작전은 새로운 국면에 접어들게 되었다. 유엔군의 진격은 전망을 밝게 해주었다. 10월 19일 한국군은 평양을 탈취하고 김정일 정권을 보다 북쪽으로 밀어내고 있었다. 다음날 맥아더 사령부는 "적의 능력으로 보아 어떠한 대규모의 조직적인 저항도 중단되었다"라고 발표하였다. 한반도의 서쪽에서는 제8군이 동쪽에서는 제10군단이 양개축을 이루어 진격 중이었다.[2] 10월 26일 워커 장군 휘하의 한국군 부대가 압록

---

[2] 유엔군사령부는 주로 미군과 한국군으로 구성되었다. 이 때까지 영국, 호주, 터키, 필리핀 그리고 태국 등 5개 국가는 지상군, 해군 그리고 공군을 9000여 명 파견하였다. 이 밖에도 유엔회원국으로부터 2만 7000명이 파견되었으나, 미국은 이들이 모두 필요하지 않을 것이라고 생각했다. 미국은 이 중 단지 6000여 명의 병력만을 받아들일 것이라고 결정하였다.

강에 이르렀고 승리가 눈앞에 온 것처럼 보였다.

그러나 전쟁이 종결될 것으로 보이는 국면에서 중국의 위협이 전쟁터로 밀려들어오기 시작하였다. 10월 초부터 시작하여 중국은 은밀하게 병력을 한반도로 이동시키고 있었다. 10월 25일 두 차례에 걸쳐 한국군 부대는 중국군과 조우하였고 이 중 한국군이 엄청난 손실을 입은 한 차례의 실질적인 전투가 실시되었다. 워커 장군이 '잘 조직되고 잘 훈련된'군대라고 묘사한 중국군은 이어 미군 및 한국군과 전투를 실시하였고 7일 동안 치열한 전투를 벌였다. 이러한 충돌은 간헐적으로 계속되었다. 일부 생포된 중국군은 대규모의 병력이 한반도로 유입된다고 증언하였다.

미국의 관료들은 중국의 행동이 이루어질 것이라는 암시를 믿지 않았다. 맥아더 장군은 물론 국방부, 국무부 그리고 중앙정보부에서도 지배적인 가정사항은 중국이 한국에서 도박을 벌일 아무 이유도 없으며 참전을 하기로 결정했다면 벌써 실시했다는 것이다. 따라서 미국은 한반도 문제에 좀더 자제를 요청하는 동맹국가 및 중립국가의 요청을 묵살하였다.

중국군과 그들의 물자가 본격적으로 압록강을 넘어 유입되기 시작하고, 소련의 MIG-15 전투기들이 이를 지원하기 위해 활동을 시작한 것을 알게 되자, 맥아더는 합동참모본부와 협의 없이 이 문제를 자신의 손 안에서 해결하려고 하였다. 맥아더는 '필요하다면 전투원이 지칠 때까지 출격할 것'이라며 북한의 병참선과 공장, 군사시설 그리고 한반도 쪽의 압록강 교량에 대한 융단폭격을 명령하였다. 11월 6일 극동군사령부 공군사령관이 이러한 맥아더의 명령을 워싱턴에 위치한 상관에게 보고하자, 중국영토의 폭격이 그들의 공격으로 이어질 것으로 두려워하고 있던 국무부와 국방부에 즉시 알려지게 되었다.

맥아더의 계획적인 융단폭격작전은 미묘한 외교적 시점에 맞물렸다. 미국의 동맹국들은 한반도에서 작전을 수행하고 있는 중국군에 대한 보고서에 놀라며 미국이 대규모의 전쟁으로 빠져들지 모른다는 사실에 두려워하였다. 애치슨은 중국을 위협하게 될지도 모르는 어떠한 군사작전도 영국과 긴밀히 협조할 것을 약속하였고, 한반도에서 중국군을 철수시키기 위한 결의안에 대한 지지를 호소하였다. 미국에 의한 도발적 행위는 국제적 협력관계를 흔들면서 중국에 외교적 압력을 가하기 위한 전망을 어둡게 하였다. 애치슨은 대통령이 맥아더에게 명령한 것은 "중국국경으로부터 5마일_{약 8㎞} 안에 위치한 모든 표적의 공중폭격을 연기하라"는 것이었으나 맥아더의 폭격계획은 트루먼의 명령과 다르다고 보고하였다.

한편 맥아더는 "중국군의 병력과 무기가 물밀듯이 압록강 다리를 건너 쏟아져 내려오고 있으며 내 휘하의 모든 부대들이 전멸될 위기에 처하게 되었다"며 압록강의 모든 교량파괴에 대한 승인을 요청하였다. 이어 그는 "승인이 지연된다면 미국과 유엔에 엄청난 피를 요구하게 될 것이며, 그 책임은 트루먼의 몫이 될 것이다" "대통령의 지시는 이러한 재앙을 불러오게 할지도 모르며, 나는 내가 승인없이 그리고 직접적인 상황에 대한 이해가 없는 가운데 수행된 부분에는 그 책임을 받아들일 수 없다"라고 덧붙였다. 트루먼은 맥아더의 저항으로 다소 누그러졌다. 그러한 감정적이며 전략적인 호소에 대응하는 것은 쉽지 않았다. 트루먼은 압록강 교량폭파를 허가하였다. 그러나 트루먼의 승인사항을 맥아더에게 전달하는 데 합참은 확전 우려를 다음과 같이 강조하였다. "한국에서의 전쟁을 국지화하는 것은 미국의 국가이익에 사활이 걸린 문제이며 영토의 침범을 피하기 위한 극도의 주의가 요망된다."

확전공포는 4만 명의 중국군이 이미 한국에 유입이 되었다는 중앙정보부의 보고에 의해 증폭되었다. 이 보고서는 적어도 약 2만여 명의 정규군이 압록강을 넘어 주둔하고 있으며, 이들은 유엔군의 진격을 중지시킬 수 있을 뿐 아니라 대규모 반격작전을 수행할 수 있는 능력을 보유하고 있다고 판단했다. 중국의 개입은 소련과도 관련이 있었기 때문에 이들이 전쟁을 확대할 의지를 지니고 있을 가능성을 배제할 수 없었다.

상황은 보다 혼란스럽게 전개되었다. 11월 7일, 중국군은 갑자기 유엔군과 전선에서 이탈하여 북한의 산악지역 속으로 사라져 버렸다. 이들의 철수가 일시적인지 아니면 아주 완전히 철수한 것인지는 아무도 알 수가 없었다.

예기치 않은 전쟁상황에 당혹한 합참은 맥아더 장군에게 "북한군을 격멸하겠다는 장군의 목표는 재평가되어야 한다"고 경고를 보냈으나 맥아더는 그의 전략에 대한 재고려를 거절하였다. 대신 그는 북한군을 완전히 격멸하기 위한 계획을 수립 중이며 '11월 25일 야간에는 북한의 국경선까지 진격하여 북한 전지역을 확보할 것'이라고 응답하였다.

트루먼은 국가안보회의에 미국의 목표와 전략을 재평가하도록 요청하였다. 그러나 트루먼은 11월 9일 열린 국가안보회의에 참석하지 않았다. 이 회의에서 합참은 "군사작전으로 인하여 미국의 잠재역량이 엄청나게 빠져나가게 될 것이며 중국이 정치적 수단으로 한국전쟁에 개입하려는 문제를 가능한 한 유엔을 통해 조속히 해결하는 데 역량을 집중시킬 것"을 건의할 예정이었다. 합참은 ① 북한군을 격멸하기 위한 군사작전의 지속적인 시행, ② 진격을 중지하고 한국의 국경선 근처에서 수세로 전환, ③한국으로부터 철수 등 세 가지 대안을 고려하였다. 이 중 세 번째 대안은 명백히 고려될 사안이 되지 못했다. 그러나 두 번째의 대안에는 무게가 실렸다. 이는 우선 '실현가능한 대안이면서 중국의 개입으로 인해 야기된 정치적·군사적 문제에 유리한 해답'을 제시해줄 수 있었다. 대안을 숙고하는 과정에서 애치슨은 한국과 중국의 국경선을 따라 비무장지대를 설정하기 위하여 중국과 합의가능성 쪽으로 방향을 잡았다. 그러나 결국 누구도 국가안보회의를 통하여 최초 설정된 목표수정을 건의하지 않았고 "반드시 검토해 보아야 한다"는 원칙적인 입장만 고려하였다. 국가안보회의의 결과가 전해지자 트루먼은 건의사항에 아무런 질문도 하지 않았다.

트루먼과 그의 보좌관들은 '북한군의 격멸과 유엔통제 하에서 한반도의 통일이 중국의 안보에 절대적인 영향을 미치지 않을 것'이라는 확신을 심어주는 데 노력을 기울였다. 다만 워싱턴과 베이징 사이의 직접적인 외교 관계결여는 상호간의 의사소통을 방해하는 요소가 되었다. 미국의 관료들은 중국에 중재자를 통하여 의견을 전달하거나 공식적인 선언의 형태로 그들의 의사를 전달하였다. 트루먼은 11월 16일 기자회견에서 "미국은 언제 어떠한 상황에서도 중국에 대한 적대감정을 전달할 의도로 결코 이용하지 않을 것이며 극동지역에서 적대행위의 확대를 예방하기 위한 노력을 기울일 것"임을 약속하였다.

트루먼의 이러한 재확인은 중국뿐만 아니라 동맹국과 중립국가를 겨냥한 것이었다. 유엔에서는 영국을 비롯한 여러 국가들이 미국의 진격을 지연시킬 것과 한국과 중국국경선에 완충지대협상을 추진하도록 촉구하였다. 워싱턴에서도 이와 같은 경고성 발언이 있었다.

국제적 지원의 감소와 확전우려로 인하여 국무부의 정책기획참모들은 11월 17일 유엔군이 충분히 방어력을 발휘할 수 있는 선인 한반도의 '병목지대'까지 후퇴할 것을 건의하였다. 군지도부가 어떠한 움직임에도 거부할 것으로 보이자 애치슨은 이 방안에 주목하지 않았고 영국을 단념시키기 위해 노력하였다. 애치슨은 후에 이러한 결정을 후회하였다. 그는 비망록에서 중대한 시기에 그의 조언이 부적절함을 다음과 같이 기록하였다. "이 문제에 정부나 군보좌관 그 누구도 문제점이 무엇이고, 어떻게 대안을 찾을 것이며, 우리가 실수하고 있는 것이 무엇인지를 알고 있었지만, 나 자신을 포함한 그 누구도 대통령을 제대로 보필하지 못했다."

결국 애치슨과 마셜 그리고 합참은 실질적으로 목표수정에 대한 모든 제안을 거부한 맥아더 장군과 판단을 달리하고 있었다. 맥아더는 전화를 걸어 다음과 같은 내용을 전하였다. "한반도에서 저항하는 모든 세력을 격멸하고 한반도를 통일한다는 유엔의 근본적인 정책을 약화시키는 것은 치명적인 일이 될 것이다." "공세유지의 실패는 우리군대의 사기를 떨어뜨리게 될 것이다." 이어 맥아더는 "우리가 불굴의 의지를 가지고 성취할 것으로 믿고 있는 완전한 승리를 추구한다면 아무도 이를 꺾지 못할 것이다"라고 주장했다.

결국 애치슨은 11월 21일 마셜과 국방부 관료들을 만나는 자리에서 더 이상 그의 제한사항을 거론하지 않았다. 따라서 워싱턴은 다음과 같은 두 가지 대안을 고려해보는 것 이외에 맥아더에게 하달되는 지침을 수정하지 않았다. ① 압록강 20~40㎞ 전방에서 공세중지(이에 따라 국경선을 연하여 중간에 완충 지대를 설정), ② 압록강까지 진격 이후 한국군을 제외하고 모든 부대의 철수(이에 따라 국경선에는 서양군대가 중국 국경선에 미배치), 이는 오직 권고된 사항일 뿐이었으며 맥아더가 이를 수용할지는 아무도 예측할 수 없었다.

맥아더의 군사행동을 제한시키는 데 실패하게 된 것은 트루먼과 그의 보좌관들이 중국의 의도와 능력의 증거를 무시하였기 때문이었다. '마지막 공세'가 실시되던 날 저녁, 또 하나의 중앙정보부 보고서는 "중국은 유엔군을 방어진지로 철수시킬 수 있는 능력을 보유하고 있으며, 결론을 쉽사리 낼 수 없는 장기전으로 발전될 가능성도 있다. 종국적으로 유엔군을 한국으로부터 철수시킬 계산을 해야 한다"라고 기록했다.

사실상 통제를 벗어난 맥아더 장군은 11월 24일 사령부가 위치한 도쿄에서 '전쟁을 종결시킬 목적으로 유엔의 대규모 압박포위작전'을 실시한다고 자신만만하게 발표하였다. 발표 직후 맥아더는 한국으로 날아가 전선을 시찰하고 "크리스마스까지 젊은이들이 집으로 돌아갈 수 있기를 희망한다"고 말했다.

11월 25일 밤 중국군 30여만 명이 유엔군에 공격을 실시하자 이러한 기대는 여지없이 무너지게 되었다. 맥아더는 급하게 워싱턴에 전화를 걸었다. "우리는 완전히 새로운 전쟁에 직면했다. 우리는 현재 이러한 선전포고 없는 전쟁에 대처하기 위한 전력이 부족하다." 이제 유엔군은 전면적인 철수를 시작할 수밖에 없었다. 양 방향으로 폭넓게 분할해서 진격을 계획했던 맥아더의 오판은 병력의 고립과 북쪽으로 중국에 인접한 산악 국경지역에서 취약성을 드러냈다.

중국의 개입은 9년 전에 진주만이 기습공격을 받은 이래로 미국에게 가장 충격적인 공격이었다. 이러한 상황은 대통령의 결정적인 지도력을 요구하였으며 트루먼은 예기치 않은 거대한 도전임을 인식하였다. 그는 각료들에게 다음과 같이 말했다. "이는 가장 최악의 상황이오. 우리가 지금까지 접해왔던 모든 상황들을 우리는 한꺼번에 접하게 될 것이오."

　중국의 공격은 총력전으로의 확전가능성을 증폭시키는 한편 미국
의 위상을 약화시켰다. 유엔에서는 공포감이 술렁이게 되었다. 미국
이 상당한 국제적 지원을 받을 수 있었던 이전의 분위기와는 달리
대부분의 국가들은 미국이 군사적·외교적 재난을 불러일으키고 있
다며 비난했다. 군사작전 제한을 위한 모든 권고사항도 거절한 미국
은 초기 북한의 공격에 신속히 대응하여 얻게 된 국제적 지원마저
점차 잃어가고 있었다. 중국의 개입 이후 유엔에서는 미국이 더 이
상 한국정책을 주도하지 못하도록 변화되었고 대신 동맹국과 중립
국가들에 의한 압력이 점증되었다.

　이 위기에 대응함에 트루먼과 그 보좌관들은 다음과 같은 어려운
질문에 직면하게 되었다. 중국의 능력과 목표는 무엇인가? 미국과
한국은 중국의 공세를 중지시킬 수 있는가? 소련도 개입하게 될 것
인가? 미국은 이전에 자제할 것을 주장한 동맹국과 중립국가의 지
원을 유지할 수 있는가?

　어려운 도전에 직면하게 된 트루먼은 신속하게 전쟁목표를 재정
의할 필요성을 받아들였다. 중국의 공격사실을 인지하자마자 트루
먼은 다급하게 국가안보회의를 소집했다. 마셜과 애치슨은 전쟁목
표를 축소시키고 제한전쟁 수행을 주장한 핵심인물들이었다. 미국
이 한반도에 투입한 병력만으로는 중국에 대응할 수 없었기 때문에
선택의 여지는 없었다. 그러나 만약 폭격이나 다른 수단을 이용하여
중국에 직접적인 공격을 실시한다면 소련이 개입할 가능성이 있었
다. 국가안보회의는 전쟁의 목적을 '유엔의 의무를 이행하되 중국과
의 전면전에 휘말리지 않을 것'으로 결론지었다. 이러한 목표를 달
성하기 위해서는 "미국이 확보해야할 선을 찾아내고 이를 유지하는

것"은 필수적이었다. 미국은 이를 기준으로 유엔을 통해 전쟁을 종결시킬 수 있을 것으로 판단하였다. 미국은 중국의 '침략'행위에 대한 비난을 공개적으로 실시할 준비가 되어 있었지만 전쟁을 제한시키기 위하여 정치적·경제적 그리고 심리적 조치 등의 모든 수단을 활용해야만 했다. 이 회의를 통하여 전쟁은 '군사적 측면'에서뿐만 아니라 정치적 목표를 통하여 '제한'될 수밖에 없을 것이라는 합의가 묵시적으로 이루어졌다. 통일에 대한 언급은 없었고 다만 '북한지역'이라는 용어만 거론되었다.

한국에서 '완전히 새로운 전쟁'상황에 직면한 국가안보회의의 논의는 소련의 역할과 목표를 염두에 두었다. 미국의 관료들은 소련이 중국개입의 배후에 있고, 중국과의 전면전에서 미국의 자원이 고갈되기를 바랄 것으로 생각했으며, 이럴 경우 소련은 전세계 어느 곳이든 공산주의 확산을 용이하게 추구할 수 있을 것으로 생각하였다. 미국은 '한국에서 소련이 설치해 놓은 함정'에 빠져서는 안 된다고 판단하였다. 아무도 미국의 안보가 미국은 물론 유럽의 동맹국 군사력 증강에 영향을 받게 될 것이라는데 의문을 제기하지 않았다.

트루먼은 조심스럽게 제기된 타당한 전략에 동의하였고 성명서 발표를 통해 전개되는 상황에 대한 통제력을 추스르기 시작했다. 국가안보회의에서 전 외교관이면서 트루먼의 특별보좌관으로 임명된 해리먼Averell Harriman은 대통령에게 동맹국을 재확신시킬 수 있는 방향으로 나아갈 것을 주장하였다. 그러나 11월 30일 목요일 기자회견에서 트루먼은 정확히 정반대의 행동을 보여주었다. 한국을 지켜내겠다는 결의를 재차 확인한 트루먼은 국방비의 증액을 발표하면서 한국에서의 원자탄 사용 가능성을 제시하였다. 트루먼은 그러한 문제에 어떠한 언급도 회피해야 했다. 그의 의도는 상황이 더 이상

악화되지 않도록 중국과 소련에 명백하게 경고를 보내고자 했던 것이다. 트루먼은 그의 의도와 별개로 하나하나 질문에 대답해 나아갔다. 그가 질문에 답변을 더해갈수록 그 결과에 끼칠 악영향은 증폭되었다. 한 기자의 다음과 같은 질문은 이러한 분위기를 정점에 이르게 했다. "대통령 각하, 각하께서 원자탄의 사용을 고려하고 있다는 것을 우리가 명백하게 이해한 것입니까?" 이에 트루먼은 "항상 그래왔듯이, 원자탄은 우리의 무기 중 하나입니다"라고 답변했다. 기자들이 다른 질문을 하려 하자 트루먼은 "그것은 군사전문가들이 결정할 문제요. 나는 군사 당국자가 아니오. 야전에 있는 군사지휘관들이 무기의 사용을 책임질 것이오"라고 덧붙였다.

트루먼은 기자회견을 통해 핵무기의 사용가능성에 정치가다운 결심을 보여주고자 했다. 트루먼은 원자탄을(비현실적이지만 미국의 관료들이 어느 정도 한국에서의 대안으로 보고 있는) 적극적인 조치로 고려하고 있다고 언급했을 뿐 아니라 트루먼 자신이(사실은 대통령만이 그 사용권한을 가지고 있다는 서명을 한 법안을) 맥아더에게도 권한을 위임할 수도 있다는 것을 암시하고자 하였다.

국제적인 반응은 매우 불리하게 돌아갔다. 유럽과 남미, 중동 그리고 아시아 등의 언론은 트루먼을 비난하였다. 미국이 원자탄을 사용하려 한다는 내용이 신문의 머리기사를 장식하였다. 중립국가들뿐만 아니라 미국의 동맹국들마저 미국의 무모함에 공포감을 드러냈다. 인도의 유력한 한 일간지는 머리기사를 "아니다! 아니다! 아니다!"로 장식함으로써 국제적인 분위기를 표현하였고 트루먼의 터무니없는 발표에 대하여 백악관이 이에 대한 '명백한' 입장을 밝힐 필요가 있다고 주장했다. 대통령이 핵무기의 사용을 승인하지 않았다고 주장하는 성명서가 연이어 배포되었다.

영하의 혹한 속에서 압록강 남쪽지역을 포위하고 있던 미군과 한국군은 중국의 맹렬한 공격에 흔들리고 있었다. 후퇴하고 있는 부대가 방어선을 형성할 수 있을지 불명확했다. 12월 2일 밤 백악관에서 트루먼과 마셜 그리고 합참의장 브래들리Omar Bradley 장군은 미군이 위험한 상황에서 신속하게 철수를 해야만 할 가능성을 제기하였다. 회의에 이어 트루먼은 그의 일기장에 다음과 같이 기록하였다. "상황은 매우 나빠 보인다."

상황은 많은 사람들에게 최악의 사태로 다가왔다. 일부 공화당원들은 트루먼이 군사적 재앙에 책임을 져야 한다고 주장했고 상원의원 매카시Joseph McCarthy는 애치슨과 마셜이 사임해야 하며 트루먼은 탄핵되어야 한다고 공격했다.

한국에서의 사태 악화에 당혹한 영국총리 애틀리Clement Attlee는 12월 4일 곧장 워싱턴으로 달려가 트루먼과 4일 동안 회담을 가졌다. 애틀리는 이 자리에서 아시아의 전쟁에 개입한 미국으로 인해 북대서양조약기구NATO의 약화를 초래하였고 따라서 소련의 위협으로부터 유럽이 취약점을 드러내는 결과가 되었다고 주장하였다. 트루먼은 한반도에서 미군이 중국으로부터 밀려 후퇴하는 것과 같은 상황을 허락하지 않기 위하여 그의 결심을 철회하지 않았다. 그러나 중국의 전쟁개입으로 말미암아 38선을 경계로 전쟁 이전상태로 한반도를 분할하여 휴전한다는 전쟁목표를 수정해야 할 필요성에 동의하였다. 원자폭탄문제에 트루먼은 본인이 책임을 질 것이며 사용하게 되는 어떠한 경우에도 애틀리 총리와 사전협의할 것임을 분명히 하였다. 그러나 트루먼과 애치슨은 한반도문제를 중국과 연계하여 다른 문제에 연관시키는 것은 거절하였다(예를 들면 중국의 유엔 회원국 가입 및 대만에 대한 미국의 보호 철수). 한국에서의 '침략'행위를 종식시키는 대가로 중국에 어떠한 양보를 통한 협상에도 개입하고 싶지 않았던 미국은 다른 문제들을 연계시키지 말 것을 주장하였다.

트루먼 대통령은 미국의 국제적 위상을 회복하려는 노력 이외에도 흔들리는 여론을 진정시킬 필요성을 느꼈다. 국무부 관료들이 예상한 바와 같이 "워싱턴의 지도력이 극도로 혼란스럽고 헛된 일을 하고 있다"는 인상을 심어주고 있었다. 이들은 "그냥 앉아 있지 말고 뭔가를 해야 한다"고 주장하였다. 실제로 트루먼은 중국과 경계선을 그으려는 회담에도 불구하고 피를 흘리는 전투를 계속하고 있었기 때문에 '무엇이든 해야'만 했다. 비록 그가 대규모의 전쟁을 피할 것을 결심하였지만 우발사태에 대한 대비를 준비해야만 했다.

중국의 공격이 시작되고 대략 3주 정도가 지난 12월 15일 저녁 트루먼은 백악관에서 대 국민연설을 하였다. 트루먼은 연설에서 "소련의 통치자가 한국에서 가혹한 공격을 실시하고 있으며, 전세계를 전쟁의 소용돌이 속으로 집어넣으려는 매우 중대한 위험에 처해 있다"고 언급하였다. 또한 미국은 "전쟁을 회피하기 위하여 조용하지만 현명하고 굳은 의지로 필요한 조치를 하나하나 차근히 추진하고 있다"라고 덧붙였다. 연설의 말미에서 트루먼은 군사비의 상당한 증액계획을 발표하면서 국가비상사태를 선포하였다. 이러한 조치는 정부가 국가안보를 강화하기 위한 생산, 가격, 임금 그리고 다양한 수단들을 통제함을 의미하는 것이었다. 대통령은 다음과 같은 말로 연설을 마무리지었다. "우리는 한국전쟁을 수행하는 우리의 영웅적 인물들의 노력과 희생을 가늠해야만 한다."

이제 트루먼이 할 수 있는 것은 군사적 상황의 역전에 대한 희망과 불길하게 진행되고 있는 전선에서의 보고를 기다리는 것 이외에는 거의 없었다. 제8군은 중국과 북한이 새로운 공세를 준비하는 동안 철수를 시작하였다. 동부전선에서 제10군단은 보다 효과적으로 전투를 진행 중에 있었고 해상을 통해 보다 안전하고 질서정연하게 철수를 실시하였다.

군사적으로 유리한 상황에 위치한 중국은 휴전제의를 무시하였다. 이들은 불과 몇 개월 전의 미국과 동일한 상황에 놓이게 되었다. 중국군은 그들의 동맹국가인 북한으로부터 '완전한 승리' 성취에 대한 압력을 받기 시작하였다. 이들은 마치 패배한 것처럼 보이는 적들과 직면하였으나, 만약 군사적 전진을 일시적으로 중단한다면 적으로부터 역공세의 기회를 줄지도 모른다는 두려움으로 가득 차 있었다. 따라서 미국이 9월에 그러했던 것처럼 베이징에서 12월은 '승리'에 대한 절박함이 넘쳐나게 되었다. 맥아더가 예견했던 성탄절까지 중국군은 제8군을 38선 근처까지 거의 160㎞ 정도를 남으로 밀어 내렸다.

미군 역사상 가장 기나긴 후퇴의 괴로운 나날들 속에서 다시 한번 전세를 역전시킬 행운이 찾아왔다. 사고를 당하여 사망한 워커 장군의 뒤를 이어 리지웨이Matthew Ridgway 장군이 위기에 처한 제8군의 지휘권을 이어받았다. 전쟁 역사상 한국에서의 리지웨이 장군의 지도력과 같이 지휘권의 교대로 인한 극적인 결과를 가져온 경우는 매우 드물었다. 우선 중국과 북한이 38선 이남으로 공격을 계속하고 마침내 1951년 초 서울을 장악하면서 남진을 계속하게 되자 그에게는 철수 이외에는 선택의 여지가 없었다. 그러나 리지웨이는 제8군이 효과적인 전투를 수행할 수 있는 능력을 보유할 수 있도록 전투력 복원에 노력을 기울였다. 그는 우선 적의 수적 우세를 상쇄시키기 위해서는 강력한 화력을 이용하는 전술의 변화가 필요함을 직감하였다. 1951년 1월 중순까지 변화를 시도한 제8군은 서울 남방

60km 부근에서 방어선을 형성하여 중국의 진격을 일단 저지시켰다. 중국군 병참선의 과도한 신장은 유엔군의 궁중공격에 취약하게 되었다. 지상에서도 영국군과 터키군을 비롯하여 유엔참전국의 뛰어난 전투수행으로 상황은 역전되기 시작하였다. 리지웨이가 지휘권을 물려받은 후 한 달이 지난 1월 25일까지 제8군은 그의 표현대로 '전방으로 밀어내는'Rolling Forward 작전을 시작하였다.

전선에서의 이러한 안정은 유엔군이 한국의 전장으로부터 빠져나가지 않는다는 것을 의미하였으나 트루먼 대통령은 중국에 직접적인 공격을 실시하는 전략을 승인해주지 않으면 전쟁에서 패배할지도 모른다는 맥아더 장군의 주장을 받아들이지 않았다. 맥아더 장군은 트루먼 대통령에게 중국의 주요항구의 봉쇄와 산업지역폭격, 한국전쟁에서 장제스가 이끄는 중국국민군의 참전 그리고 중국본토에서 중국국민군의 공격 등을 승인해 줄 것을 희망하였다. 그는 대통령에게 지속적인 미국인 손실에 대한 책임부담을 안겨주었다. 1951년 1월 맥아더의 메시지는 이례적으로 퉁명스러웠다. "보통 이상의 제한사항과 조건은 한국에서의 지휘와 군사적 상황을 어렵고 불안정하게 만들었다. 그러나 만약 지나친 정치적 고려사항이 지배하게 된다면 이는 더욱 어렵게 될 것이다." 그러나 제8군의 전력이 보강된 후 맥아더의 그러한 과감한 판단과 긴박한 건의는 역사가들의 말대로 "그들이 한때 누려왔던 지휘권은 더 이상 존중되지 않았다."

전장의 상황은 유엔의 외교관들에게 전쟁을 끝내기 위한 협상을 독려하는 계기가 되었다. 그러나 트루먼 행정부는 협상의 필요성을 받아들이면서도 중국의 개입에 대한 미국의 분노는 그러한 계획을 받아들이기 어렵게 만들었다. 미국의 분노는 매우 심대했다. 상하

양원은 여론을 반영하여 중국을 한국에서 '침략자'로 규정하는 유엔 결의안 요청을 통과시켰다. 트루먼과 애치슨은 이와 마찬가지로 유엔본연의 위치에서 중국의 한국에서의 조치가 비난받아 마땅함을 요구해야 한다고 믿었다.

유엔에서의 의견은 분분하였다. 아랍-아시아권 국가뿐만 아니라 많은 동맹국가들이 중국의 '침략행위'에 분노하였다. 그러나 대부분의 국가들은 중국을 외교적으로 수세에 놓이게 하거나, 협상의 여지를 줄이게 되는 어떠한 조치에도 매우 조심스러워했다. 이들은 전쟁 이전의 숙고를 거듭한 조치와는 달리 유엔의 협상과정에서 중국을 '침략자'로 규정하는 문구의 수정을 요구하였다. 미국은 동맹국들을 붙잡아 두기 위하여 여전히 막대한 압력을 필요하였다. 마침내 2월 1일 유엔총회에 앞서 중국을 '침략자'로 규정하는 결의안이 통과되었다.

그러나 중국을 '침략자'로 규정하는 곤혹스러움만큼이나 협상필요성의 중요성도 간과할 수 없었다. 한국에서의 전투수행과정 변화는 양측협상의 압력을 배가시키게 되었다. 전투력을 완전히 회복한 제8군은 적을 북으로 밀어올리면서 3월 15일 서울을 다시 장악하였고, 38선을 향해 접근하고 있었다. 국제적 정서는 물론 지난 가을공세의 패배로 인하여 트루먼 행정부의 그 누구도 감히 북한을 재정복하기 위한 노력을 기울이자고 주창하는 사람은 없었다.

맥아더를 제외하고 아무도 한국통일에 대한 목표를 수정해야 한다는 것에 이의를 제기하지 않았다. 중국봉쇄와 폭격의 승인이 거부되자 맥아더는 그의 견해를 점차 공식적으로 제기하기 시작하였다. 3월 7일 맥아더는 기자들에게 만약 그의 군대가 증강되지 못하고 제한사항이 철회되지 않는다면 피를 부르는 교착상태가 계속될 것이라고 주장했다. 8일 후 그는 기자들에게 방어선이 38선 부근에서는 설정될 수 없다며 워싱턴에 위치한 그의 상관들은 "지연전과 우유부단함으로 발생된 동맹군의 막대한 희생을 무시해서는 안 된다"라고 언급했다. 그는 압록강으로의 성공적인 전진은 여전히 군사적으로 성취될 수 있다고 주장했다.

워싱턴 지침에 대한 공개적인 맥아더의 이의 제기는 이제 문민통치자에 대한 도전으로 고려되었고 이는 명백한 하극상이었다. 트루먼의 지시에 따라 국무부는 조심스럽게 휴전협정을 작성하였다. 계획이 공식적으로 발표되기 전에 이를 알게 된 맥아더는 애써 이를 무시하였다. 트루먼은 이전에도 맥아더의 신중하지 못한 처사를 받아 넘겼으나 이번 행동에는 그럴 필요성을 느끼지 못했다. 이러한 이상스러운 움직임들은 주변을 놀라게 하였고 워싱턴은 격분하였다. 3월 24일 맥아더는 중국의 군사능력을 폄하하고 전쟁확대를 의미하는 다음과 같은 성명서를 발표하였다. "우리는 지금까지 한반도 지역 내에서 한정하여 전쟁을 수행하려는 노력을 기울여왔다. 그러나 이제 우리는 중국의 해안선과 영토 내의 기지로 군사작전을 확장할 것이며 적은 군사적 붕괴의 위험성을 명백하게 인지하여야 한다. 중국은 그러한 패배의 위험성을 감수하기보다는 군사지도자들을 나에게 보내 항복해야 한다. 나는 한국에서 더 이상 피 흘리지 않고 유엔의 정치적 목표를 달성하기 위하여 어떠한 군사적 수단이라도 강구하기 위한 준비가 되어 있다. 요약컨대 중국은 한국을 버리거나 본토에 대한 공격을 실시할 위험성을 감수해야 할 것이다."

맥아더는 트루먼의 권위에 명백히 도전하였고 트루먼은 회의에서 맥아더에 대한 '절제된 분노와 함께 불신"을 나타냈다. 트루먼에게 휴전협정 계획 이외에는 선택의 여지가 없었다. 트루먼은 비망록에서 다음과 같이 그의 심정을 술회했다. "〈맥아더의 최후통첩〉은 군 통수권자인 대통령의 명령에 반하는 것이었다. …… 이는 헌법에 보장된 대통령의 권위에 도전하는 것이었다. 이러한 행동으로 맥아더는 선택의 여지를 남겨놓지 않았다. 나는 그의 불복종을 더 이상 묵과할 수 없었다."

트루먼은 아직 맥아더를 해임시킬 절박성에 직면하지는 않았다. 대신 공식적인 성명을 발표하고자 할 경우 워싱턴의 승인을 사전에 받아야 한다는 것을 맥아더에게 상기시키는 정도의 아주 미약한 질책을 보냈다. 맥아더와의 정면충돌에서 한 발짝 물러선 트루먼의 조치는 정치적인 계산에 따른 것이었다. 맥아더는 여전히 국민들 사이에서 인기가 있었고 맥아더의 최후통첩은 국민들로부터 지지를 얻고 있었다. 이와 반대로 트루먼의 입지는 하락세를 면치 못하는 상태에 있었다. 그의 '직무수행'능력에 대한 지지도는 26%까지 하락했다. 그러나 트루먼은 맥아더를 징계하더라도 그가 행동을 바꾸지 않을 것이라는 사실을 받아들여야만 했다. 결국 트루먼은 국내적으로 중대한 정치적 결과를 가져올 불가피한 결정을 잠시나마 미루어야만 했다. 이 과정에서 트루먼의 대통령으로서 위상은 약화되었고 미국의 지도력에 대한 국제적인 실망은 더욱 증폭되었다.

며칠 사이에 맥아더는 하원에서 좀더 직접적으로 또다시 트루먼의 권위에 도전하였다. 4월 5일 매사추세츠 출신의 공화당 당수 마틴Joseph Martin은 한국에서의 '승리' 논쟁에 관한 서신을 동료의원들에게 읽어 주었다. 맥아더는 독특한 전략적 추론과정을 통하여 한국전쟁이 유럽의 운명과 공산주의에 대한 국제적 투쟁의 결과를 결정지을 것이라고 주장하면서 다음과 같이 기록하였다. "이곳 아시아에서 세계정복을 꿈꾸는 공산주의 음모자들이 선거에서 당선된 사실을 깨닫게 되는 것은 이상하리만큼 어려운 일이다. 우리는 이러한 문제를 전쟁터에서 다루고 있으며 외교관들이 여전히 말싸움하는 동안에도 우리는 무기로 유럽의 전쟁을 치르고 있다. 만약 우리가 아시아에서 공산주의자들과의 전쟁에 패배하게 된다면 유럽의 몰락은 불가피할 것이다. 그러나 전쟁에서 승리한다면 유럽은 전쟁을 피하고 자유를 보존할 수 있을 것이다." 맥아더는 그가 남긴 유명한 말로 글을 맺었다. "승리를 대신할 것은 아무것도 없다."

트루먼은 그의 비망록에서 "불복종은 정말 불행한 일이다"라고 털어놓았다. 이제 그는 피할 수 없는 결정을 받아들였다. 트루먼은 자신의 입장을 유지한 가운데 오랫동안 친분을 쌓아온 의원들뿐만 아니라 전쟁에 직접적으로 관련 있는 관료들로부터 조언을 구하였다. 이들은 모두 폭넓게 존경을 받아온 장군을 해임함으로써 야기될 정치적 결과를 인정하였다. 이와 반면 이들은 트루먼이 상황통제능력을 상실하고 있다는 것을 국민들이 점차 감지하고 있다는 것을 무시할 수 없었고 트루먼 또한 맥아더와의 정면대결을 두려워하고 있었다. 이들은 맥아더의 돌발적인 행동이 유엔 회원국을 무력화하고 협상을 위한 국제적 분위기를 해치게 될 것임을 알고 있었다. 비밀스런 수일 동안의 토의 끝에 애치슨, 마셜, 해리슨 그리고 브래들리 장군과 합참의 고위장성 등 전쟁에 직접적인 관련이 있는 사람들은 맥아더가 해임되어야 한다고 결론지었다. 이들은 트루먼에게 결정사항을 건의하였고 트루먼은 그의 생각과 같다고 응답하였다. 마침내 1951년 4월 11일, 트루먼은 맥아더를 해임하고 그 후임으로 리지웨이를 사령관으로 임명하였다.

그 날 밤 라디오연설에서 트루먼은 한국에서 제한적인 전쟁을 실시하는 이유를 충분하게 설명하였다. 이는 그가 처음으로 미국의 안보와 관련 한국전쟁에 개입하게 되었던 동기를 명백하게 밝힌 것이었다. 이어 그는 중국과의 전쟁을 수행하는 것은 미국을 '아시아 대륙에서 광범위한 분쟁'으로 발전하는 위험성을 안고 있다고 언급하면서 '우리의 과업은 감당할 수 없을 정도로 어려워질 것'이라고 주장했다. 그러나 한국에서의 전쟁을 계속하고 이를 위해 미국의 군사력을 증강하는 것은 침략행위를 무디게 만들고 그 밖의 지역에서 침략행위를 자제시킬 수 있을 것이라고 주장하였다.

맥아더의 해임소식에 놀란 국민들은 트루먼의 한국에서의 제한전쟁 수행발표에는 큰 관심을 보내지 않았다. 이후 며칠 동안 트루먼은 전례 없는 비난을 받았다. 트루먼과 그 보좌관들은 정치적 후폭풍을 예견했으나 맥아더 귀국의 정서적 감정표출에 대한 반응에는 아무런 준비가 없었다. 의회에서 공화당원과 대부분의 언론은 트루먼의 결정을 비난하였고 맥아더는 호놀루루Honolulu와 샌프란시스코San Francisco 그리고 뉴욕New York에서 역사상 가장 큰 규모의 열광적인 환영을 받았다. 이는 14년 동안 해외의 전쟁터에 머물며 일본과 전쟁을 수행하고 전후 일본재건을 지휘했으며 한국에서도 그와 같은 일을 수행하려고 한 유일무이한 군사적 영웅인 맥아더라는 인물에 보내는 경의의 표시였다. 정치권에서는 그의 귀국을 환영했다. 맥아더를 지지해왔던 공화당원들은 그의 해임을 계기로 민주당 공세를 강화하였다.

맥아더는 4월 19일 의회의 연설을 통하여 직접적으로 트루먼의 제한전쟁전략에 도전하였다. 그의 언어들은 제2차 세계대전을 기억하는 수백만 명의 미국인들의 가슴속에 스며들었다. "일단 전쟁이 우리에게 다가오면, 가용한 모든 수단을 동원하여 조기에 전쟁을 매듭짓는 방법 이외에는 어떠한 다른 대안이 없습니다. 전쟁의 목적은 장기간의 우유부단함의 결정이 아니라 바로 승리입니다. 전쟁에서 실로 승리를 대신할 것은 아무것도 없습니다." 이전에 맥아더는 해상봉쇄와 공중정찰 그리고 중국본토에서 민족주의자들을 이용한 작전을 통하여 한반도를 통일하고자 하는 '승리'의 전략을 약속하였다. 그러나 '승리'의 대안은 '전력을 끝없이 소모시키는 결말 없는 끔찍한 전쟁'이었다. 그의 가장 감동적인 연설은 전쟁에 임한 부하들에 대한 이야기였다. "우리 부하들은 왜 우리가 전쟁터에서 적에게 군사적 이점을 양보해 주어야 하는지 물었습니다. 그러나 나는 대답할 수 없었습니다." 그리고 그는 오래 된 육군의 군가를 들면서 오랫동안 기억에 남을 구절로 그의 연설을 끝냈다. "본인은 이제 오랜 군생활을 접고 막 사라져 가려 합니다. 이 늙은 군인은 신께서 나의 의무를 볼 수 있도록 빛을 밝히신 대로 그 의무를 다하려고 노력해왔습니다" "노병은 죽지 않았습니다. 다만 사라져갈 뿐입니다." 전쟁에서 승리를 약속했던 명망높은 지휘관이 그다지 인기가 높지 않았던 대통령의 '제한전쟁' 도전은 이렇게 결말 없이 끝나게 되었다.

트루먼은 예정된 맥아더의 귀향을 허락해주는 것 외에 그가 할 수 있는 일은 거의 없었다. 맥아더의 소환으로 트루먼 행정부는 국민들에게 제한전쟁을 공식적으로 전달하는 계기가 되었다. 애치슨과 마셜, 브래들리 그리고 행정관료들뿐만 아니라 맥아더까지를 포함하는 전쟁합동청문회가 개최되었다. 청문회는 맥아더가 제안한 전략이 승리를 가져올 수 없고 그가 제안한 중국의 군사행동은 제3차 세계대전의 위험성을 대단히 고조시킬 것으로 결론지었다. 특히 주목할 만한 것은 브래들리와 대다수의 합참참모들이 맥아더의 행동과 그의 전략을 비난한 것이었다. 이들은 제한전쟁을 통하여 미국이 아시아대륙에서 더 큰 전쟁으로 비화하기 전에 적의 침략을 저지하고 원래의 목표를 달성할 수 있을 것이라고 주장하였다. 논란의 중심에 섰던 브래들리는 다음과 같은 주장을 했다. "맥아더의 전략으로 인하여 우리는 잘못된 장소와 잘못된 시간에 잘못된 적과 잘못된 전쟁을 치룰 수도 있었다는 것이 합참의 입장이다." 맥아더의 주장이 설득력을 잃어가고 있는 동안에도 트루먼에 대한 지지율 상승과 (대통령에 대한 지지율은 33.5%를 넘지 않았다) 전쟁의 찬성으로 이어지지는 않았다(국민의 50%는 전쟁을 '실수'라고 생각하였다).

맥아더의 해임으로 트루먼은 당면한 난관으로부터 벗어나 통제 불가능한 사령관의 방해없이 한국에서의 휴전을 추구할 수 있었다. 양측 모두 전쟁에서 승리를 달성할 수는 없었으며 1년 가까이 전쟁을 치르고 나서도 한반도는 다시 분할되고 있었다. 많은 사람들은 이제 휴전을 해야 할 때라고 믿었다. 남북한 모두 한반도 전체를 통일하겠다는 그들의 목표를 포기할 준비를 하고 있었다. 중국 또한 협상에 조심스럽게 접근하고 있었고 설사 장기전으로 가더라도 그들에게 유리하게 작용할 것으로 예견하고 있었다. 소련은 한국에서의 평화중재자의 역할이 그들의 위상을 높일 것이라는 판단과 중국과 미국이 한반도에서 서로 싸우도록 하는 것 또한 그들에게 이익이 될 것이라는 판단 사이에서 갈등하고 있었다.

전투가 치열하게 진행되고 있던 1951년 봄, 전쟁을 종식시키기 위한 국제사회의 압력은 더욱 가중되었다. 4월 22일 북한과 중국은 제2차 '춘계공세'를 시작하였고 유엔군은 이에 맞섰다. 5월 말에 이르러 유엔군은 38선 북방으로 북한군을 다시 밀어냈다. 그러나 유엔군은 전진을 계속하지 않았다. 이는 부분적으로는 적의 방어태세가 강화되었기 때문이기도 했으나 협상을 용이하게 하기 위한 수단 때문이기도 하였다.

한국전쟁을 종식시키는 데 소련이 자국의 이익과 관련 동조할 것으로 계산한 트루먼은 파리와 유엔주재관리들을 통하여 소련과 막후협상을 진행하도록 지시하였다. 6월 1일 유엔사무총장 리에Trygve Lie는 38선 근처에서 휴전선을 설정하는 것이 유엔이 지향하는 목표에 합당할 것 이라고 주장했다. 소련은 6월 23일 유엔 대표부의 말리크Jacob Malik가 '38선으로부터 상호군대의 철수를 위한 휴전협정'의 협상지원을 발표하면서 주도권을 잡기 시작하였다. 트루먼에게 중국과 북한이 승낙했음을 알리며 회담은 38선 부근 개성에서 1951년 7월 10일 시작되었다.

유엔과 북한·중국 간의 협상(양측의 군사당국자들이 주도)은 절망적일 만큼 시간을 끌며 지속되었다. 양측은 종종 서로 회동하는 것조차 어려웠다. 개성에서의 회담이 이루어지고 7주 후 공산측은 갑자기 회담을 중단하였다. 그리고 2개월 후인 10월 25일, 이들은 판문점에서 회담을 재개하였다.

결국, 휴전선을 설정하고 전쟁포로를 교환하는 두 가지 문제가 전쟁을 끝내는 데 핵심사안이 되었다. 먼저 북한과 중국은 38선으로 복귀를 희망하였지만 미국은 비무장지대와 함께 방어에 보다 유리한 38선 북방을 잇는 분계선을 희망하였다. 유엔은 휴전이 이루어지는 당시의 군사력 배치에 따라 분계선을 설정하도록 권고하였다. 1951년 후반 양측의 접촉선은 38선 바로 북방의 유엔군 통제지역에서 이루어졌다. 협상 중에도 양측 간의 소규모교전은 지속되었고 이미 각자의 통제에 있는 지역에서도 방어태세를 강화하는 데 역점을 두었다.

전쟁포로문제는 가장 다루기 힘든 문제였다. 회담이 시작되었을 때 양측은 1949년의 제네바협약에 따라 "전쟁포로는 적대행위의 종식과 함께 지체없이 해방 및 송환시킨다"는 원칙의 준수를 약속하였다. 이는 유엔군이 약 12만 명에 이르는 북한과 중국군 포로를 돌려주는 반면, 1만 2000명의 유엔군 포로를 송환받는다는 '총체적 교환'을 의미하였다. 일부 미국의 관료들은 이러한 총체적 포로교환이 미국의 이익에 부합될 수 없다며 의문을 제기하였다. 전략적 측면에서 포로교환은 북·중의 전투력을 다시 강화시키는 계기가 될 수 있었고, 이는 북한과 중국이 한반도의 힘의 균형을 와해시킬 수도 있다는 것을 의미하였다. 그러나 더욱 중요한 것은 도덕적 문제와 관련된 것이었다. 중국의 인민해방군에는 전투에 강제로 투입된 중국 민족주의자 부대들도 포함되어 있었고, 북한은 남한의 국민들뿐만 아니라 병사들에게까지 그들의 군대에 강제징집하였다. 따라서 이러한 총체적 포로교환은 유엔의 결정에 따라 전투를 수행한 전쟁 포로들이 그들의 의사와 무관하게 본국으로 '강제송환'된다는 것을 의미하였다. 한편 도덕적 문제는 심리적 요인과 결부되었다. 만약 포로송환이 '자발적'으로 이루어진다면 수천 명에 이르는 중국과 북한의 포로들은 그들의 정부로 돌아가기를 거부할 것으로 예상되었으며, 이는 묵시적으로나마 유엔군의 승리를 의미하게 될 수도 있었다.

미 행정부는 의견이 양분되었다. 많은 사람들이 도덕적·심리적 차원에서 미국이 전쟁포로들을 자발적으로 송환해야 한다고 주장한 반면 애치슨과 리지웨이를 포함한 다른 사람들은 비록 강제송환이 된다고 해도 '총체적'인 교환이 이루어져야 한다고 주장하였다. 이들은 전쟁을 조기에 종전시키는 데 유리하면서도 이 과정에서 미국과 유엔군의 포로들을 되도록 빠른 시일 내에 석방시키는데 유리한 방안에 우선을 두었다.

이 문제에 대하여 트루먼의 입장은 결정적이었다. 그는 강제송환을 '이는 생각할 수 없는 일이며 우리의 행동에 내재된 인간적 원칙과 기본적 도덕적 기준에 모순되는 것'이라고 공식적으로 천명하였다. 이러한 그의 주장은 대중의 지지를 받았다.

미국의 자발적 송환원칙을 주장으로 전쟁포로 협상문제는 장기화되었다. 1953년 1월 20일 트루먼이 대통령직을 사임할 당시까지도 전쟁은 끝나지 않았다. 6주 후 스탈린의 죽음으로 소련에는 새 지도부가 들어섰고 서유럽 세계와 관계를 개선하기 위한 '평화공세'가 실시되었다. 소련은 평화공세의 일환으로 한국에서 전쟁을 조기에 종식시키기 위하여 중국과 북한에 새로운 압력을 가했다. 한편 트루먼의 뒤를 이은 아이젠하워Dwight D. Eisenhower는 외교채널을 통하여 만약 공산측에서 전쟁포로문제를 풀기 위한 새로운 제안을 받아들이지 않는다면, 미국은 중국과의 직접적인 확전(핵무기를 포함한)도 불사할 것이라고 위협하였다. 결국 중국과 북한은 포로송환에 관한 유엔의 입장을 받아들였다. 마침내 1953년 7월 27일 전쟁포로의 자발적 송환과 휴전선을 따라 남북한을 분리하는 휴전협정이 체결되었다. 미국은 원칙에 따라 송환을 원치 않는 중국과 북한포로 2만 2,600명(공산측에 붙잡힌 유엔군포로 359명)을 유엔군사령부의 관리 하에 보호하였다.3)

한반도에서 미국을 전쟁으로 이끌었던 트루먼 대통령은 퇴임하고 나서야 그의 목표를 인식하게 되었다. 미국인들은 일반적으로 한국에서의 교착상태를 승리로 생각하지 않았다. 이들은 다만 제한전쟁을 염두에 두고 있었다. 유엔이 전쟁목표로 제시하였던 분단된 한국의 원상복구는 1950년 6월 유엔안전보장이사회에 의해 정의되었으

---

3) 결국 유엔은 북한과 중국포로 7만 5823명과 유엔군포로 1만 2773명을 교환하였다(미국군 3597명 포함). 송환을 거부한 대부분의 사람들은 중국군이었다. 북한과 중국에 의해 붙잡힌 359명의 유엔군포로들 중 송환을 거부한 사람들은 23명의 미국인 이었다.

며 중국의 개입 이후에는 재 정의되었다. 트루먼이 전쟁에 임하겠다는 계산을 하고 있을 때, 한국전쟁은 광범위한 국제적 암시를 지니게 되었고 공산화의 확산방지라는 측면에서 본다면 미국은 일단 전략적 승리를 확보한 셈이었다. 역사학자인 스텍William Stueck은 다음과 같이 기록하였다.

> 그러한 승리는 한국에서의 승리 그 자체를 넘어 여타지역에서 침략행위를 억제하기 위한 유럽과 국내에서 군사력 건설과 연계되어 침략행위에 대한 의지와 능력으로 표현되었다. 장기적으로 볼 때 중·소 동맹에 놓인 긴장감은 미국에 이익이 될 것이다. 전반적으로 볼 때, 미국은 소련과의 경쟁에서 분명 승리자로 부상하였다.

트루먼 지도력의 강점은 전쟁 그 자체의 결정에 있었고 한반도를 전쟁 이전의 상태로 돌려놓은 데 있었다. 그러나 유엔의 우려와 중국의 경고를 무시하고 38선을 넘어 유엔군을 진격시킨 것은 실패였다. 트루먼이 군사적 수단을 통하여 통일을 추구하기 위한 여러 가지 대안들을 수용했더라면 중국의 개입은 아마도 피할 수 있었을 것이며 1953년의 정전협정 목표도 1950년 가을에 이미 거둘 수 있었을 것이다.

통수권자로서 트루먼은 사건의 흐름에 따라 그의 결정을 내렸다. 이러한 반응적 의사결정의 대가는 전쟁을 장기화했을 뿐만 아니라 미국의 국제적 위상을 하락시키는 결과를 초래하였다. 트루먼은 인천상륙작전의 결과와 행정부와 여론의 압박으로부터 북한으로 진격과 통일을 추구했다. 38선에서 유엔군의 진격여부문제와 압록강 직전에서 완충지대 설정은 트루먼의 용기를 필요로 하였고, 다양한 비판의 위험을 기꺼이 감수할 것을 요구하였다. 그러나 트루먼은 정치적 통찰력이 부족하였고 매우 중요한 국내외적 분기점에서 중대한 결정에 이르기 위한 조언을 받아내는데 실패하였다.

제한전쟁을 받아들인 트루먼의 결정은 갑작스런 중국의 개입으로부터 기인하였다. 미국의 관료들은 이미 1950년 10월과 11월에 중국이 개입할 것이라는 충분한 증거를 확보하였다. 그러나 개입여부에 대한 확신을 내리지 못했다. 또한 맥아더를 해임하기 위한 결정은 그의 불복종행위가 이미 수차례 발생한 후 국제사회가 미국의 지도부에 대한 불쾌한 정치적 에피소드로 여길 즈음에 실시되었다. 10월 15일의 웨이크섬 회의와 11월 30일 원자탄사용 위협의 트루먼의 기자회견은 지도부가 대안 없이 충동적으로 행동했음을 단적으로 보여준 것이었다.

대부분의 전쟁을 통하여 트루먼은 애치슨과 마셜로부터의 적절한 조언을 얻지 못했다. 이들은 어려운 질문을 회피하려는 트루먼의 경향에 동조하였고 이미 중국의 개입이 있었음에도 맥아더의 판단을 신뢰하였다. 결과적으로 맥아더를 해임하고 나서야 트루먼은 전쟁의 정치적·군사적 방향을 강하게 제시하였다. 그러나 그때까지 그의 신뢰성은 국내에서 만회할 수 없는 손상을 입었고 미국의 위상은 국제적으로 상당한 손실을 입었다.

트루먼 행정부 말기 2년 동안의 실망감은 지난 수십 년 동안 꾸준히 재평가되었다. 결국 일관성의 결여와 우유부단함에도 불구하고 역사가들과 미국의 대중은 그의 동시대사람들보다 트루먼과 한국전쟁의 위상을 높이 평가하였다. 그러나 백악관으로부터 보다 신중한 지도력이 발휘되었더라면 전쟁에서의 많은 인적 희생을 줄이고 미국 지도력의 국제적 위상추락 없이도 보다 나은 결과를 가져올 수 있었을 것이다.

:: 제3장
존슨과 베트남의 위기[1]

미국의 약속

케네디_{John F. Kennedy} 대통령의 암살이 있었던 암울한 날로부터 존
슨_{Lyndon B. Johnson}은 대통령직을 이어받았고 베트남의 위기를 맞았
다. 1963년 11월 22일 달라스_{Dallas}에서 시가행진 도중 저격으로 사
망한 케네디는 다음과 같은 연설문만을 남겨 놓고 떠나갔다. "공산
주의자들로부터 직접적 또는 간접적인 위협에 직면한 국민을 돕기
위한 과업에 주저해서는 안 된다" 미완의 그 연설문에는 9개의 취약
한 '핵심국가'가 기록되었고 맨 위쪽에는 베트남이 위치하고 있었다.

미국인들에게 세계는 지난 1950년 한국의 위기가 3년 동안의 전
쟁으로 이어졌던 그 때만큼이나 위험스럽게 보였다. 냉전은 지금까
지 지켜본 가운데 가장 위험스런 국면으로 치닫고 있었다. 베를린장
벽을 두고 1958년과 1961년 발생한 미·소간의 베를린위기는
1962년 쿠바에 미사일을 전개하려던 소련의 움직임에 대한 미국의
대응으로 최고조에 이르렀다. 소련의 후르시초프와 중국의 마오쩌
둥이 개발도상국가에 대한 영향력을 확장하려는 기도는 미국에게는
큰 위협이 되었다. 이는 가장 다루기 어려운 문제로 이들의 위협은

---

1) 여기서 남베트남은 베트남으로 북베트남은 월맹으로 번역하였고 다만 남북전체를 의미할
경우 베트남이라고 번역하였다(역자 註).

'민족해방전쟁' 그 이상의 것이었다.

서쪽으로 인도대륙으로부터 뻗어나와 대부분의 중국을 감싸고 있는 광활한 지역과 동쪽의 필리핀군도, 남쪽의 인도네시아군도들로 이루어지는 남아시아와 동남아시아지역은 이러한 위협의 중심에 있었다. 미국의 이 지역정책은 반서유럽적이며 호전적 성격의 중국이 과도한 영향력을 확장하려 한다는 가정에서 수립되었다. 한국전쟁 이래로 미국은 중국에 대해 외교적·경제적 그리고 군사적으로 고립을 시도해왔다. 미국은 중국을 합법적인 정부로 인정하지 않았고 따라서 중국과의 외교적 관계를 배제하였으며 중국의 유엔진출을 꾸준히 반대해왔다. 그러나 미국은 1949년 중국본토가 공산화되었을 때 대만으로 정부를 옮긴 자유중국 정부와 외교관계를 유지하였다. 미국은 중국과의 무역을 거부하였고 중국의 주변 국가인 파키스탄, 태국, 필리핀, 대만, 한국, 베트남 그리고 일본 등과 함께 군사동맹 체제를 건설하였다.

1960년대까지 베트남에서의 분쟁은 미국이 '민족해방전쟁'의 도전에 맞설 수 있는지, 개발도상국가에서 미국의 입지를 유지할 수 있을 것인지를 시험하는 무대로 비쳤다. 베트남은 미국 뉴멕시코 주의 크기와 비슷한 작은 국가로 한국에서와 같이 국제적으로 중요한 위상을 지녔다. 인도차이나반도 동쪽 해안에 위치하면서 북으로는 중국과 국경을 맞대고 있는 베트남이 향후 남아시아와 동남아시아를 연결하는 중대한 지역이라고 미국은 믿고 있었다.

한국에서의 위기와 마찬가지로 베트남의 위기 또한 제2차 세계대전과 민족주의의 부상 그리고 냉전으로 이어지는 20세기 중반 중대한 도전에 그 뿌리를 두고 있었다. 일본은 진주만의 미군기지를 공격한 이후 동남아시아의 정복을 위한 첫 걸음으로 베트남과 라오스,

캄보디아를 포함하는 프랑스령 인도차이나를 점령하였다. 제2차 세계대전 당시 공산주의자들이 주도한 베트민Viet Minh은 베트남 민족주의를 대변하는 세력으로 부상하였다. 일본이 1945년 8월 갑작스럽게 항복하게 되자 베트남 공산주의 운동을 오랫동안 이끌어 왔던 호치민(胡志明)은 베트남민주공화국Democratic Republic of Vietnam이라는 이름으로 독립을 선포하였다. 그러나 프랑스는 어느새 그들의 권력을 다시 세우고자 하였고 결국 무력을 투입하게 되었다.

8년 동안 이어진 전쟁에서 베트민은 잘 무장된 프랑스군에 대응하기 위하여 게릴라 전술을 사용하였다. 미국은 분쟁기간에 프랑스에 장비공급과 재정적 지원을 통해 개입하기 시작하였으며 프랑스 정부가 베트민에 대한 관심을 다른 곳으로 돌릴 의도로 만들어진 유명무실한 독립정부의 합법성을 인정하였다. 실질적인 미국의 지원에도 불구하고 프랑스는 교묘한 베트민을 격파하는 데 실패하였고 국내로부터 전쟁혐오감에 직면하였다. 결국 프랑스는 인도차이나 모험을 종식하기 위한 협상의 돌파구를 찾고 있었다. 한편 북부 산악지역에 위치한 프랑스 전초기지인 디엔비엔푸Dien Bien Phu를 포위한 베트민은 1954년 5월 프랑스에게 굴욕적인 항복을 안겨주었다.

그 해 여름 제네바회의에서 주요 국가들은 인도차이나에서 전쟁 종식과 프랑스 식민통치를 종식시키는 데 합의하였다. 여기서 라오스, 캄보디아 그리고 베트남의 독립을 승인하였다. 그러나 베트남은 잠정적으로 분할되었다. 보통 월맹이라는 베트남 민주공화국은 하노이를 수도로 하여 17도선 북방에서 권력을 회복하였고 그 밖의 남부지역에서는 프랑스가 여전히 장악하고 있었다. 국제적 감시하에 이루어진 통일선거는 1956년에 이루어질 예정이었다. 그러나 선거를 통한 통일은 베트남 독립투쟁을 주도하면서 국민의 광범위한 지지와 존경을 받아온 호치민이 이끄는 공산주의자들이 승리할 것이 분명해 보였다.

이러한 상황 속에서 미국은 베트남에 발을 들여놓았고 제네바 합의서명을 거절하였다.[2] 차후의 공산주의의 진출에 최소한의 '선을 확보'하기로 결심한 아이젠하워 대통령과 덜레스John Foster Dulles 국무장관은 남부지역에 독립적인 비공산주의 정부와 다국적 지역동맹체인 동남아 조약기구SEATO: the Southeast Asia Treaty Organization결성을 지원하기로 결심하였다.

미국은 중앙정보부에 의한 은밀한 작전과 집중적인 군사적·경제적 지원을 통하여 베트남공화국(사이공을 수도로 하는 일반적으로 베트남이라는)지원을 시작하였다. 베트남정부는 국민들에게는 별로 지지를 받지 못하던 반공산주의 민족주의자 디엠Ngo Dinh Diem을 수반으로 하였다. 1950년대 후반까지 공산당이 이끄는 새로운 반란세력인 베트콩Viet Cong들은 디엠의 정부에 도전해왔고 베트남지역의 농촌지역에서 힘을 키워나갔다. 호치민과 월맹의 정부지도자들에게 통일은 최고의 목표로 남아 있었다. 따라서 이들은 공산당이 이끄는 정치적 운동으로 베트민과 민족해방전선National Liberation Front의 설립을 지지하였다. 남쪽지역의 반란을 지원하기 위하여 월맹은 비무장지

---

2) 제네바회의의 주요결정은 주로 프랑스와 영국, 소련 그리고 중국에 의해 이루어졌다. 비록 회의에 대표를 보냈지만 미국은 공산주의자들의 주도하에 안정을 찾아갈 것을 우려한 나머지 이와 거리를 두었다. 또한 미국은 공산세력을 그 계획에서 불확실하게 남겨두기를 희망하였다. 회의 말미에 미국은 "합의를 방해하기 위한 무력의 사용이나 위협으로부터 자제할 것"을 약속하는 모호한 성명서를 발표하였다. 또한 통일된 국가가 "유엔의 감시하에 공정하게 치러지는 선거에서 자신들의 자유의지에 따라 분할되는 것"을 지원할 것이라고 발표하였다. 그리고 나서 남부지방에는 프랑스의 통치가 계속될 것이라는 합의에 반대하는 입장을 표명하면서 미국은 "모든 국민들은 자신의 미래를 스스로 결정할 권리를 가진다"는 전통적인 입장을 재확인 하였다. 이는 제네바합의에 대한 거부나 마찬가지였다.

대를 통하여 물자와 당 간부를 파견하였다. 이들은 라오스와 캄보디아로부터 베트남에 이르는 보급로인 '호치민통로'를 산악과 정글지대 밑으로 구축하였다.

1961년 케네디가 대통령으로 당선되었고 베트남을 재건하려는 미국의 노력도 실마리를 찾기 시작하였다. 케네디는 미국의 주둔을 급격하게 증대시켰으며 힘으로 대응하였다. 그는 1960년 600여 명 남짓의 군사고문관의 수를 1963년까지 1만 6,000명으로 늘렸다. 미국의 노력은 베트남군의 대반란작전을 지원하는 데 집중되었다. 케네디의 결의는 분명하였다. 1962년 상하 양원 합동연설에서 "피를 요구하는 체계적인 침략행위는 더 이상 '민족해방을 위한 전쟁'이 아니다. 베트남은 이미 자유국가이다. 그들의 침략행위는 파괴행위일 뿐이며 이는 곧 저항을 받게 될 것이다"라고 주장하였다. 비록 케네디는 실질적으로는 미국의 개입을 증대시켰으나 직접적인 미군의 역할에는 반대하였다. 그는 베트남전쟁에 대해 다음과 같이 언급하였다. "그것은 그들의 전쟁이며 전쟁에 승리하거나 패배하는 것도 그들이다. 우리는 그들을 도울 수 있다. 그러나 공산당에 대항해 승리할 사람들은 베트남사람들, 그들이다"

미국의 지원에도 불구하고 디엠정부는 점차 힘을 상실하였다. 디엠의 억압적 통치는 사이공과 휴Hue 그리고 다른 도시지역에서 공산주의자들이 아닌 불교사회의 주도하에 맹렬한 저항을 불러일으켰다. 디엠이 불교도들의 저항을 억압하려 하자 미국의 관료들은 신선한 지도부가 안정된 베트남을 지켜낼 것으로 믿게 되었다. 케네디 대통령의 묵시적 승인에 따라 중앙정보부 요원들은 디엠정부를 붕괴시키려 계획 중이던 동반민Duong Van Minh 장군이 이끄는 장교단에 대한 은밀한 지원을 실시하였다. 디엠 대통령의 암살로 막을 내린

1963년 11월 초 군부에 의한 쿠데타는 미국이 연루되어 있었다. 3주 후 또 다른 암살이 뒤를 이었다. 미국에서는 존슨이 대통령으로 당선되었다.

　1950년부터 프랑스에 대한 외교적·경제적 지원으로 시작되어 1963년 실질적인 군사적 지원으로 발전한 미국의 베트남개입은 세 가지의 서로 연관된 가정에 기초를 두었고 새로 취임한 존슨은 이를 그대로 물려받았다. 첫 번째 가정은 베트남이 중·소간의 팽창으로부터 남아시아 및 동남아시아를 방어하는 데 결정적인 역할을 할 것으로 고려되었다. 이러한 믿음은 종종 '도미노이론'이라는 표현으로 공공연하게 사용되었다. 미국의 관료들은 일단 공산주의자들이 베트남을 장악하게 되면 연쇄반응을 일으키게 될 것이며, 이 지역에서 공산주의가 우세하는 결과를 가져올 것이라고 믿었다. 아이젠하워 대통령도 아시아에서 '도미노현상'을 언급한 바 있었다. 1954년 아이젠하워는 공산주의자들이 인도차이나를 장악하게 된다면 '버마와 태국, 말레이반도, 인도네시아의 중요한 자원과 수많은 사람들을 잃게 될 것이며 이는 자유세계에 계산할 수 없을 정도의 손실"이 될 것이라고 예견하였다. 미국은 군사적인 정복보다는 정치적인 정복을 주목하였다. 이는 서유럽세계와 친밀한 관계를 유지하고 있는 중립국가들이 공산주의를 미래의 물결로 인식하고 공산주의 지도자들을 바라볼 것이라는 미국의 판단으로부터 연유하였다. 남아시아 및 동남아시아에서 그러한 정치적 균형의 전환은 소련과 중국에 유리하게 작용할 것으로 보였다. 미국과 그 동맹국가인 유럽 및 일본은 이 지역의 천연자원에 대한 접근을 제한받게 되고 잠재적 시장마저 빼앗기게 될 것이라고 판단하였다. 베트남에서 공산주의의 승리는 필연적으로 베트남의 공산화 그 자체의 의미를 벗어나는 암시를 지니게 될 것이며 이 지역에서 서방세계의 영향력이 뒤집힐 수 있는 위험성도 내재하였다.

두 번째 가정은 도미노현상을 예방하기 위한 필수조건들을 강화하는 것이었다. 미국의 '신뢰성'이 그 선상에 섰다. 미국이 일단 베트남에 개입을 시작하게 되면 그 자체가 최종목표가 될 것이며 미국의 의지와 결의를 평가하는 시험장이 될 것이었다. 미국이 군사고문단과 물자를 증가시킬 때마다 위신의 문제가 축적되었으며 이에 따라 철수도 어렵게 만드는 요인이 되었다. 1963년은 미국의 신뢰성 문제가 국제적 성격으로 발전되면서 더욱 중요한 의미를 지니게 되었다. 정책결정자들은 동맹의 실패가 미국의 국제적 위상을 손상시킬 것이며 적대국가들이 보다 과감하게 공세적인 행동을 불러올 것으로 판단하였다.

마지막 가정은 '도미노'와 '신뢰성'이 모두 연관된 것이었다. 공산주의 팽창에 대한 미국의 대응은 우선 '공세의 근원'을 제거하고 보다 대규모의 전쟁을 예방하는 것이었다. 한국에서의 위기에 대처한 트루먼과 같이 그의 계승자들은 공산주의자들의 약진을 1930년대의 '교훈의 틀' 안에서 보았다. 당시 동맹국은 나치독일과 일본 그리고 이탈리아의 초기 공세를 중지시키는 데 실패하였고 이로 인해 제2차 세계대전으로 확대되는 계기가 되었다. 미국은 냉전시대 소련과 중국의 견제, 한국전에 병력파견, 베를린과 쿠바미사일 위기시의 강고한 조치를 지켜보았다. 미국이 세계를 바라보는 이러한 방식에서 베트남을 통일시키려는 호치민의 움직임은 민족주의의 표현으로 고려되지 않았고 미국에 대한 공세로 여겨졌다. 두 번씩이나 민주당 대통령 후보에 올랐으며 1961년부터 1965년까지 유엔 대사를 역임했던 스티븐슨Adlai Stevenson은 간결한 어조로 다음과 같이 말했다.

"베트남에 대한 관점은 1947년 그리스와 1950년 한국에서의 그것과 같은 것이다."

존슨 대통령은 베트남의 전략적 중요성에 대한 이러한 가정을 받아들였다. 존슨은 부통령 시절인 1961년 베트남을 방문하였고 여기서 미국의 책무를 강하게 인식하였다. 그가 케네디 대통령에 제출한 보고서는 도미노와 신뢰성을 연결한 것이었으며 "동남아시아에 대한 기본적인 결정은 여기에 있다. 우리는 우리의 능력을 최대한 발휘하여 이 국가들을 도울 것인지 아니면 수건을 던지고 샌프란시스코로 철수하여 '미국의 요새'를 만들 것인지를 결정해야만 한다. 보다 중요한 것은 우리는 조약으로 살아가지 않으며 친구를 지켜줄 것임을 국제사회에 말해야 한다는 것이다"라고 기록하였다.

존슨이 대통령직을 인수하자 신속하게 베트남정책을 추진하였다. 베트남에 대하여(그리고 그의 전임자로부터 넘겨진 다른 문제들에 대하여) 존슨이 강력한 지도력을 발휘할 것이라는 주장은 놀라운 일이 아니었다. 그가 전임자의 사망으로 대통령직을 인수하게 되자, 18년 전 트루먼이 그러했듯이 존슨 또한 산적한 문제에 당황하거나 자신의 신념을 의심하지 않았다. 55세의 존슨은 자신감으로 차 있었고 25년 동안 눈부신 그의 정치적 행보는 마침내 단 한가지의 야망이었던 대통령의 자리로 이어졌다.

존슨은 중부 텍사스지역에서 오랫동안 거주해오면서 온건한 성품을 유지해왔다. 그는 사우스웨스트 텍사스 주립사범대학Southwest texas State Teachers College을 졸업한 후 고등학교에서 잠시 교편을 잡았고 정치인의 보좌관으로서 정계에 입문하였다. 29세의 나이에 하원의원으로 당선되었으며 제2차 세계대전 기간 군복무를 제외하고 1937년부터 부통령이 된 1961년까지 의회에서 활동하였다. 1948년 상원의원으로 당선된 후 아이젠하워 대통령 재임시절 6년 동안 여당 지도자로서 동료의원들 가운데에서도 가장 탁월한 인물로 두각을 나타냈다. 1960년 존슨은 민주당 대통령 후보에 출마했고 후보경선에서 케네디가 민주당 대통령 후보로 지명되었다. 뜻밖에도 케네디는 존슨에게 부통령 후보자로 지명하였고 그 또한 뜻밖에 이를 수락하였다.

린든 존슨 대통령

기내에서 대통령 선서 중인 존슨

존슨의 과거경력이 말해주듯 그는 강인함과 열정 그리고 협상술에 신념을 지닌 인물이었다. 그는 그의 스승이라 할 수 있는 루스벨트 대통령으로부터 진보적 개혁전통을 이어받았고 주고받는Give and Take 정치에 매우 익숙해 있었다. 그는 의회활동에서 설득과 위협 그리고 협상의 놀라운 능력발휘를 통해 그의 목표를 달성하였다. 그는 모든 문제는 이성적인 설득과정을 통하여 해결될 수 있다고 믿게 되었다. 그의 가까운 동료는 후에 존슨을 다음과 같이 평가하였다. "만약 그가 어떤 문제에 대하여 모든 지적 능력을 동원하여 집중한다면 그리고 거기에 어떠한 대안의 가능성이라도 있다면 그는 합의를 위한 어떠한 방법이라도 찾아내곤 하였다. 문제해결을 위해 도전하는 그의 자세는 한 번도 실패하지 않았다. 그는 베트남에서의 성공을 조금도 의심하지 않았다."

대통령이 되고 나서 존슨은 케네디 행정부시절의 외교안보팀을 그대로 이어받았다. 가장 영향력을 미친 인물은 국무장관 러스크Dean Rusk와 국방장관 맥나마라Robert McNamara였다. 매우 심사숙고하면서도 목소리를 낮추는 스타일의 러스크는 한국전쟁 기간 중에는 국무부 극동지역 차관보로 활약한 학자출신이었으며, 케네디가 장관으로 지명하기 직전에는 록펠러재단 이사장을 지낸 인물로 강철 같은 결단력을 지녔다. 존슨 대통령과 마찬가지로 겸손한 남부출신인 러스크는 대통령으로부터 존경을 받았다. 존슨은 그를 "정말 좋은 사람이다. 열심히 일하고 명석하며 실무자로서 충성심을 지닌 인물이다. 대통령과 다방면에서 헌신적으로 일하는 그를 아무도 따라잡지 못할 것이다"라고 평했다.

존슨은 취임 초기 맥나마라 장관에 대해서도 마찬가지였다. 케네디는 부담스러운 국방부를 경제분야에 관리원칙을 도입하여 혁신시키기 위한 방안으로 당시 포드자동차회사에서 사장으로 명성을 떨치고 있었던 맥나마라를 불러들였다. 치밀한 업무수행의 인물로 테크노크라트Technocrat의 신념을 가지고 있었던 맥나마라 장관은 케네디 행정부시절에도 점증하는 미국의 베트남전 개입에 대한 전반적인 밑그림을 그리고 있었고 1963년 기자회견에서 신념에 찬 목소리로 다음과 같이 말했다. "모든 측정 가능한 양적 계산은 우리가 전쟁에 이기고 있음을 보여주고 있다."

러스크, 맥나마라 장관과 더불어 존슨은 번디McGeorge Bundy와 테일러Taylor Maxwell의 조언을 깊이 신임하였다. 케네디의 '행동하는 지식인'으로 명성을 날린 바 있는 번디는 대통령의 국가안보 특별보좌역을 수행하기 위하여 하버드대학의 학장직에서 물러났다. 합참의장 테일러는 번디와 유사한 명성을 누렸다. 그는 영향력 있는 저서『불확실한 전통Uncertain Tradition』을 통하여 아이젠하워 행정부의 국가안보정책을 비판하였고 이를 계기로 테일러는 케네디가 가장 선호하는 장성으로 부상하게 되었다.

존슨은 외교정책을 수립하는 데 그가 신뢰하는 일부관료들과 그밖의 개인적인 친분을 유지하고 있던 사람들을 활용하였다. 그는 좀처럼 국가안보회의를 소집하지 않았다. 존슨은 공개적으로 통제되어 실시하는 의사결정은 불합리하다고 생각하였고 광범위하게 조언을 구하는 것에 우려를 가지고 있는 듯했다. 그는 일부특정한 개인이나 그룹을 통하여 의견을 경청하는 경우가 많았다. 존슨은 참모들에게 위협을 주는 인물이 되었고 이로 인하여 주변에서 그의 위상에 도전하는 것은 용기와 대가를 치러야 함을 알게 되었다.

존슨의 한 측근 보좌관은 베트남전에서 대통령이 정치적 시각에서 군사적 시각으로 재빠르게 전환되는 '존슨의 의도'를 간파하였다. 케네디암살사건 이틀 후 존슨은 그의 보좌관들과 만남에서 디엠 정권을 무너뜨리려는 미국의 음모를 비난하였다. 그는 이에 이른바 '사회개혁'을 통하여 '우리 자신의 이미지대로' 아시아를 바꾸고자 하는 잘못된 노력의 일부라고 규정하였다. 그는 '전쟁에서 승리'하기 위한 미국의 주요한 노력은 군사분야로 집중되어야 함을 강조하였다. 그는 회의 말미에서 베트남문제를 담당하기 위한 정치 관료들과 군사전문가들을 통합하여 대사가 총책임을 지는 '특별팀'을 조직하도록 지시하였다. 그는 전행정부와 같은 팀 내부의 심각한 '불협화음과 언쟁, 의견 불일치'를 원치 않았다. 회의 직후 존슨은 은밀한 군사작전계획에 관한 확대와 월맹에 대한 직접적인 첩보 수집을 승인하였다.

존슨은 베트남이 '현재 우리의 가장 중요한 군사적 영역'이며 새로운 베트남지도부의 '우유부단함과 표류'가 상황을 악화시켰다고 생각하였다. 존슨과 여러 미국의 관료들은 칸Nguyen Khanh 장군의 주도하에 이루어진 1964년 1월의 두 번째 쿠데타를 환영하였다. 존슨은 칸 장군이 베트남의 안정을 가져올 지도자로 생각하였고 대반란 작전을 재개하였다. 그는 보좌관들에게 "우리는 칸 장군을 우리 사람으로 만들어야만 하며 이 사실을 모든 사람들이 알도록 해야 한다"라고 언급하면서 베트남 지원에 관한 '신속하고 호의적인 대응'을 실시하는 동시에 '월맹에 압력을 가하기 위한 우발계획'수립에 박차를 가할 것을 주문하였다.

존슨은 베트남이 보다 강력한 군사작전을 수행하도록 압력을 행사하는 한편 협상에 의한 타결방안은 거절하였다. 미국의 개입을 비평하는 목소리가 점차적으로 증가하면서 혼란스러운 정치적 상황으로부터 철수하는 방향으로 추진해야 한다는 주장이 제기되었다. 상원의 당수인 민주당 맨스필드Mike Mansfield는 외교문제에 광범위한 존경을 받는 인물로 존슨 대통령에게 여러 차례 서신을 보냈다. 그는 베트남, 라오스 그리고 캄보디아에 대한 중립화를 위해 국제적 합의를 추구해야 함을 꾸준히 주장하였다. 그는 미국이 아시아의 영토에서 지상전에 휘말리고 있다고 주장하면서 이는 중국과의 충돌로 이어질 가능성이 있음을 존슨 대통령에게 경고하였다. 한편 국제적 차원에서는 프랑스의 드골Charles DeGaulle 대통령과 캄보디아의 시아누크 Norodom Sihanouk 공은 베트남의 중립화를 위한 외교계획을 제안하였다. 그러나 대다수의 보좌관들과 함께 존슨은 그러한 제안을 안중에 두지 않았고 미국의 철수는 필연적으로 공산주의의 지배로 이르게 될 것이라고 믿었다.

국내의 정치적 고려사항 또한 베트남에서 공산주의의 승리를 막기 위한 존슨의 결심에 영향을 미쳤다. 존슨은 베트남의 '상실'로 보수주의자들의 반격을 가져올 것임을 두려워하였다. 그에게는 중국을 상실한 책임이 어떻게 트루먼 정부의 몰락을 가져왔는지에 대한 기억이 떠나지를 않았다. 존슨은 1964년의 대통령 선거가 루스벨트 대통령의 뉴딜정책 이래로 국내개혁의 가장 중대한 과업을 부여하였다고 생각하였다. 그는 베트남의 문제가 신공민권법, 가난과의 전쟁 그리고 그가 규정한 위대한 사회건설을 파괴하지 않을 것임을 명확하게 해둘 필요가 있었다.

존슨은 국내문제에 집중하고 있을 때에도 베트남의 생존에 대한 그의 약속을 결코 얼버무리지 않았다. 그는 공식적으로 미국의 사활적 이익을 언급하였고 아이젠하워와 케네디 행정부 이래로 미국의 도전과 신뢰성의 유지는 도미노현상을 예방하는 관점으로부터 베트남을 인식하는 것이라고 주장하였다. 또한 핵심적인 논란들을 다음과 같이 간단하게 요약하였다. "동남아시아에서의 우리의 정책을 네 가지의 기본적 주제들로 개관해보는 것이 아마 도움이 될 것이다. 첫째, 미국은 약속을 지켜야 한다. 둘째, 동남아시아의 미래가 문제이다. 셋째, 목적은 평화이다. 마지막으로 이는 정글전쟁이 아니며 자유를 위한 투쟁이다."

정치적 혼란이 사이공을 휘감고 공산주의자들이 득세하게 되자 존슨은 해결책의 모색에 나섰다. 1964년 봄 존슨은 고위급관료를 계속해서 베트남에 파견했다. 러스크는 맥나마라, 테일러와 마찬가지로 두 번을 다녀왔고 이들의 임무는 냉혹한 판단을 대통령에게 제공하는 것이었다. 중앙정보부도 '극도로 깨지기 쉬운' 베트남의 정세 보고에서 "만약 이러한 잘못된 조류가 연말까지 계속된다면 베트남에서의 민주주의 세력의 입지는 더 이상 지탱할 수 없게 될 것"이라고 언급하였다.

존슨은 그의 오랜 스승이자 친구인 러셀Richard Russell 상원의원에게 '베트남은 지금껏 내가 지켜본 것 중 최대문제' 라며 개인적 감정을 토로하였다. 그는 베트남의 전쟁터에 젊은이들을 보내는 것을 두려워하였지만 보내는 것 이외에는 선택의 여지가 없었다. 그의 딜레마는 간단하였다. "나는 그 곳에서 싸울 가치가 있다고 생각하지 않으며 우리가 빠져나올 수 있다고도 생각하지 않는다."

존슨은 직접적인 미국의 군사적 역할을 지향하면서 이 문제의 의회승인 필요성 여부를 고려하게 되었다. 국무부는 대통령이 군의 통수권자로서 해외에 병력을 파견할 권한을 가지며 동남아조약기구의 회원국으로서 베트남을 방어하는 것이 의무임을 확인시켜주었다.[3] 대통령이 독자적으로 행동할 수 있다고 주장하면서도 국무부는 의회의 결의를 위한 문서초안을 작성하였다. 이 문서는 베트남의 붕괴를 예방하기 위해 대통령이 어떠한 조치라도 취할 수 있음을 승인하는 내용을 담고 있었다.

그의 베트남공약을 강조하기 위하여 존슨은 테일러 장군의 베트남대사 임명을 시작으로 사이공에서 미국의 정치·군사적 지도력을 강화해나갔다. 테일러 장군의 전임자 라지Henry Gabot Lodge 대사는 공

---

3) 동남아조약기구 그 자체가 미국이 베트남을 방위하는 의무를 가지는지는 분명하지 않았다. 1954년의 조약 당시 합의조건은 "기구의 보호를 받는 어떤 회원국이나 국가가(베트남 포함) 침략당할 경우, 각 회원국들은 그러한 상황적 과정에 부합하도록 공동의 위험에 대처해야 한다"라고 되어 있다. 이는 대통령의 미국의 군사력을 투입하기 이전에 의회의 승인이 필요함을 제안하고 있는 것처럼 보였다.

화당의 대통령 경선에 나서기 위해 본국으로 돌아왔다. 라지의 사임으로 베트남에서의 미국정책의 공화당 입지를 대변하는 정치적 이점을 상실하였으나 한편으로 명망 있는 군장성을 핵심위치에 보직함으로써 전쟁을 실행하게 될 수 있다는 결의를 보여주는 계기도 되었다. 존슨은 테일러 대사가 주베트남사령관으로 임명한 웨스트모열랜드William Westmoreland 장군과 함께 강력한 '지도력'을 보여줄 것으로 믿었다. 사이공에 도착한 직후 테일러는 웨스트모얼랜드 장군의 요청에 따라 향후 수개월 내로 군사고문단을 4200명 수준으로 증파할 것을 주장하였고 이는 베트남에서의 고문단이 총 2만 2000명으로 늘어난다는 것을 의미하였다. 존슨은 이를 즉각 승인하였다.

미국의 주둔이 조용하게 증강되기 시작하고 있을 무렵 통킹Tonkin만 의 '위기'가 미국인들에게 충격을 주었다. 1964년 8월 2일 일요일 오후, 3 대의 월맹 순찰선이 베트남 북부 해안선 근처에 위치한 미국 구축함 매독스Maddox에 사격을 가해왔다. 관계자의 설명에 따르면 매독스호는 '일상적인 순찰'임무를 수행하고 있었고 월맹의 공격에 피해를 입었지만 즉각 응사하였고 근처에 위치한 티콘데로거Ticonderoga호의 함재기와 함께 공격하여 월맹의 순찰함 1척을 침몰시키고 2척의 배에는 피해를 주었다.

존슨은 러스크와 맥나마라 그리고 합참의장인 휠러Earl Wheeler 장군을 백악관으로 소집하여 대책회의를 주관하였다. 이들은 월맹에 강한 어조의 항의를 전달하기로 하였고 '미국군에게 추가적인 도발행위는 심대한 결과를 초래하게 될 것'이라고 경고하였다. 한편 존슨은 통킹만 일대의 해군순찰활동 강화를 위해 터너 조이Turner Joy호를 추가적으로 파견할 것을 결심하였다.

8월 4일 저녁 무렵 월맹이 추가적인 '군사적 도발행동'을 감행하려는 움직임이 포착되었다. 통킹만의 어둠 속에서 매독스호는 인근에 위치한 함정으로부터 급박한 공격을 받았음을 보고하였고 레이더에는 미확인함정과 항공기가 식별되었다. 전투기가 매독스호 및 터너 조이호를 엄호하기 위하여 티콘데로거호로부터 이륙하였다. 잠시 후 매독스호는 항공기가 레이더 스크린으로부터 사라지고 함정도 멀리서 위치함을 인지하였다.

월맹의 추가적인 도발행동에 관한 비밀문서가 워싱턴에 도착하자 (두 번째 '사건'은 아직 공식적으로 발표되지 않은 상태) 상황은 급박하게 진행되었다. 존슨과 보좌관들은 월맹에 '강력하고 확고한 보복공격'을 포함하는 군사적 대응의 필요성에 의견이 모아졌다. 합참이 공격할 준비를 할 즈음 매독스호의 사령관으로부터 '조치를 취하기 이전에 상황에 대한 완전한 평가'가 필요하다는 조심스러운 보고서가 올라왔다. 그의 증거검토보고에는 월맹의 함정과의 접촉 여부, 매독스호에 실제 어뢰의 발사 여부 등의 의문이 제기되었다. '완전한 평가'와는 다소 거리가 있어 보이는 검토회의를 마친 후 맥나마라는 공격의 충분한 증거가 있다고 결론지었다. 그는 이 날 국가안보회의에서 '사건'에 관한 어떠한 질문에도 명쾌한 답변을 하지 않았고 이는 의회의 지도자들과 만남에서도 마찬가지였다. 그럼에도 불구하고 결국 존슨은 군사적 보복의 의회결의를 얻어냈다.

전투기가 월맹을 공격하기 위하여 이륙하였다는 보고가 11시 20분 경 워싱턴으로 보고되었다. 존슨은 백악관에서 공격에 관한 대국민발표를 실시하였다. 수많은 국민들이 텔레비전을 지켜보는 가운데 존슨은 통킹만 사건을 미국의 군함공격으로 규정하면서 이에 상응한 조치를 다음과 같이 설명하였다. "공군이 월맹의 군함과 이를 지원하는 특정시설의 공격을 실행 중에 있다" "평화로운 베트남을 공격한 베트민의 공격행위는 이제 미국을 향한 공개적인 해상공격으로 발전하였다. 원하기 위한 미국의 결의는 이 사태를 계기로 더욱 강고해졌다. 그러나 미국은 이러한 제한적인 조치로 인하여 더 이상의 확전으로 발전되는 것을 원하지 않는다."

존슨의 이러한 조치로 미국은 처음으로 베트남에서 직접적인 군사력을 투사하는 계기가 되었다. 항공모함 티콘데로거와 컨스텔레이션Constellation으로부터 출격한 폭격기들이 월맹의 순찰선 기지와 석유저장시설에 대하여 64회에 걸쳐 폭격을 실시하였다.

다음 날 존슨은 '동남아시아의 안보와 국제평화 증진을 위한 합동결의안'을 의회에 보냈다. 이 결의안은 간략하게 '통킹만 결의안'이라 했다. 미 국무부가 수 주전에 준비한 결의안 초안은 매우 간결하고 단순하며 수정의 여지를 남겨놓은 것이었다. 결의안은 "국제수역에 합법적으로 정박하고 있는 미국의 군함에 대하여 사전계획에 따라 공격을 실시한 월맹에게 책임을 물으면서 "대통령이 군의 통수권자로서 미군에 대한 공격을 격퇴하고 침략행위로부터 방어하기 위하여 필요한 어떠한 조치도 취할 수 있도록 의회가 승인하고 지지함"을 재확인하였다. 이와 아울러 대통령에게 "동남아조약기구의 회원국과 함께 자유를 수호하기 위한 지원요청에 대하여 군사력의 사용을 포함하여 모든 필요한 조치"를 취할 수 있도록 의회의 승인을 요청하였다.

국가적인 위기상황의 분위기에서 의회는 서둘러 이 결의안을 승인하였다. 당시 많은 사람들로부터 존경받는 인물로 강력한 영향력을 발휘해온 풀브라이트 외교위원회 의장을 중심으로 국제적 차원에서 이러한 조치가 최대한 효과를 거두기 위해서는 신속한 조치가 취해져야 한다는 주장이 제기되었다. 결의안 채택과정에서 의회와 백악관 사이의 이견은 없었지만 단지 일부의원들이 이러한 조치가 대통령에게 확전을 위한 권한을 대폭 승인하는 것이라며 의문을 제기하였다. 공화당 상원의원 쿠퍼John Cooper는 다음과 같이 주장하였다. "그렇다면 예측건대 대통령이 전쟁으로 이르게 할 수 있는 군사력의 사용필요성을 결심하였다면 우리는 이 결의안을 대통령에게 권한을 주어야 할 것입니다"풀브라이트는 다음과 같이 답변하였다. "그것이 바로 내가 해석하고자 하는 바이오." 상원의원 넬슨Gayload Nelson은 분쟁의 확대를 반대하는 표현을 포함하는 수정안을 제안하였다. 가장 신랄한 비평은 그루어닝Ernest Gruening과 모스Wayne Morse가 제기하였다. 그루어닝은 "우리와 상관없는 전쟁터에 우리의 젊은이들을 보내는 것에 반대하며 어느 한사람이라도 그러한 모험으로 인하여 목숨을 잃게 할 수는 없다. 우리는 이미 충분히 잃었다"라고 비판하면서 "우리는 훗날 미국의 헌법을 파괴하면서 중대한 실수를 하였다고 기록될 것이며, 실제로 선전포고도 없이 대통령에게 전쟁을 수행할 수 있도록 우리가 대통령에게 권한을 부여하고 있다. 본인은 이를 역사적 실수라고 지적하고 싶다"라고 매듭지었다.

결국 의회는 월맹에 대한 명백한 경고를 보내고자 하는 존슨의 결의안에 우려와 근심을 나타냈지만 하원의 만장일치(416 대 0)로 승인되었고 상원에서도 그루어닝과 모스 의원 등 일부 부정적 시각을 가진 의원을 제외한 88명이 찬성표를 던졌다.

한편 결의안은 국민의 강력한 지지를 받았다. 여론조사에서 월맹에 대한 공중폭격에 대하여 85%가 지지한다고 밝혔다. 주요 신문의 사설은 존슨의 조치를 높이 평가하였다. 존슨 대통령의 지지율은 취임 초기 30%에서 72%로 상승하였다.

존슨 행정부는 처음부터 이 이상스런 사건을 은폐하려 하였다.

1964년 초 존슨은 월맹에 대한 비밀작전을 승인하였다. 베트남군 부대와 함께 미국 해군과 중앙정보부는 7월 말경 월맹 해안에 감시와 비밀작전을 실시해왔다.

8월 2일 월맹 순찰선의 공격은 그 이전 미국의 비밀작전의 보복으로 이루어졌을 가능성도 있었다. 매독스호의 '일상적 순찰'은 사실상 월맹의 군사시설에 대한 전자감시활동이었다. 존슨조차도 개인적으로는 8월 4일 사건에 의구심을 가졌다. 그는 보좌관에게 "그 바보 같은 해군 병사들이 날아가는 물고기에 사격을 가했다"라고 말했다.

공화당 대통령 후보자 골드워터Barry Goldwater는 존슨이 베트남에서 공산주의자의 도전대응에 실패하고 있다고 여러 차례 주장하였다. 그러나 존슨은 결의안을 통하여 억제된 힘을 행사하고 있는 것처럼 보이면서 미국이 약속을 이행하고 있다고 언급하였다. 그는 전면적인 전쟁으로 가지는 않을 것이라고 단호하게 말했다. 민주당은 골드워터를 베트남의 전쟁 속으로 뛰어들려는 무책임한 후보로 비난하였다. 존슨은 평화를 주창하는 후보로 부각되었고 '아시아 청년들이 그들 나라를 위해 싸워야 할 머나먼 땅에 미국의 젊은이들을 보내지 않을 것"임을 국민들에게 재확인시켜 주었다. 11월 3일 존슨은 대통령 선거에서 압도적으로 승리하였다.

존슨은 비록 전면적인 전쟁으로 가지 않을 것임을 약속했지만 개인적으로는 미국의 군사적 개입의 확대가능성을 예상하였다. 사이공으로부터의 보고서는 베트콩들이 매우 허약한 지도력의 베트남정부를 대상으로 게릴라전을 강화하고 있음을 보여주었다. 베트콩들은 증강되는 미국의 주둔을 목표로 하기 시작하였다. 대통령 선거 3일 전인 10월 31일 토요일, 베트콩들은 비엔호아Bien-hoa의 미군기지를 공격하였다. 이 공격으로 미국인 4명이 죽고 30명이 부상당하였다. 이로부터 수 주일 후인 12월 24일, 베트콩들은 미국의 군관계자들이 머물고 있던 사이공의 브링크스Brinks호텔을 공격하여 2명이 사망하고 50명이 부상을 입었다. 존슨 대통령의 지시에 의해 외교정책 방안을 검토한 국가안보회의 베트남문제 실무단은 체계적으로 폭격을 강화하는 전역을 통하여 월맹에 서서히 '통제된 압박'을 실시할 것을 건의하였다. 러스크와 번디, 맥나마라는 이러한 방안에 동의하였다.

존슨 대통령은 실무단의 방안을 받아들이면서도 베트남의 고질적인 정치적 불안정을 해소시킬 수 있을지에 의문을 가졌다. 보좌관들과의 난상토론에서 존슨은 "베트남이 동참하지 않으면 월맹을 치는 것은 핵심이 없는 것이다. 베트남이 지금처럼 행동한다면 미국의 병사들을 전투에 내보내지 말라. 손익계산을 따져 보아야 한다. 우리가 할 수 있는 것을 다 했을 때 확실한 것은 무엇인가? 아직도 우리가 할 일이 남았는가? 이제 디엠 대통령에게 이를 수행토록 해라"면서 유감을 표명하였다.

와해되어가는 베트남을 지탱하고 월맹에 대한 체계적인 폭격에 대한 회의적인 반응을 해소하기 위한 유일한 방법은 미국의 지상군을 투입하는 것뿐이라고 존슨은 결론지었다. 베트남정부가 스스로 정치적 안정을 가져올 수 없다면 미국이 그 일을 하는 수밖에 없었다. 12월 30일 테일러에게 보낸 전갈을 통하여 존슨은 베트남전략을 확대시키도록 지시하였다.

내가 군의 방안을 검토할 때마다 한 번도 이 전쟁이 공중공격으로만 승리할 수 있다고 생각하지 않았다. 가장 효과적인 방법은 유격부대나 특수부대 또는 해병대 그리고 여타의 지상군을 투입하는 것이라고 생각되었다. 나는 이미 게릴라를 지향한 작전과 좌충우돌하는 베트남군의 공격성을 강화시키기 위한 조치를 취할 준비가 되어 있다. 비록 나는 미국의 막대한 희생이 따를 것임을 알고 있음에도 불구하고 당신 또는 웨스트모얼랜드 장군의 어떠한 건의사항이라도 바로 이러한 맥락에서 본인의 즉각적인 주목을 받을 것이다. 우리는 이미 1961년부터 이러한 전쟁을 수행하기 위해 준비를 해왔다. 그리고 내 자신도 베트콩과 전투를 수행하기 위하여 필요하다면 실질적으로 미국의 병력을 증강시킬 필요성을 느끼고 있다.

존슨의 지상전 예고는 그의 보좌관들을 깜짝 놀라게 했다. 맥나마라조차도 그의 회고록에서 "대규모의 미국 지상군의 전개는 뜻밖이었다"고 술회하였다. 이는 사안의 중대성을 이미 대통령에게 제안한 바 있는 테일러 장군에게 고통스러운 일이 되었다. 월맹의 지원 아래 베트콩은 약 10만 명으로 추산되는 규모로 세력을 확장하였다. 베트남의 혼란을 최대한 이용하는 능력을 지닌 베트콩은 이제 미국의 강력한 적으로 등장하게 되었다. 테일러는 "대게릴라전에서는 10대 1 이상의 수적 우세와 외부의 지원을 차단하지 못하고는 성공할 수 없다는 역사적 사실을 기억해야 한다"라고 언급하면서 하노이를 압박하고 남쪽에서의 반란을 차단하기 위한 적절한 수단으로 북폭을 생각하고 있었다. 존슨도 "북폭을 통해 베트남을 안정시키는 한편 월맹에 대한 응징할 수 있을 것이다"라며 테일러의 의견에 동의하였으나 그러한 북폭이 충분한지의 여부에 대해서는 의구심을 가졌다.

1965년 1월 6일 테일러 장군은 베트남에서의 정치적 혼란을 '만성적인 당파싸움, 민군간의 불신, 국가정신과 동기부여의 부재 등으로 나타나는 심각할 정도로 악화된 상황'이라고 단정하면서 이는 베트남정부의 생존을 매우 위협하고 있다고 주장하였다. 베트남 군사정부는 들어선 지 채 4개월도 되지 않은 1월 9일, 모든 권력을 반 후옹Nguyen Van Huong을 수반으로 하는 민간정부에 이양하였다. 새로 들어선 민간정부는 단 18일 동안 집권하였고 1월 27일 유혈 쿠데타를 통하여 칸 장군이 다시 정권을 잡게 되었다. 칸 장군이 권력을 장악함으로써 사이공에서는 쿠데타와 반 쿠데타가 1년 동안 세 번이나 발생하게 되었다. 한편 미국은 칸 장군이 그의 복귀를 지원했던 불교지도자들과 함께 민족해방전선National Liberation Front과 협상을 추진할 것으로 판단하였다.

존슨과 그의 보좌관들은 베트남문제를 풀기 위해서는 미국의 군사적 역할이 필수적이라고 생각하였다. 존슨은 칸의 복귀를 "칸은 우리 편이다"라고 보좌관들에게 언급하면서 "안정된 정부가 되었든 그렇지 않든 우리는 우리가 해야만 할 일을 해야 한다. 나는 그것을 하기 위한 준비가 되어있다"라고 덧붙였다. 맥나마라와 번디도 대통령의 의견에 동의하였다. 이들은 대통령에게 "우리의 현 정책은 오로지 파국적 결과만 초래할 뿐이다. 정부가 안정되기를 기다리고 희망하는 것은 본질적으로 우리의 패배를 불러오게 될 것이며 굴욕적 환경을 가져오게 될 것이다"라고 주장하였다. 존슨은 1월 27일 테일러에게 전화하여 다음과 같이 지시하였다. "나는 전세계에 미국이 베트남에서 공산주의를 물리치기 위하여 어떠한 희생을 감수하고서라도 최선의 노력을 다할 것임을 명백히 하고자 한다."

존슨은 수일 이내로 그가 약속한 바를 실천하였다. 2월 7일 이른 아침시간, 베트콩이 베트남의 고지대 플레이쿠Pleiku에 위치한 베트남군기지 내 미군병사숙소를 폭파시키고 동시에 근처에 위치한 미군비행장을 폭격하였다. 존슨은 베트남 현지상황을 파악하도록 번디McGeorge Bundy를 즉각 파견하였다. 번디는 이미 북폭을 실시했어야 하는 필요성을 워싱턴에 타전하였고 플레이쿠 공격은 '월맹에 대한 보복의 실질적인 출발점'이라고 보고하였다. 조심스러운 성격의 번디는 이제 명료하게 그의 주장을 다음과 같이 제기했다. "새로운 미국의 조치가 없다면 패배는 불가피한 것으로 보인다. 이를 돌려놓을 시간은 있으나 충분하지는 않다."

존슨은 주저하지 않았다. 플레이쿠 공격은 보복공격을 위한 명분을 제공했을 뿐 아니라 공격의 성격과 막대한 피해(사망 8명, 부상 100명, 항공기 피해 10여 대)는 존슨을 노하게 했다. 국가안보회의에서 존슨은 "우리는 너무 오랫동안 무기를 선반에 올려놓았다. 그 결과는 무엇인가? 그들은 우리의 젊은이들이 잠자고 있는 사이에 공격하고 있다." 존슨의 발언은 다른 대안을 고려해볼 것을 제안한 맨스필드를 제외하고 회의를 침묵하게 하였다. 맨스필드는 그의 철수 주장을 다시 제기하면서 존슨에게 다음과 같이 언급하였다. "저라면 그들을 받아치지는 않을 것입니다. 대신 저는 협상테이블로 갈 것입니다." 존슨은 그의 주장을 즉각 물리치며 "나는 이 사건을 묵과하지 않을 것이며 묵과할 수도 없을 것이오"라고 말했다. 후에 존슨은 담화문에서 그의 결의를 재차 강조하였다. "우리는 전투준비를 하는 것 이외 대안은 없으며 베트남의 독립을 유지하기 위한 지원을 명백히 하는 바이다"라고 발표하였다.

베트콩의 공격 이후 10시간이 지나서 미국은 월맹의 군사표적에 대한 폭격을 실시하였다. 이 공격은 통킹만 사건 이후 6개월 만에 재개된 공격이었다. 존슨은 이러한 조치가 결정적이기를 희망하듯 그의 회고록에 다음과 같이 술회하였다. "나는 우리의 공중공격을 통하여 하노이의 지도부에 우리가 추구하는 목적이 이렇듯 막중함을 확신시켜주고자 하였다. 또한 이들에게 더 이상 베트남에서 활동할 수 없도록 선을 긋고 싶었다." 그러나 존슨은 그들이 그렇게 간단하게 굴복하지 않을 것임을 알고 있었다.

　이번 폭격은 간단하게 보복성에 그치는 것이 아니라 비교적 장기전에 돌입하는 전초전이 되었다. 사이공으로부터 급히 본국으로 귀국한 번디는 존슨 대통령에게 월맹에 대한 '점진적이고 지속적인 보복'을 주장하였다. 번디에게 신뢰성은 매우 중요하게 여겨졌다. 8쪽 분량의 보고서에서 번디는 "베트남에 대한 우리의 태세에서 단 한가지의 중대한 약점은 잘못된 것을 고치려는 힘의 부족이며, 이는 필요한 조치를 취하기 위한 의지와 군사력과 인내심 그리고 결단을 우리가 지니지 못했다는 것이다"라고 주장했다. 이러한 번디의 보고서에 국가안보회의의 서명과 함께 존슨은 '점진적이고 지속적인 폭격' 방안을 승인하였다.

　존슨의 결정이 그의 보좌관들의 합의를 반영한 반면, 의견을 달리하는 주목할 만한 사람도 있었다. 이 중 상원의원 맨스필드는 그의 요구사항을 새롭게 제기하였다. 그의 주장에 부통령 험프리Hubert Humphrey가 가세하였다. 국가안보회의에서 그의 주장이 좌절되자 맨스필드는 존슨에게 편지를 보내 폭격은 요망하는 결과를 가져오지 못할 것이며 미국이 미결의 전쟁으로 말려들어가게 될 것이라고 경고하였다.

　한편 부통령직에 채 한 달도 넘기지 않은 험프리는 2월 15일 대통령에게 보낸 서한을 통해 베트남에 대한 군사력 투입을 재검토할 것을 건의하였다. 험프리는 국민이 베트남전쟁을 지지하지 않을 것이라고 판단하였다. 1964년 존슨에 의해 부통령으로 지명되기 이전에 하원의원 및 상원의원으로 일한 바 있는 험프리는 미국 자유주의의 탁월한 대변인임을 자처하였다. 그는 베트남전쟁을 "정치적으로 이해될 수 있지만 국민의 지지를 지속적으로 얻어내기 위해서는 설득력이 있어야 한다. 제1, 2차 세계대전에서 그러했다. 한국에서는 북한의 침략행위에 대하여 유엔의 이름하에 한국을 방어하기 위해 전쟁에 참여하였다. 그러나 베트남은 다르다. 사실에 대한 논쟁은 너무 복잡하여 정치적으로 유용하거나 효과적이지 못하다. 사이공의 혼란에 관한 보고서는 스스로 질서를 통제할 수 없는 베트남과 같은 나라에 그들을 지원하기 위하여 미국이 뛰어들어야 하는 이유를 이해할 수 없게 만들었다." 험프리는 다음과 같은 주장으로 결론을 맺었다. "손실을 잘라내는 것은 항상 어려운 일이다. 그러나 1965년의 베트남은 최소한의 정치적 위험부담만으로 뛰어 들어가야 하는 일이었다. 군사적 측면의 단계적 확대는 국민의 지원을 상실할 위험이 있으며 이것은 위대한 사회의 중대한 현실적 인식이다. 우리는 지금 흔적을 만들어 가고 있다." 험프리는 계속해서 "우리는 베트남의 포로가 되어가고 있다"며 존슨 대통령에게 그의 정치적 재능을 평화적인 해결로 지향할 것을 주문하였다.

험프리의 경고는 아무런 반향을 불러일으키지 못하였고 존슨에 대한 그의 영향력을 감소시켰을 뿐이었다. 전임 대통령 아이젠하워가 2월 17일 백악관을 방문하였다. 그는 맨스필드와 험프리의 주의 깊은 조언에도 불구하고 존슨에게 "압박을 위한 폭격시점이 다가왔으며 베트남의 붕괴를 예방하기 위해서 필요하다면 전투부대를 파견해야 한다"고 주장하였다. 아이젠하워의 조언을 청취한 존슨은 폭격을 위한 날짜를 2월 20일로 정하였다.

사이공에서의 정치적 혼란으로 인한 상황의 악화로 칸 장군이 이끄는 정부가 통제력을 잃고 무너지게 되었고 후이 쿠아트Phan Huy Quat 박사를 수반으로 하는 새로운 민간정부가 들어섰다. 계획되었던 폭격은 이 같은 상황으로 지연되었다. 이러한 와중에 국무부 차관보인 볼George Ball이 폭격반대의견에 가세하였다. 그는 베트남의 상황을 분석한 67쪽에 달하는 보고서를 통하여 직접적인 미국의 군사적 개입 없이 정치적으로 문제를 해결하기 위한 제안을 했고 가까스로 존슨의 주의를 환기시킬 수 있었다. 그의 제안은 희망을 전제로 한 것으로, ① 베트남지역으로의 공산주의 세력확장 저지 또는 최소한 지연, ② 태국, 말레이시아 그리고 남아시아지역에 대한 최대한의 보호제공, ③ 미국의 위신에 상처를 주는 정치적 손해를 최소화한다는 내용을 담고 있었다. 맨스필드와 험프리의 경우처럼 볼은 "일단 호랑이 등에 올라타게 되면 내려야 할 곳을 찾지 못할 것이다"라며 미국이 폭격에 실패하고 장기간의 지상전에 개입하게 될 것이라고 주장하였다. 볼은 신뢰성 문제에 주목하면서 동맹국들은 미국이 이미 베트남에서 '쓸모없는 전투'에 개입하고 있다고 주장하고 있으며 군사적 개입의 확대는 미국의 판단에 '총체적인 자신감의 상실'을 가져오게 될 것이라고 생각하였다.

볼의 비판을 계기로 존슨은 그를 포함하여 맥나마라와 러스크를 백악관으로 소집하였다. 2월 26일 회의에서 맥나마라와 러스크는 볼의 우려를 불식시켰다. 맥나마라는 이 자리에서 통계자료를 제시하였다. 볼은 후에 이 자료가 상황이 나아지고 있음을 보여주기 위한 '사실들과 통계치의 화려한 배열'이라고 묘사하였다. 결국 볼의 건의사항은 묵과되었고 그는 회고록에서 "전체적인 상황을 체계적으로 재평가하고자 했던 나의 희망은 완전히 실패로 돌아갔다"라고 술회하였다.

작전명 '롤링선더Rolling Thunder'로 명명된 폭격계획은 계획대로 진행되었다. 폭격은 1965년 3월 2일 시작되었고 100여 대가 넘는 전투기가 남중국해의 항공모함 및 베트남의 공군기지로부터 발진하여 월맹을 폭격하였다. 롤링선더작전은 이후 3년 동안 지속되었다.

롤링선더작전은 신속하게 미국의 전투부대를 파견하는 계기가 되었다. 웨스트모얼랜드 장군은 폭격기지 중 하나인 다낭DaNang 공군기지를 보호하기 위하여 지상군부대를 파견해 줄 것을 요청하였다. 존슨은 즉각 승인하였으나 방어만을 위해 운용되어야 한다는 단서를 달았다. 합동참모본부는 3,500명의 해병대원들에게 베트콩에 대하여 '일상적인 전투행위'를 금지하는 명령을 하달하였다. 1965년 3월 8일 도착한 이들은 임무와 규모면에서 제한적일 수밖에 없었다.

미국의 군사력 배치도 베트남의 상황을 반전시키지는 못했다. 하노이는 사이공의 정치적 불안정성이 베트남군을 무력화할 기회를 제공할 것으로 계산하였다. 월맹은 비무장지대와 호치민 통로를 이용하여 인력과 보급품의 이동을 증대시켰다. 이를 계기로 베트남지역에서의 월맹과 베트콩 전력은 15만 명으로 증강되었고 대부분의 농촌 외곽지역을 장악하였다. 베트남은 자원과 훈련 그리고 점증하는 월맹의 압력에 대항하기 위한 결의가 부족하였다. 미국의 전력증강만이 베트남의 붕괴를 방지할 것임은 명백하였다.

이러한 상황에서 존슨은 주저하지 않았다. 그는 전쟁의 미국화 중심에 서 있었다. 육군참모총장 존슨Harold Johnson은 베트남의 상황을 검토하기 위하여 3월 초 본국을 출발하였다. 대통령은 "당신은 그동안 나에게 이 작은 농업국가에 대한 어떠한 생각이나 정보도 제공하지 못했소. 이제 나는 열 명의 장군들이 열 번씩이나 나를 찾아와 폭격 이야기하는 것을 필요로 하는 것이 아니라 그 해결책을 필요로 하오. 장군은 거품만 만들고 있소"라며 불평하였다. 3월 14일 복귀한 존슨 장군은 광범위한 군사작전의 확대를 건의하였고 군사작전을 위해 향후 5년 동안 50만 명의 미군 병력이 필요하게 될 것이라고 보고하였다. 대통령은 합참에 보다 많은 베트콩들을 격멸할 수 있는 대책을 강구하도록 지시하였다. 이에 합참은 그리 놀랄 만한 일이 아닌 듯, 보다 많은 병력을 파견하고 그들에게 공격작전을 수행하도록 허가해줄 것을 건의하였다. 이러한 건의사항에 존슨은 2만 명의 해병대 병력 증파와 주둔지역에서 70km 반경 내의 순찰지역 내에서 공세적인 전투작전을 실시하도록 허가하였다.

정치적 기류에 민감한 존슨은 평화를 위한 과감한 제스처를 통하여 그의 호전적 기질을 조절했다. 그는 4월 7일 존스 홉킨스대학 연설에서 베트남과 월맹이 모두 혜택을 받을 수 있는 거대한 경제적 지원계획을 발표하였다. 이 계획은 1933년 미국의 테네시강 유역 개발공사(테네시계곡 개발청)를 모델로 동남아시아의 삶의 질을 개선하기 위하여 메콩Mekong강 프로젝트에 10억 달러를 투자한다는 계획이었다. 그는 평화적인 협력이 가능한 한 빨리 진행되도록 소련과 월맹의 참여를 제안하였다. 월맹의 참여여부에 계획안의 성패가 달려 있었다. 이 계획안은 평화적 협상을 주장하는 국내외의 압력과 정치적 협상능력에 존슨 자신의 신념을 반영한 것이었다. 그는 월맹을 설복시킬 수 있다는 자신감으로 충만하였고 연설 후 보좌관들에게 "늙은 호치민은 거절할 수 없을 것이다"라고 귀띔하였다.

존슨의 제안은 폭넓은 지지를 받았다. 미국 주요 신문 사설은 메콩강 프로젝트를 제2차 세계대전 이후 서유럽의 재건을 지원한 마셜계획Marshall Plan에 견주었다. 유럽과 아시아 국가의 지도자들은 전쟁의 흐름을 바꾸어 놓으려는 시도를 환영했고 이 과정에서 동남아시아 사람들에게 많은 혜택이 돌아갈 것으로 생각하였다.

그러나 존슨의 기대와는 반대로 '늙은 호치민'은 이를 거절하였다. 월맹은 존슨이 미국과 월맹의 근본적인 차이점을 이해하지 못하는 사람으로 생각하였고 이러한 월맹의 반응은 그를 좌절시키기에 충분하였다. 월맹은 그의 제안을 일종의 '뇌물'로 평가하면서 평화를 위한 네 가지 조건을 제시하였다. 이 조건에는 "베트남 내부의 문제는 민족해방전선과 함께 베트남 사람들 자신에 의해 해결되어야 한다"는 조항을 포함하고 있었다. 이에 미국은 만약 민족해방전선을 계획에 참여시킨다면 공산주의에 의한 통제가 불가피할 것으로 생각하였고 이는 미국이 받아들일 수 없는 조건이었다.

메콩강 프로젝트가 수포로 돌아가자 전쟁의 추진동력이 재가동되었고 존슨은 보다 직접적인 군사작전을 통해 월맹에 대한 압박을 증대시켜 나갔다. 월맹의 침투부대활동이 더욱 활발해지고 베트남의 사상자수가 증가하고 있다는 정보에 따라 존슨은 4월 20일 테일러와 함께 맥나마라와 번디를 호놀루루로 파견하였다. 이들은 사이공에서 전쟁을 지휘하고 있는 웨스트모얼랜드 장군과 태평양사령관 샤프Grant Sharp 제독과 면담하였다. 면담결과 베트남은 이미 붕괴 직전에 놓여 있으며 따라서 미국은 5만여 명의 병력을 증파해야 한다는 결론에 도달하였다(이로써 총 파견병력은 8만 2000여 명에 이르게 될 것이었다). 증파되는 병력은 주로 베트남에서 활동 중인 베트콩을 소탕하기 위해 필요로 하였으나 사실 이들을 완전 장악하기 위해서는 1년 또는 그 이상이 소요될 것으로 보였다. 미국은 북폭을 통해 월맹에게 고통을 안겨주는 동시에 베트콩이 베트남에서 활동하지 못하도록 그들의 의지를 꺾어 놓아야 했다. 존슨은 건의사항을 즉각 승인하였다. 그는 여느 때와 같이 병력증파의 중대성을 심각하게 생각하지 않았고 의회에 행정부의 계획을 전달해야 한다는 맥나마라의 건의사항을 묵살하였다.

병력의 증강과 함께 존슨은 미군의 전투수행 역할확대를 승인하였다. 그는 심각한 어려움에 직면한 베트남군을 미군이 지원해야 한다는 웨스트모얼랜드 장군의 요청을 승인하였다. 전투부대가 투입된 지 4개월이 경과한 시점에서 병력수는 3500명에서 8200명으로 증가하였고 그들의 임무 또한 미군의 기지를 방호하는 것으로부터 베트남을 지원하는 것으로 확대되었다. 미군은 이제 독립적으로 전투를 수행하기에 이르렀으나 이러한 조치들이 시행되더라도 베트남의 즉각적인 붕괴를 예방할 수 있을 것이라는 증거는 명확하지 않았다. 베트콩과 월맹군은 베트남군에 엄청난 사상자를 발생시키면서 그들의 사기를 계속해서 꺾어 놓았다.

이제 존슨은 그가 오랫동안 예상해왔던 바와 같이 직접적인 대치국면에 접어들게 되었다. 웨스트모얼랜드는 6월 7일 이미 투입된 5만 2,000명에 추가적으로 4만 1,000명의 증파를 요청하였다. 이로써 전체 투입된 병력은 17만 5,000명에 이르게 될 것이었다. 이러한 상황발전은 미국이 주요전투를 수행하는 역할을 떠맡게 됨을 의미하는 것이었으며 전쟁의 미국화를 의미하는 것이기도 했다. 맥나마라 장관은 "7년 동안의 국방장관으로서의 재임기간에 수많은 사안 중에서 이번 사안은 나를 가장 괴롭힌 사안이었다. 우리는 결정을 강요받았고 어떤 방안을 택하게 되든지 이를 연기할 여유가 없었다. 이 문제는 다가올 7주간 우리를 위협하는 암운처럼 머리 위에 맴돌았다"라고 회상하였다.

존슨이 웨스트모얼랜드 장군의 요청을 검토할 즈음 베트남은 여전히 또 다른 정치적 격동의 소용돌이 속에 있었다. 6월 12일 우유부단한 성격의 쿠아트Quat 총리가 이끄는 정부는 권력을 다시 군부로 이양하였고 이번에는 국가지도자위원회라는 이름 아래 공군 대장 카오 키Nguyen Cao Ky와 반 티우Nguyen Van Thieu가 이어받았다. 이들은 테일러 장군에게 오직 실질적인 미국의 군사력 투입만이 공산주의로부터 베트남을 살려낼 수 있을 것이라고 말했다.

베트남에서의 상황악화와 병력의 증파문제는 존슨을 괴롭혔으나 그의 기본적인 가정과 생각을 변화시키지는 못했다. 6월 21일 존슨은 맥나마라에게 자신의 심정을 다음과 같이 털어놓았다. "지금 국무부나 국방부가 나에게 제시한 계획을 보면 베트남의 우기에 우리가 그저 앉아서 기도하는 것을 제외하고는 어떤 희망도 볼 수 없기에 매우 실망스럽소. 나는 우리가 군사적 또는 정치적으로 승리하기 위한 어떠한 대안도 찾아낼 수 없었소." 이어 존슨은 " 우리가 맺은 조약들과 언행으로 인하여 만약 우리가 이를 지키지 못한다면 그들로부터 체면을 구길 수밖에 없을 것이오"라고 덧붙였다. 존슨은 베트남문제를 미국의 약속과 신뢰성의 범주 안에서 고려하고 있었기 때문에 철수는 받아들일 수 없는 대안이었다.

존슨과 친분관계에 있었던 많은 사람들이 그의 마음을 돌려보려고 노력하였다. 상원의원 러셀은 대통령과 빈번한 접촉을 가지면서 베트남이 정치경제적·전략적 가치가 낮기 때문에 미국은 자원을 그 곳에 쏟아부어서는 안 된다고 조언하였다. 그는 오히려 사이공의 정치적 혼란을 이탈의 기회로 삼아야 한다고 주장하였다. 상원의원 풀브라이트는 점증하는 군사력 투입의 중대성을 인식하면서 존슨이 협상을 통해 문제를 해결할 것을 주문하였다. 여기서 풀브라이트는 협상이 베트남의 공산주의화라는 결과를 초래할 수도 있으나 이것이 반드시 소련이나 중국의 지배하에 놓이게 됨을 의미하지는 않을 것이라고 주장하였다. 맨스필드 상원의원은 그가 내건 조건들을 상기시키면서 냉혹한 상황에 대해 다음과 같은 서신을 대통령에게 보냈다. "사이공을 언급하지 않는 정부는 없다. 그러나 우리는 단지 베트남군의 붕괴를 방지하기 위하여 행동하고 있다. 여기에는 미국이 일방적으로 군사적 노력을 기울여야 할 어떠한 중대한 이익도 존재하지 않는다."

한편 볼Ball 차관은 다음과 같은 비유를 들어 존슨에게 제시하였다. "우리는 군대는 있으나 정부는 없는 국가를 대신하여 누구도 원하지 않는 중대한 전쟁을 계획하고 있다." 그는 미국의 직접적인 베트콩전투가 끝없는 사태의 발전으로 비화할 것이라고 판단하였다. 그는 베트남을 구하기 위해 요구되는 신뢰성에 대해 "국내의 지원을 받지 못하는 흔들리는 정부를 대신한 전쟁은 미국의 위상을 해치게 될 것이다"라며 이의를 제기했다. 이어 그는 '어떠한 사령관이라도 전투를 할 장소를 신중하게 생각하고 전투에 임하게 된다'라고 하는 것을 존슨에게 상기시키면서 "만약 우리가 50만 명의 병력을 투입한다 하더라도 여전히 우리는 베트남에서 그들을 잃게 될 것"임을 경고하였다. 볼 차관은 "이제 베트남에서 우리의 손실을 차단해야 한다"며 매듭지었다.

볼의 주장은 맥나마라와 러스크를 통해 다시 제동이 걸리게 되었다. 맥나마라는 볼의 암울한 예상을 일축하면서 베트남을 붕괴시키려는 하노이의 목표를 좌절시키기 위하여 이들에게 외교적 압력을 행사할 것이며 미군의 투입은 미국국민들로부터 지지를 받게 될 것이라고 주장하였다. 러스크 또한 미국의 신뢰성 문제에 '심각한 논쟁'은 없을 것이라고 반박하였다. 그는 "미국의 약속이행은 전세계의 평화를 유지하기 위한 근본기둥이며 만약 그러한 약속이 믿을 수 없게 된다면 공산주의 세계는 전쟁과 파멸적인 종말로 이르게 될 것이 분명하다"라며 신뢰성을 보존하는 것이 국제질서를 유지하는 것 이상이라고 주장하였다. 번디는 대통령에게 '볼의 의견을 신중하게 청취하되 그의 제안을 거절할 것'을 조언하였다.

맥나마라와 러스크 그리고 번디의 조언으로 베트남이 미국의 결의를 시험하는 중대한 의미를 지니고 있음을 존슨에게 재확인시켜주었다. 아이젠하워는 존슨에게 군사적으로 한 발짝 더 나아갈 것을 주문하면서 '전력투구'해야 할 것이라고 언급하였다. 전 행정부시절 고위관료를 역임한 대통령 특별보좌단이 베트남의 상황청취를 위해 워싱턴에 소집되었다. 이들은 "미국은 중대한 기로에 있으며 전투력증강의 필요성에 의문의 여지가 없다"는 명료한 결론을 내렸다.

존슨은 이들의 조언을 청취한 직후 중대한 결정을 할 것이라는 암시를 공개적으로 나타냈다. 7월 9일 기자회견에서 존슨은 "우리는 상황이 악화될 것으로 판단한다. 병력증강의 필요성이 요구되고 있고 또 그렇게 될 것이다. 향후 단기간 내에 병력은 7만 5,000명이 될 것이다. 그러나 추가적인 병력을 필요로 할 것이다. 어떤 상황이든 나는 병력을 증강할 것이다"라고 말했다. 4일 후 존슨은 다시 기자들과 만나 맥나마라가 베트남문제를 다루기 위한 위원장이 될 것이며 그들의 의견에 사려깊은 검토는 물론 필요로 하는 일을 모두 추진할 것이며 새롭고 중대한 결정이 가까운 장래에 내려질 수도 있을 것이라고 언급하였다.

맥나마라는 낭비할 시간이 없었다. 그는 사이공방문을 통하여 1965년까지 병력을 17만 5,000명 파견하고 1966년 또 다시 10만명의 병력이 필요하다는 웨스트모얼랜드 장군의 요청이 베트남을 생존시키기 위한 유일한 방법임을 확신하였다. 워싱턴으로 복귀한 그는 월맹과 베트콩이 베트남을 분열시키고 군대를 해치고 있으며 월맹과 베트남의 완전한 병합 이외에는 안정을 위한 어떠한 조치도 취할 태세가 되어 있지 않다고 보고하였다. 그는 대통령에게 세 가지 대안을 제시하였으나 그러한 대안은 그의 원칙적인 고려사항을 벗어나지 못하였으며 이 중 받아들일 수 있는 선택방안은 오직 하나임을 제시하였다. 먼저 첫 번째 대안은 "우리의 손실을 줄이면서 가장 바람직한 상황에서 철군하는 것"으로 이는 미국에게 굴욕이 될 것이며 장차 국제사회에서 분명 미국에 불리하게 작용할 것이라고 주장하였다. 그러나 이러한 대안은 미리 배제되었다. 두 번째 대안은 현 병력수준을 유지하는 것으로 이는 상황에 따라 병력철수와 증강사이에서 선택의 기로에 놓이게 될지도 모르게 때문에 그다지 바람직한 대안은 되지 못하였다. 맥나마라는 마지막 대안에 이르자 장황하게 설명하였다. 이 대안은 '군사력을 통하여 압력을 지속적으로 증대시키는 한편 정치적 측면에서도 지대한 노력을 기울이는 것'이었다. '군사적 압력'이란 웨스트모얼랜드 장군과 합참의 요청을 수행하는 것이었다.

전쟁이 초읽기에 직면한 시점에서 존슨은 신중하게 행동하였다. 그는 회고록에서 "나는 여러 가지 방안을 신중하게 검토하기를 원했다"라며 "머지않아 중대한 일이 발생하게 될 것임을 깨달았다"라고 언급하였다. 그는 방안선택을 논의하기 위해 회의를 소집하였다. 7월 21일 시작된 회의는 1950년 6월의 마지막 주의 한반도 위기 때의 트루먼 행정부의 모습과 흡사 비슷했다. 극비리에 이루어진 회의에서 전쟁수행 여부를 두고 강도 높은 토론이 계속되었다.

존슨이 회의를 주재하는 과정에서 군사적인 해결을 추구하고자 하는 의도를 무심코 드러냈다. 존슨은 기본적인 질문을 제기하였으나 이들이 충분히 설명되어야 함을 주장하지는 않았다.

장시간 진행된 회의에서 존슨은 보좌관들에게 질문을 던지기도 하고 참석자들에게 모든 방안들을 신중하게 검토하도록 요구하였다. 그러나 화해방안은 즉각 제외시키면서 "그동안 협상을 포함한 모든 방안이 고려되어왔다. 그러나 우리가 지금까지 시도해 온 방안은 마치 손에 컵을 들고 있는 것처럼 우리를 약하게 보이게 했다"라고 언급하였다. 맥나마라를 포함한 일부 참석자들은 병력증파에 찬성하였다. 존슨은 "우리의 임무는 우리가 할 수 있는 정도로만 제한되어야 한다"라고 언급하면서 "회의록에서 제시된 방안 중 선택해서는 안 되는 것이 있는지, 있다면 지금 상세히 말해주시오"라고 말했다. 이에 볼이 먼저 입을 열었다. 그는 베트남상황의 악화를 '매우 위험스러운 항해'라고 묘사하면서 "이러한 어려운 환경에서 우리가 승리할 수 있다"는 자신감은 지나친 것이라며 우려를 표명하였다. 이에 존슨은 "맥나마라가 제시한 방책 이외에 우리가 국가이익을 위해 취할 수 있는 다른 방안이 있는가? 우리는 이러한 방안이 위험하다는 것을 알고 있지만 피할 방도가 있는가?"라며 반문했다. 볼은 그의 뜻을 굽히지 않았다. "만약 이대로 간다면 우리는 엄청난 대가를 치르게 될 것이며 전쟁의 확대압력은 피할 수 없게 될 것입니다." 이에 존슨은 다시 물었다. "내가 갈 수 있는 다른 길이 있는가 말이오?" 이는 미국이 더 이상의 피해를 줄이기 위하여 베트남정부가 붕괴되도록 내버려 두고 협상과정을 거치게 되면, 아마도 공산주의자들이 베트남을 점령할 것이라는 대통령의 저의를 드러낸 것이지만 볼은 이에 물러날 태세가 아니었다. "우리의 손실을 받아들여야 합니다. 그리고 정부가 붕괴되면 공산주의자들이 정권을 탈취할 것임을 충분히 인식시키면서 베트남정부를 붕괴하도록 놔두고 협상과 토의를 진행해야 합니다." 회의에 참석한 두 명의 관료 - 전임 베트남 대사 로지Henry Lodge와 정보부장 로원Carl Rowan - 가 사이공정부의 약점을 강조하면서 볼을 지원하였다. 존슨은 볼에게 점심식사를 위해 정회하는 동안 보다 완전한 의견을 제시할 것을 요청했다.

오전회의가 종료되자 존슨은 맥나마라와 휠러에게 대답하기 어려운 질문을 던졌다. "만약 내가 10만 명의 병력을 추가적으로 투입한다면 어떻게 되겠소? 2~3년 이후에 내게 또다시 50만 명이 더 필요하다고 말할 것이오? 이러한 건의에 내가 어떻게 대응해야 하오? 호치민은 10만 명의 병력을 추가적으로 투입하지 않을 것 같소?" 휠러는 그의 질문을 오히려 병력을 증파하여 얻게 되는 이점으로 돌렸다. "병력을 많이 투입할수록 그들을 더욱 쉽게 요리할 수 있을 것입니다" 존슨은 다시 다그쳐 물었다. "그러나 만약 월맹군이 더 투입될 기회는 없는 것이오?" 휠러는 대통령의 질문에 다음과 같이 설명하였다. "반반의 기회입니다. 월맹은 1/4의 병력을 베트남에 투입할 정도로 저돌적으로 나올 것입니다. 그러면 월맹은 대단히 취약함을 드러내게 될 것입니다"

군사적전을 논의 중인 존슨과 참모

베트남전쟁에 관한 각료회의

오후 회의에서 볼은 그의 의견을 다시 제시했다. "우리는 이길 수 없습니다. 이 전쟁은 장기화될 것입니다. 우리가 기대할 수 있는 것이라고는 복잡한 결론밖에는 없습니다. 중국이 개입할 가능성은 상존하고 있습니다. 그러나 가장 큰 문제는 전쟁의 장기화에 따른 문제입니다." 볼은 직접적으로 대통령에게 호소하였다. "역사상 위대했던 어떠한 장군도 상황이 유리하지 않을 경우, 전술적 철수를 주저하지 않았습니다. 베트남에서 적은 볼 수 없습니다. 그들은 토착민들입니다. 저는 진심으로 서방세계의 군대가 아시아의 정글 속에서 동양인들에 대항하여 성공적으로 싸울 수 있음에 큰 의문을 가지고 있습니다." 존슨은 볼의 발언에 감명을 받은 듯했다. 그는 볼이 지적한 사항을 주목하면서 "서방세계의 군대가 동양의 정글 속에서 성공적으로 싸울 수 없단 말인가? 맥나마라와 휠러 장군이 이 점을 심각하게 숙고해주기를 바란다"라며 혼자 말처럼 중얼거렸다.

볼이 철수논쟁을 계속하자 존슨은 "우리가 철수한다면 다른 모든 나라들은 미국을 종이호랑이라고 말할 것이오. 더욱이 우리는 신뢰성을 상실할 수도 있지 않소?" 볼은 이에 응수하였다. "가장 큰 상처는 가장 강력한 권력이 게릴라조차 패배시킬 수 없다는 것이 될 것입니다." 존슨이 신뢰성을 좀더 압박하자 볼은 사이공정부를 언급하였다. "만약 우리가 안정되고 생명력 있는 정부를 지원하고 있다면 매우 다른 이야기가 될 것입니다."

존슨은 볼의 우려를 다음과 같이 정리했다. "나를 괴롭히는 것은 두 가지의 기본적인 사항이오. 첫째는 서방인들이 아시아전쟁에서 승리할 수 있는가?이고, 두 번째는 매달 정부의 주인이 바뀌고 있는 상황에서 우리가 전쟁에 승리할 수 있을 것인가? 하는 것이오." 대통령의 주장에 볼은 다시 그의 입장을 밝히는 동시에 선택은 '쓴맛'

일 수밖에 없으나 그 여지는 명백하다고 주장하였다. 전쟁의 미국화는 '장기전을 준비하고 있는 월맹이 대가를 엄청나게 치러야만 하는 소모전으로 이끌게 될 것이며 그들은 목숨을 걸고 전쟁을 수행할 것'이라고 주장하였다. 철수를 주장한 볼의 대안은 "더 이상의 피해를 줄이면서 맥나마라의 계획으로부터 빠져나오는 것"을 의미하였다.

그러나 볼의 철수호소는 상황을 바꾸어 놓지 못했다. 정책결정자들도 그의 의견을 묵살했다. 번디는 미국의 철수가 '재난'을 의미하게 될 것이라고 주장하였고 러스크는 미국이 처한 어떠한 도전도 맞서는 것이 신뢰성을 유지하는 것이라고 주장하였다. 그는 "만약 우리의 약속을 끝까지 지키지 않을 것임을 공산세계가 인지하는 순간, 그들이 손을 놓고 기다릴지는 의문입니다"라고 말했다. 그는 이어 "중국이 개입하지 않는다면 나는 사상자수가 대단히 증가할 것으로는 보지 않습니다"라며 상황이 발전할수록 사상자가 증가한다는 볼의 우려를 일축하였다. 볼은 철수할 경우의 비용에는 조심스럽게 말하면서도 상황이 확대되었을 경우에 치러야 할 비용에는 조금 과장되게 언급하였다. 휠러에게 미국은 여전히 군사적으로 우세한 위치에 있었다. 존슨은 러스크가 언급한 신뢰성에 대해 주목했다. 그는 비망록에서 볼이 그의 의견에 충분한 확신을 보여주는 대안을 제시하지 못했다고 술회했다.

다음날인 7월 22일 존슨은 맥나마라와 군사지도자들을 만났다. 여기서 그는 협상방안을 보고 '급하게 손을 떼고 달아나려는 모습'만 보여줄 뿐이며 이는 치욕적인 일이 될 것이라고 언급하였다. 존슨은 현재상황이 계속적으로 악화되고 있는 과정에 있기 때문에 유일한 방안은 충분하지는 않더라도 웨스트모얼랜드 장군의 요구에 부합하는 10만의 병력을 추가적으로 파견하면서 다음해에 좀더 많은 병력을 추가적으로 파견하는 것이라고 생각하였다. 맥나마라는 미국이 목표를 달성하기 위해서는 전체적으로 30만 명의 병력이 필요하다고 예견하였다. 그러나 해병대사령관 그린Wallace Green 장군은 향후 5년 동안 50만 명의 병력이 필요할 것이라고 주장하였다. 존슨은 중국의 반응과 미국의 국제적 지지결여를 우려하면서 다음과 같이 언급하였다. "나는 중국이 발을 들여놓을 준비가 되어있다고 생각한다. 이 곳 베트남은 중국에게 가장 적합한 장소이다. 우리는 한국전쟁에서와 같은 동맹국가들을 가지고 있지 않다." 군사전문가들은 중국의 개입이 단지 '또 하나의 게임'을 의미한다고 주장하였다. 그러나 맥나마라와 군지도부는 베트남에서의 중국의 모험은 실로 위험한 짓이 될 것이라고 주장하였다. 맥나마라는 도미노이론에서 한 발 물러나면서도 미국의 철수는 수년 안에 라오스, 캄보디아, 태국, 버마, 말레이시아에 공산주의의 '물결 효과'를 이끌게 될 것이며 이는 아시아는 물론 그리스와 터키에까지 미치게 될 것이라고 판단하였다. 따라서 철수는 미국의 동맹국을 중립적인 입장으로 바꾸어 놓을 것이라고 주장하였다.

존슨은 7월 22일 러스크와 맥나마라 그리고 다른 관료들과 논의 후에 그의 대안을 다음과 같이 간결하게 말했다. "우리는 서서히 잃어갈 것이 분명하다. 그러나 필요하다면 빼내고 또 그만큼 투입할 것이다." 존슨은 제3의 대안을 간략하게 표현하면서 그의 결심을 억제와 연결하였다. 그는 더 이상의 큰 전쟁을 회피하기 위해서는 미국의 확고한 결의의 증거를 보여주면서도 적을 이성적으로 다루어야 한다고 주장하였다. 이와 동시에 국무부가 보다 적극적으로 외교적인 해결방법을 찾아내도록 다음과 같이 독촉하였다. "우리는 계속해서 평화적인 제안을 해야만 한다. 한쪽에서는 군사력을 행사하면서도 다른 한쪽에서는 평화적인 제안을 해야 한다. 군사적인 방책이 취해질 때마다 외교적인 방책도 동시에 취해져야 한다." 이는 중국의 개입과 상황확대로 인하여 지속적인 압박을 받았던 트루먼의 실수에 그의 우려를 반영한 것으로 보였다. 이 중대한 시기에 워싱턴의 저명한 법률가 클리포드Clark Clifford, 전 인도 대사 갤브레이드Kenneth Galbraith, 상원의원 맨스필드는 존슨에게 베트남에서의 군사적 개입 확대는 실수라고 전했다.

　7월 25일 일요일, 존슨은 맥나마라와 클리포드 그리고 몇몇 조언자들을 매릴랜드에 위치한 캠프 데이비드Camp David로 초청하였다. 여기서 그는 고뇌에 찬 결론을 내리게 되었다. 이 날 오후 존슨은 맥나마라와 클리포드의 군사상황에 대한 귀에 익숙한 논쟁을 듣고 있었다. 클리포드는 신뢰성에 대한 문제를 제기했다. 그는 "전면전쟁의 실패가 우리의 권위를 추락시키지는 않을 것이며 이는 공산주의와의 마지막 싸움이 아니다. 우리는 우리의 국익과 가장 밀접한 장소를 선정해야 하며 여기서 우세를 달성할 수 있는 능력을 보유하고 있다"라고 주장했다. 클리포드는 미국이 군사적으로 승리할 것인지의 여부는 의문을 제기하면서 다음과 같이 언급하였다. "우리가 베트남에서 승리할 것이라고 믿지 않는다. 나는 이 전쟁을 혐오한다. 만약 우리가 10만 명의 병력을 추가적으로 파병하게 되면 월맹은 이에 맞서는 전략을 택하게 될 것이다. 만약 월맹이 병력이 부족하게 되면 중국이 '지원병'을 보내게 될 것이다. 러시아와 중국은 우리가 전쟁에서 승리하기를 원하지 않는다. 만약 우리가 승리하게 되더라도 더욱 복잡한 문제에 사로잡히게 될 것이다." 그는 이어 "만약 우리가 병력을 증강하고도 승리하지 못한다면 이는 엄청난 파국을 가져오게 될 것이다. 이 경우, 우리는 베트남에서 5만 명 이상의 병력을 상실할 수 있을 것이다. 이는 미국을 파괴하는 결과를 가져오게 될 것이다. 5년 동안 5만 명의 병력이 죽고 수천억 원의 돈을 쏟아붓게 된다면 이는 미국을 위하는 것이 아니다." 그는 '명예롭게 전쟁에서 빠져나오는'전략을 조용하게 추구할 것을 제안하면서 말을 맺었다.

이제 존슨은 고독한 결심을 내릴 시점에 서게 되었다. 그는 혼자서 캠프 데이비드의 오솔길을 따라 산책하였다. 그의 비망록에 따르면 존슨은 무엇보다도 베트남 상실로 인해 초래될 국내의 반응을 두려워하였다. 그는 만약 베트남이 붕괴하게 된다면 '누가 베트남을 상실하였는가?'에 대한 책임이 본인에게 집중될 것임을 우려하였다. 존슨은 베트남전쟁이 그가 꿈꾸어온 위대한 사회를 산산조각 내지 않기를 바랐다. 그러나 그는 만약 베트남이 국가적 차원의 논쟁대상으로 떠오르게 되면 "그 날로부터 그가 내걸었던 위대한 사회는 종점이 될 것"이라고 생각했다. 따라서 그에게 전쟁의 확대로의 길밖에는 대안이 없었으나 그러기 위해서는 제한적인 방법으로 "약속을 지키면서 서서히 빠져나오는 것"밖에는 없었다.

존슨은 워싱턴으로 돌아오자 다음날 국가안보회의에 조용하게 그의 결심을 추진하려는 의도를 알렸다. 그는 목표를 달성하기 위하여 예비군을 더 소집한다거나 선전포고는 하지 않을 것이라고 말했다. 국가안보회의 그리고 의회의 지도자들과의 두 차례 회동이 7월 27일 화요일 저녁에 소집되었다. 회의의 목적은 대통령의 결심을 승인하기 위함이었다. 회의에 앞서 존슨은 결론에 이르기 위한 그의 베트남정책에 대한 각각의 특징을 검토하였다. 이번에는 5개의 대안이 고려되었다. 우선 먼저 4개의 대안은 고려사항으로 배제되어왔던 것들이었다. 그가 고려한 대안들은 ① 공군을 이용한 적의 섬멸,

그러나 국민들은 지지하지 않을 것임, ② 완전철수, 국민들은 또한 반대할 것이며 아이젠하워와 케네디가 약속한 반대방향으로 지향하는 대안임, ③ 현재의 수준을 유지, 그러나 더 많은 병력이 파견되지는 않음, ④ 예비군 동원령을 선포하고 전면전에 돌입, 국가비상사태의 선포, 소련과 중국으로부터 월맹지원 차단, ⑤ '지휘관들에게 그들에게 필요한 만큼의 병력을 지원'하는 것 등이었다. 존슨은 그가 제시한 대안에 의견을 물었으나 아무도 대답하지 않았다.

이어 존슨은 의회의 지도자들과 회동을 가졌다. 이 회의에서 베트남개입에 비판적 시각을 지닌 풀브라이트 상원의원 등 일부의원들은 의도적으로 제외되었으나 대통령과 개인적 의사소통경로를 유지하고 있었던 맨스필드 의원은 이 회의에 참석하였다. 회의에 참석한 강경파 인사들 앞에서 존슨은 그의 다섯 가지 대안을 다시 제기하였다. 대안의 우려는 여전히 남아 있었다. 미시건주 출신의 포드Gerald Ford와 일리노이즈주 출신의 애런즈Leslie Arends는 의회가 개입하지 않은 이유와 얼마나 많은 병력을 필요로 하는지에 대해 질문을 던졌다. 일리노이즈주의 더크슨Everett Dirksen은 존슨에게 우리가 중대한 결정에 직면하고 있음을 국민들에게 알릴 것을 주장하였다. 존슨은 그 질문을 피해 가려 하였다. 잠시 후 참석한 사람들에게 추가적으로 의견개진을 주문하자 맨스필드는 존슨의 결정에 정면으로 반박하고 나섰다. 그동안 미국만이 베트남정부를 지원할 것임을 약속한 점과 디엠의 암살로 인하여 합법적인 정부가 붕괴되었음을 상기시키면서 "우리는 이 베트남정부에 빚진 것이 하나도 없다"라고 주장했다. 그는 이어 "우리는 전쟁 속으로 빠져들고 있다. 비록 완전한 승리라 할지라도 궁극적으로 막대한 대가를 치러야 한다. 우리가 이러한 어려움으로부터 빠져나가기 위한 유일한 희망은 신속한 협상

뿐이다. 우리는 국민들이 향후 3~5년 동안 전쟁을 계속 지지할 것임을 기대할 수 없다. 결국 우리는 반공십자군이 되려고 한다. 전쟁확대는 또 다른 확대만을 가져올 것이다"라고 주장했다. 그러자 존슨이 천천히 그에게 질문을 던졌다. "그렇다면 마이크, 우리는 무엇을 해야 하오?" 이에 맨스필드는 대답하지 않았다. 결국 긴장감이 맴돌았던 회의는 매코맥John McCormack 하원의장이 국민들이 존슨을 지지해줄 것이라고 언급하면서 결론지었다.

그러나 존슨은 회의가 그의 의도와는 달리 잘못된 방향으로 가고 있음을 깨달았다. 맨스필드를 회의에 참석시킨 대통령의 중대한 실수를 공감하는 풀브라이트, 러셀, 쿠퍼, 에이킨 그리고 스파크맨은 그들의 우려를 다음과 같은 조언으로 결론지었다. "우리는 우리가 있어서는 안 될 곳에 깊숙이 빠져들고 있다. 미국은 상황통제력을 급속하게 잃어가고 있으며 모든 노력은 이러한 위험으로부터 빠져 나오는 데 집중되어야 한다."

존슨은 애써 그의 결정을 제한하려는 목소리를 무시했다. 이제 국민들에게 그의 결정을 발표하는 것만 남아 있었다. 존슨은 의회나 공중파 TV보다는 정오 기자회견 형식을 택했다. 그는 조용하고 신중하게 그의 결정을 발표하였다. 7월 28일 수요일 12시 30분경 존슨은 베트남을 "다른 성격의 전쟁"으로 묘사하면서 신중하게 작성된 연설문을 읽어나갔다.

이것은 진짜 전쟁이다. 이 전쟁은 월맹에 의해 유도 되었고 중국공산주의자들에 의해 더욱 고무되었다. 월맹의 목표는 베트남을 점령하고, 미국을 패배시키며 아시아의 공산주의를 확장시키는 것이다. 여기에서 균형을 유지하는 것은 매우 중요하다. 만약 미국이 전쟁에서 철수하게 된다면 다른 어떤 국가도 또다시 미국과 같은 약속에 대한 신념과 보호를 제공할 수 없을 것이다. 우리는 문지기가 되기를 선택하지 않았지만 아무도 이를 대신할 사람이 없다. 베트남에서의 항복은 평화를 가져다 주지 않을 것이다. 왜냐하면 우리는 성공은 오직 침략의 야욕만 채워줄 것임을 히틀러로부터 배웠기 때문이다. 전투는 한 국가에서 새롭게 시작되어 또 다시 다른 국가로 옮겨갈 것이고 우리가 역사를 통해 배운 바와 같이 이 새로운 국가에서의 전쟁은 더욱 잔인해져 갈 것이다. 앞의 세 대통령의 엄숙한 약속은 이 작고 용감한 국가를 방어하겠다는 것이었다.

미국은 여전히 대규모의 전쟁을 피하고 싶었다. 그리고 전쟁을 피하고 싶은 미국의 희망사항은 주유엔대사 골드버그Arthur Goldberg가 유엔 사무총장에게 평화적 해결을 위한 미국의 입장을 표명함으로써 끝을 맺었다.

존슨은 지난 주 논쟁의 중심부에 있었던 군사력의 추가적인 투입을 발표하였다. "나는 웨스트모얼랜드 사령관에게 악화일로에 있는 전쟁을 종결하기 위해서 그가 무엇이 필요한지를 물었고 그는 나에게 대답을 보내왔습니다. 우리는 그의 요구사항을 충족시켜줄 것입니다. 나는 즉각적으로 베트남에서 병력을 현재의 7만 5000명에서 12만 5000명으로 증파할 것입니다. 차후에 필요로 하게 될 추가적인 병력은 요청되는 경우 파견할 것입니다" 그는 의사결정과정에서 그의 보이지 않는 고뇌와 개인적 번민을 다음과 같은 짧은 추가적인 언급을 통해 전했다. "나는 우리의 꽃다운 청년들을 전장으로 파견한다는 것이 쉽지 않음을 깨달았습니다. 나는 그들의 어머니가 슬픔에 잠겨 울고 있음을 깊이 알고 있으며 그 가족들의 슬픔이 어떠한지를 잘 알고 있습니다." 추가적인 병력파견이 미국의 정책에 어떠한 변화를 의미하는 것인지 한 기자의 질문에 존슨은 그의 정책에는 아무런 변화가 없다고 단호하게 응답했다.

　주요신문은 존슨의 결의에 찬 연설과 그가 겪어야만 했던 한계를 일제히 다루었다. 볼티모어Baltimore신문의 사설은 "강건함과 자제, 결의와 절제, 이 모두를 필요로 한다"라는 제목을 달았고 뉴욕 타임즈의 사설은 "군사적 공격은 아무런 값어치가 없으며 앞으로도 결코 없을 것이므로 하노이와 베이징의 문제를 풀기 위해 아주 최소한의 군사력만 배치되어야 한다"라고 언급하였다. 한편 리프먼Walter Lippmann 등과 같은 저명한 일부 기고가들과 신문사설에서는 "미국이 아무 가치도 없는 정부를 위하여 전쟁으로 향하는 길목에 놓여 있다"라고 언급하였다. 여론조사결과 대다수의 미국인들은 존슨 대통령의 베트남문제 처리방식에 지지를 보냈고 베트남의 패망은 동남아시아에서의 공산주의의 확산을 가져올 것이라고 응답하였다.

　존슨은 대통령 취임초기부터 베트남의 난제를 풀기 위한 가장 주요한 방법은 군사적인 수단이라고 믿었다. 1965년 7월을 기점으로 점증하는 미국의 군사적 역할은 이미 1년 이상 예상을 먼저 뛰어넘고 있었고, 존슨은 이 상황 발전의 위험성을 인정하였다. 존슨은 다음과 같은 기본적인 질문을 제기했다. "단결하지 않는 국민을 위해 미국이 왜 전투에 병력을 보내야 하는가? 월맹은 미국에 어떻게 대응할 것인가? 만약 미국이 10만 명의 병력을 증파한다면 월맹도 동일한 조치를 취할 것인가? 정글과 논바닥에서 서양인들은 동양인들을 능가할 수 있을 것인가? 개입에 대한 헌법적 정당성을 보유하고 있는가? 수많은 회의와 각서, 통화에도 불구하고 심각한 사려가 요구되는 그러한 어려운 질문들은 단 한 번도 완전하게 답변되지 못했다. 의사결정과정은 일방적 결단보다 더욱 시간낭비가 되었다.

　장기간의 내부적 논쟁에도 불구하고 베트남을 붙잡아 두는 것이 미국 안보를 위해 필요한 것인지 논란은 계속되었다. 비평가(볼. 맨스필드. 러셀. 험프리 등)들은 존슨과 빈번하게 접촉을 가지는 측근(주로 러스크. 맥나마라. 번디 등)들이 항상 무언가를 경청하기를 바라는 아웃사이더들이었다. 베트남전쟁의 결과가 국제질서 형성의 중심에 있다는 존슨의 가정에 대한 비평가들의 도전은 더욱 강력하였다. 존슨에게 미국의 신뢰성 문제는 매우 중요하였고 아이젠하워와 케네디로부터 유산을 물려받은 존슨에게 베트남의 생존을 보장하는 것 이외에는 선택의 여지가 없었다. 만약 미국이 실패하게 되면, 약소국가들은 마음을 잃게 되어 미국에 등을 돌리고 소련과 중국 진영으로 이동할 수도 있었다.

그러한 생각은 한국의 개입을 결정한 트루먼 대통령의 전략적 가정과도 맥을 같이하는 것이었다. 그러나 두 행정부 사이에는 위기를 바라보는 시각에서 엄청난 차이가 있었다. 1950년대 대통령의 보좌관과 의회의 영향력 있는 인사 중 아무도 전쟁수행의 필요성에 이의를 제기하지 않았다. 트루먼 대통령의 전쟁결정 뒤에는 만장일치가 있었지만 존슨은 오직 의견일치만이 있었다. 비평가들은 존슨에게 미국의 전략적 이익에 대한 관점을 달리하도록 여러 차례 조언하였다. 이들은 미국 신뢰성 문제의 중요성이나 동남아시아지역에서의 중국과 소련의 지배에는 의문을 제기하지 않았다. 그러나 이들은 베트남이 그러한 목표를 실현하는 데 중대한지 의문을 제기하였다. 이들은 미국이 그들의 특권과 자원을 나약하고 분열된 인기없는 베트남정부를 지원하는데 결부하지 말아야 한다고 주장하였다.

사이공에 생명력 넘치는 대표정부를 세우려던 10년 동안의 미국의 군사적·경제적 지원은 수포로 돌아갔다. 베트남의 만성적인 불안정과 목표의 부재는 베트콩과 월맹으로부터의 점증하는 군사적 압력에 대한 저항능력을 현저하게 약화시켰다. 비평가들은 미국이 베트남의 생존을 확고히 하기 위한 어떠한 약속도 하지 않은 채, 도우려 하기만 했다고 주장했다. 지킬 수 없는 위치를 버림으로써 오히려 미국의 신뢰성을 증진시킬 수 있었을 것이며, 더 많은 자원은 투입되지 않았을 것이다. 비평가들은 미국이 베트남으로부터 영예롭게 빠져나올 수 있을 것이나, 궁극적으로는 공산주의의 지배를 받아들여야 할 것이라고 주장했다. 이것은 반드시 베트남을 넘어서는 분기점을 의미하는 것이 아니었으며 베트남이 하나 또는 그 이상의 주요 공산세력과 밀접하게 연합하는 것을 의미하지도 않았다. 비평가들이 존슨의 접근방식에서 불리한 방향으로 작용하고 있었던 반면, 존슨은 그들의 견해를 알고 있으면서도 이를 애써 무시하였다.

베트남의 상황악화에 직면한 존슨은 군사적 개입만이 동맹국을 구할 수 있는 유일한 길이라고 믿었다. 그는 베트남이 '쓰레기더미'와 같다는 것을 알고 있었다. 비평가들이 철수를 정당화하려는 시각에서 보았을 때, 사이공정부의 취약점은 바로 존슨과 그의 가장 측근들이 군사적 개입으로 이동하는 이유로 작용하고 있었다. 비평가들은 베트남국민들을 재규합시킬 수 있는 가장 좋은 기회였던 디엠정부를 미국이 붕괴시킨 것이 베트남의 불안정을 가중시켰다고 생각하였다. 더욱이 존슨은 타협을 거부하는 호전적인 월맹이 선택의 여지를 남겨놓지 않았다고 믿었다. 월맹은 남쪽에서의 군사적 개입을 증대시키고 있었고 존스 홉킨스 연설에서 밝힌 지역발전 제안을 일축하였다. 그들은 베트남에서의 민족해방전선의 정치적 지배를 요구하였다.

이러한 상황에서 존슨은 냉전이 미국에게 안겨준 도전 중 하나를 자신이 대응하고 있다고 생각하였다. 그의 마음속에 월맹은 1950

년 북한이 그랬던 것처럼 월맹의 침략행위가 원죄라고 생각하였다. 그러나 북한의 침략행위 규탄이 국내는 물론 많은 신생국가들로부터 지원을 받았던 트루먼시대와는 달리 존슨은 유럽국가들은 물론 아시아, 아프리카지역을 포괄하여 대부분의 국제사회가 월맹의 침략행위에 관심을 보이지 않았고 베트남의 생존에 대하여 회의적임을 알게 되었다. 따라서 트루먼 행정부가 미국의 목표에 유엔이 승인해주고 이러한 방패 아래 전쟁에 참여했던 것과는 달리 존슨은 일부국가의 제한된 지원 아래 국제사회의 지원 없이 고립된 가운데 행동하였다. 베트남전쟁은 유엔의 방패 아래 전쟁을 수행할 어떠한 기회도 잡지 못했다. 사실 한국만이 베트남에 군대를 파견하는 데 관심을 가지고 있었다. 동남아조약기구SEATO 회원국 중에서 호주가 유일하게 1965년까지 1300명 수준에서 병력을 파견할 것을 약속하였다. 동남아조약기구의 회원국인 필리핀과 태국은 베트남 주둔 미군에 대한 기지를 제공하였으나 병력을 파견하지는 않았다(필리핀은 의료진을 파견했다). 회원국 중 영국, 프랑스, 뉴질랜드 그리고 파키스탄은 어떠한 지원도 제공하지 않았다.

전쟁의 미국화 움직임은 베트남에서의 게릴라 세력섬멸과 월맹 군사력 억제라는 목표를 달성하기 위하여 미국이 어떻게 군사력을 운용할 것인지에 대한 상당한 무관심속에서 진행되었다. 1965년 합동참모본부의 한 보고서는 "만약 그러한 것이 우리의 의지라면 그리고 그것이 전략과 전술적 작전에 명백히 표현된다면 성공할 수도 있을 것"이라는 식으로 공허하게 기술되었다. 또한 군사작전에서 베트남군의 실전경험이 부족하였고 미국의 장교 사이에서도 전쟁의 수행방식에 다른 견해들을 가지고 있었다. 따라서 모든 계획은 '잠정적' 수준에 머물렀다. 이는 월맹이 지상군을 추가적으로 투입한다면 게릴라전으로부터 대규모의 정규전으로 전환될 것이라는 인식으로부터 기인하였다. 한편 맥나마라는 그의 자기 반성적 비망록을 통하여 전략을 기획함에 깊이가 없었음을 다음과 같은 몇 가지 점을 들어 기술하였다.

> 뒤돌아보면 나는 허술한 가정의 지루한 논쟁, 던져진 질문에 돌아오지 않은 답변들 그리고 베트남에서의 우리의 군사전략에 깊이 없는 분석 등에 사이공과 워싱턴 어느 쪽에도 명확하게 밀어붙이지 못한 실수를 저질렀다. 나는 20년 동안 조직의 문제점을 식별하고 깊이 있는 사고를 통해 현실적인 대안을 만들도록 조직을 조정·통제하는 관리자로서 일해 왔다. 나는 여기서 왜 그렇게 하지 않았는지 영원히 이해하지 못할까 두렵다.

맥나마라가 베트남의 전략적 중요성과 군사적 목표달성을 통하여 정치적 목표를 달성할 수 있는지의 여부에 대한 비평가들의 의견을 무시한 것과 같이 존슨 또한 국내의 지지문제를 피해갔다. 전쟁의 목적이 국민과 의회에 어떻게 설명될 수 있었는가? 대통령은 확전의 헌법적 권한을 가지고 있는가? 존슨은 이러한 질문들이 통킹만 사건의 의회결의안이 통과될 때 모두 해결되었다고 생각하였다. 존슨은 이 결의안을 통하여 트루먼이 한국전쟁 당시에 결여되었던 헌법적 합법성을 어느 정도 자신이 보유하였다고 생각하였다. 그러나 존슨은 이러한 모든 조치를 통하여 의회 및 국민과의 직접적인 대면을 거절하였다. 존슨은 현재의 정책 연장선상에서 개입을 확대해 나갔다. 그는 또한 전쟁의 미국화라는 목소리를 낮추기 위하여 합참이 보고한 추가적인 예비군의 동원계획을 승인하지 않았다.

휠러 장군은 후에 군의 입장을 다음과 같이 대변하였다. "미국이 사사로운 군사적 모험을 하는 것이 아니라 전쟁에 임하고 있음을 확고히 하기 위하여 국민들에게 예비역의 소집을 알리는 것이 바람직하다고 생각하였다. 왜냐하면 우리는 어떠한 수단과 방법에 의해서도 사사로운 군사적 모험을 하고 있다고 생각하지 않기 때문이다.″

존슨의 군사적 개입에 관한 조심스런 접근 뒤에는 국내외적인 관심사안이 자리 잡고 있었다. 그가 베트남문제에 초점을 맞추게 될 경우, 그가 대통령으로서 내걸었던 위대한 사회계획Great Society Program은 영향을 받을 수밖에 없었다. 존슨은 국제적 차원에서 주요 공산주의 국가들이 베트남에 대한 미국의 개입으로 인하여 위협을 느낄지도 모르는 조치와 선언들을 가급적 피해가고자 노력하였다.

그러나 국민과 의회가 무시될 수 있을 것이라는 그의 계산은 비평가들 뿐만 아니라 그의 지지자들을 곤경에 처하게 했다. 그의 지지자들 가운데 한 사람인 맥나마라는 통킹만 사건이 발생했던 1년 전에 비해 1965년 여름의 상황은 완전히 바뀌었다고 대통령에게 조언했다. 그는 추가적인 병력 투입 이전에 의회의 승인을 받을 것을 건의하였다. 1965년 7월 14일 존슨은 맥나마라와 대화에서 통킹만 사건 당시 "우리는 이렇게 많은 지상군을 투입할 의도가 없었다"며 솔직하게 털어놓았다. 그리고 "우리가 우리 스스로에 의해 위험스런 위치에 놓이기를 원하는가?"라며 질문했다. 맥나마라는 협상을 위한 군사력을 증강하는 데 의회의 승인을 얻을 것을 대통령에게 재차 요청하였다. 존슨은 동의하는 듯 보였으나 어떠한 조치도 취하지 않았고 결국 '위험스런 곳'에 위치하게 되었다.

험프리와 같은 비판론자에게 존슨의 실수는 보다 근본적인 것이었다. 존슨은 국민이 따라오지 않는 불확실한 여정을 출항하였다. 험프리는 앞서 두 차례의 세계대전 및 한국전쟁과는 달리 베트남에서의 갈등은 미국인들에게 명쾌하게 설명될 수 없음을 경고하였다. 월맹의 호치민 통로를 이용한 은밀한 물자와 인원의 투입은 베트남 전선에 뛰어든 미군에게는 너무 멀리서 들리는 울음소리였다. 존슨도 1965년 국민들이 그의 베트남정책에 보여준 지지율이 사상자가 급증하는 경우에는 지속되지 않는다는 것을 인정하였다. 그러나 그러한 현실조차도 그를 제어하거나 여론 및 의회 앞에 보다 솔직하게 나서도록 이끌지 못했다.

존슨은 서서히 지상전으로 이끌었으나 예비역의 소집과 국민의 여론을 그의 신념 속에 수렴하지 못한 채 모순된 과정을 밟아갔다. 그는 1965년 의회의 승인을 얻을 기회를 상실하였고 베트남에 대한 동맹국들의 무관심 속에서 싸워 나갔다. 국민의 지지를 얻기 위한 '다른 성격의 전쟁'을 국민들에게 설명하는 데도 실패하였다. 그는 만약 전쟁이 장기화된다면 미국이 보다 광범위한 군사적 도전에 직면하게 될 것임을 인정해야 한다고 주장했다. 만약 군사적 수단을 보다는 다른 방법을 통한 문제해결을 시도했더라면 베트남은 또 다른 결론에 도달했을지도 모른다. 설사 그렇지 않았더라도 개입의 결정은 보다 체계적인 고려사항에 의해 실시되었을 것이다.

존슨은 그의 결정이 국내는 물론 국제적 목표를 달성하기 위한 복잡한 과정의 한 부분이라고 생각하였다. 1965년 여름까지 그는 위대한 사회계획을 통하여 그의 꿈을 실현해 나가고 있었다. 의회는 1964년 기념비적인 '신공민법안'을 통과시킴으로써 '투표권리법안'과 '가난과의 전쟁계획법안'을 법령화하였다. 베트남에서의 전쟁이 위대한 사회계획에 대한 지지를 와해시킬 수는 없었다. 이는 베트남 개입이 중시되어서는 안 된다는 것을 의미하였다. 존슨은 베트남을 지탱시키지 못한다는 것은 국제적인 재앙을 암시할 뿐만 아니라 국내에서의 이전투구로 발전할 것임을 여러 차례 언급하였다. 그는 베트남을 '상실'했다는 보수파의 비난에 처할 수도 있었다. 따라서 베트남은 최소한의 군사력투입을 유지하면서 국내외의 방해를 최소화한 가운데 지탱되어야 했다. 결과적으로 존슨은 베트남문제에 신속한 결단을 내려야만 하였다. 이것은 월맹에게 베트남의 분할을 받아들이도록 하는 것이었다. 대통령 보좌관이나 어떠한 군사지도자들도 그러한 제안이 쉽게 달성될 것이라고 생각하지 않았다. 존슨은 전쟁의 미국화에 모든 위험을 인정하였다. 그러나 그는 힘과 결의를 보여줌으로써 베트콩과 월맹이 전장에서 물러갈 것이라고 계산하였다. 이는 전쟁으로 가는 가장 위험한 방법이었다.

제4장

통수권자로서의 존슨

희망의 전략

존슨은 정치적·전략적 그리고 외교적 소용돌이 속에서 열정이 넘치는 통수권자였다. 그는 정책의 우선순위를 베트남의 약속이행과 베트남의 생존이 미국의 국제적 신뢰도에 중대한 영향을 미치게 될 것이라는 것, 베트남에서의 전쟁이 주요 공산세력들과의 전쟁으로 확전되지 않도록 제한되어야 한다는 것 그리고 베트남에 대한 개입이 그가 내건 위대한 사회 계획으로부터 주의가 전환되어서는 안 된다는 것에 두었다.

존슨은 트루먼의 한국전쟁 경험을 통한 교훈을 바탕으로 전쟁을 수행하였다. 그는 중국과 소련의 개입을 우려한 나머지 베트남에서 군사작전 목표를 제한하였다. 그는 트루먼이 한국전쟁에서 그랬던 것처럼 전쟁이 확대되는 것을 두려워하였다. 존슨의 지침은 명확하였다. "우리는 필요로 하는 것을 할 것이다. 그러나 필요로 하는 것만 할 것이다" 이는 미국의 유일한 목표가 월맹의 '침략'목표를 버리도록 하는 것임을 의미하였고, 이 경우 미국의 지상군은 베트남을 넘어서 작전을 수행할 필요가 없었다. 베트남전쟁의'승리'는 한국의 경우와 같이 정전협정에 의해 양국을 분할하는 것을 의미하였다.

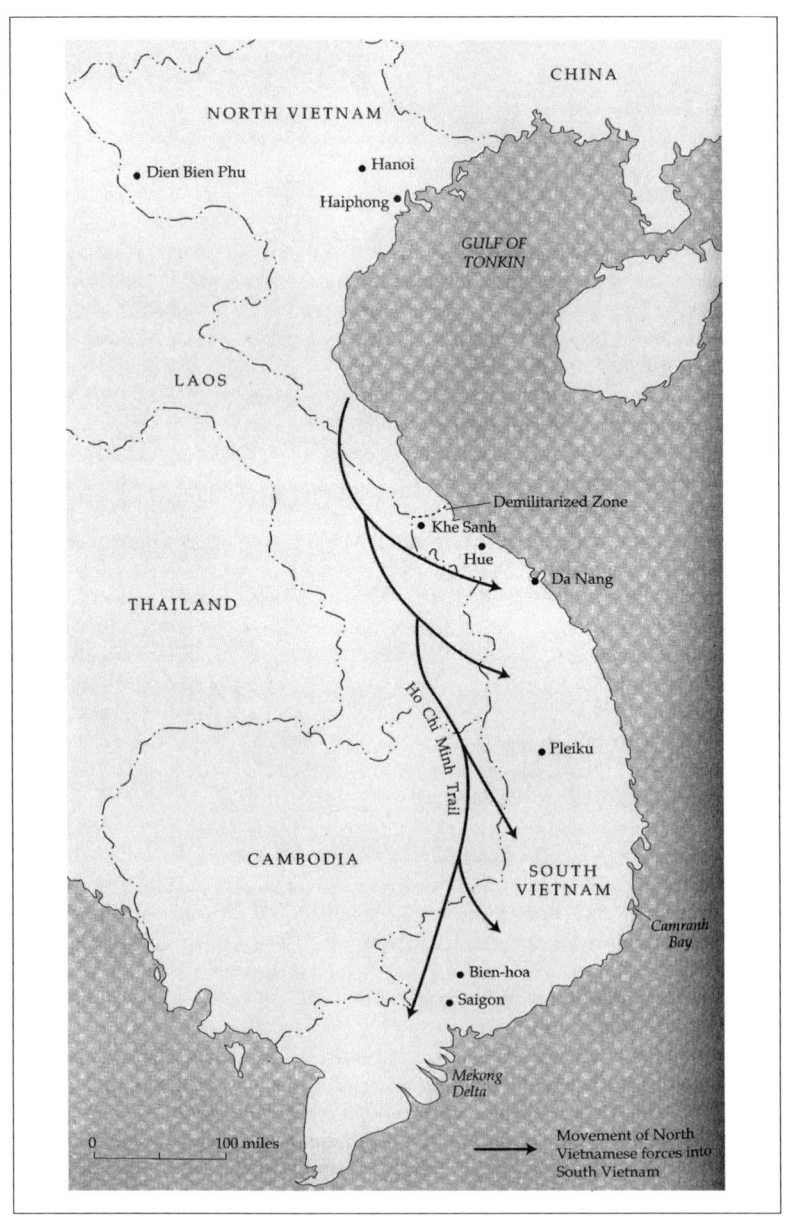

CHINA

NORTH VIETNAM

• Dien Bien Phu

• Hanoi

Haiphong •

GULF OF
TONKIN

LAOS

Demilitarized Zone

• Khe Sanh

Hue

• Da Nang

THAILAND

Ho Chi Minh Trail

• Pleiku

CAMBODIA

SOUTH
VIETNAM

Camranh
Bay

• Bien-hoa

• Saigon

Mekong
Delta

0   100 miles

Movement of North
Vietnamese forces into
South Vietnam

THE VIETNAM WAR: Warfare without Fronts

존슨과 그의 수석보좌관들은 제한된 목표가 ① 월맹에 대한 폭격, ② 베트남과 협조하여 베트남 내 베트콩 세력에 대한 대규모 공중 및 지상공격 등 군사력운용을 통하여 달성될 것으로 보였다. 일단 미국의 결의와 힘이 보이게 되면, 북한과 중국이 15년 전에 그랬던 것처럼 월맹도 그들의 야욕을 자제하고 베트남의 분할을 받아들일 것으로 생각되었다. 미국이 월맹으로부터 지원을 차단하게 되면 베트남지역에서의 게릴라활동도 시들게 될 것으로 보였다. 더 나아가 전쟁의 미국화는 베트남국민들의 사기를 높이고 그들의 군대결의와 능력을 강화하면서 사이공의 정치적 안정에 기여할 수 있을 것으로 판단되었다.

이 전략에서 핵심요소는 월맹을 위협하는 것이었다. 이것은 표면적으로 매우 단순해 보였다. 존슨이 종종 '누더기 같은 4등급 국가'로 비유했던 월맹은 세계에서 가장 정교한 무기와 화력으로 무장한 초강대국의 적수가 될 수 없었다. 미국은 전면전보다는 신중함과 단호함을 통하여 하노이에 확고한 의지와 분별력을 전달하고자 했다. 미국은 당시 유행하던 위기관리이론에 근거하여 월맹이 점증적인 압박을 견디다가 어느 시점에 도달하면 '고통'은 받아들일 수 없게 되고 투쟁을 계속하는 것이 쓸모없다는 것을 깨닫게 될 것으로 생각하였다.

그러한 전쟁을 수행하기 위해서는 전략적·정치적 그리고 외교적 수준에서 빈틈없는 지도력이 요구되었다. 전략적으로 존슨과 국방장관 맥나마라는 신중하게 군사력을 운용하기로 결심하였고 이를 통해 베트남에 제한적인 전쟁을 수행하면서 공산주의자들에게 압박을 증가시킬 수 있을 것으로 판단했다. 이는 제한적인 군사작전을 수행해야 함을 의미하였다. 존슨은 전쟁이 이웃 국가인 라오스와 캄보디아로 확전되지 않도록 지시하였다. 당시 라오스와 캄보디아는 공산세력이 호치민 통로를 이용하는 등 보급기지로 활용하면서 베트남에서 투쟁을 벌이는 세력의 근거지가 되었다. 존슨은 작전명 '롤링선더'를 통해 월맹지역의 목표에 대한 타격이나 감시를 승인하였다. 그는 정치적으로 미국과 베트남에서 전쟁수행의 지지를 확보하기 위하여 노력하였다. 이를 위해 존슨은 그의 목표를 국민들에게 끊임없이 설명하였고 사이공 지도부가 개혁을 통해 국민들의 지지를 얻도록 압력을 가하였다. 외교적으로는 월맹과의 협상에서 주도권을 잡도록 노력을 촉구하였다.

존슨은 전쟁에 개입하기 시작하면서 그의 정치적 성공에 보탬이 되는 정책을 만드는 형태를 취했다. 엇갈린 조언 속에서 그는 협상을 추구하면서도 결정은 달리하였다. 그의 자서전을 집필한 구드윈 Doris Kearns Goodwin은 존슨을 다음과 같이 기술하였다. "존슨은 문제의 감정적 대립을 예방하기 위하여 대결과 선택을 회피하는 노력을 추구해왔다." 그러나 전쟁을 수행하는 것은 수용을 전제로 하는 주고받는 식의 국내 정치와는 다른 것이었다. 결국 전쟁지도자로서 존슨은 협상에 불을 지피면서도 주도면밀하게 이를 회피하고자 했다.

존슨은 또한 참을성 없는 지도자였다. 그는 뛰어난 협상술을 이용하거나 상대방의 의지를 꺾어 버리는 지배적 성격을 이용하여 그의 독자적인 길을 가는 데 익숙해져 있었다. 완고한 성격의 존슨은 문제를 직접 다루면서 끊임없이 그 해결책을 압박하였다. 그의 강압적인 지휘 스타일은 존슨의 통수권자로서의 업무수행에 나쁜 영향을 주었다. 그는 고압적인 자세로부터 저자세에 이르기까지 다양한 모습을 보였다.1965년 여름부터 1968년 가을까지 여러 번에 걸쳐 군사적 해결방안, 외교적 구상, 회유, 베트남의 정치적 발전, 국제적 지원 그리고 국내문제의 해결 등을 강조하였다. 전시에 대통령은 여러 가지의 역할을 해야만 한다. 그러나 존슨은 문제의 복합성과 상호관계에 관심을 거의 보이지 않았고, 군사지도자들과도 원만한 관계를 유지하지 못하였으며, 보좌관들을 멀리하고 혼란스럽게 했다. 결국 이러한 그의 성격은 지도력의 불신을 가져왔다.

전쟁이 미국화가 되어감에 따라 존슨은 군사적 확대와 외교적 해결주창자들 사이에서 갈등에 직면하게 되었다. 주월사령관 웨스트모얼랜드 장군과 합동참모본부는 추가적인 군사력의 투입과 군사작전에서의 제한사항을 제거해줄 것을 줄기차게 요청하였다. 합참의장 휠러 장군, 태평양 사령관 샤프Grant Sharp 제독 그리고 웨스트모얼랜드 장군은 미국이 요망하는 목표달성을 위해서는 적을 결정적으로 타격하고 섬멸하는 능력을 필요로 한다고 주장하였다. 그러나 맥나마라를 중심으로 한 다른 관료들은 군사작전을 제한하고 약속한 평화적 해결책을 추구할 것을 주장하였다. 러스크 국무장관과 국가안보보좌관 번즈는 협상에 회의적이었으며 월맹에 대하여 확전을 삼가는 가운데 군사적 압력을 최대화하자고 주장하였다.

미국과 월맹군 사이의 직접적인 첫 전투는 1965년 가을 베트남의 중앙지역인 이아드랑Ia Drang계곡에서 실시되었다. 이 전투는 지도자들의 전쟁인식에 지대한 영향을 미쳤다. 월맹과 간헐적으로 며칠 간 계속된 전투에서 미국은 상대적으로 가벼운 손실을 입으면서도 적에게 상당한 타격을 주었다(이 전투에서 월맹군은 1,300여 명이 사망했고 미군은 200여명이 사망하였다). 이 전투는 관료들에게 저마다 다른 각도의 '교훈'을 주었다. 우선 웨스트모얼랜드 장군과 합참은 전선없는 베트남전쟁에서 '탐색 및 격멸'작전이 전쟁승리를 위해 주효할 것임을 확인하였다. '탐색 및 격멸'작전은 미군의 우수한 기동력과 화력을 최대한 이용하여 신속하게 적진으로 이동하여 적에게 막대한 피해를 입히고 빠져나오는 이점을 가지고 있었다. 군사작전의 성공은 일정한 영토 점령이 아니라 '보디 카운트Boby Count'에 의해 판가름 나게 될 것이었다. 군사용어로 "적을 소모시킨다"는 전략인 것이다.

이아드랑 전투의 각색된 통계적 '승리'를 통하여 미국은 베트남과 함께 소모전을 통하여 전쟁에서 승리할 수 있을 것이라고 생각하였다. 육군참모총장 존슨Harold Johnson은 전투 후에 "우리 뒤에 무언가가 존재하고 있다"고 주장하였다. 이와 반면 맥나마라는 주도권이 월맹에 있다는 증거는 불분명한 것이라고 언급하였다. 베트콩은 전투의 시기와 장소 그리고 탐색격멸전에서 효과를 제한할 수 있는 능력을 활용하였다. 맥나마라는 월맹과 베트콩이 우리에게 끈질기고 효과적으로 대응할 것이나, 1967년 초에 접어들게 되면 위로부터 서서히 침체가 될 것이라고 예상하였다.

이러한 견해 차이는 존슨의 보좌관들 사이에서 끊임없는 충돌을 만들어냈다. 월맹 정규군의 침투와 베트콩수가 증가함에 따라 웨스트모얼랜드 장군과 합참은 1966년 군사작전의 확대와 20만 명의 추가적인 병력증강을 요청하였다. 이는 최초 계획되었던 동일한 시기에 27만 5,000명을 훨씬 초과하는 41만 명에 도달한다는 것을 의미하였다. 맥나마라는 급하게 사이공으로 달려가 웨스트모얼랜드 장군과 존슨의 요청에 의해 1965년 가을에 현지로 파견된 주베트남 대사 라지Henry Cabot Lodge를 만나 대화를 가졌다. 여기서 맥나마라는 베트남국민이나 군대 모두 미국의 대규모 개입에 고무되지 않았음을 발견하였다. 그는 기자회견에서 "장기전이 될 것이다"라고 짧막하게 언급하였다. 맥나마라는 이러한 혼란한 상황에서 워싱턴으로 돌아오는 길에 웨스트모얼랜드가 요청한 병력을 증파하기 전에 북

폭을 잠시 멈추고 평화회담을 열도록 존슨에게 건의하였다. 군사지
도자들은 소스라치게 놀랐다. 그들은 월맹이 폭격의 일시중지를 약
화된 신호로 받아들이게 될 것이고 남쪽으로 더 많은 병력과 물자를
공급할 것이라고 경고하였다.

존슨은 본능적으로 군사지도자들과 의견을 같이 하였다. 그러나
국내외의 압력은 맥나마라의 의견으로 기울었다. 존슨은 월맹이 평
화를 원하지 않는다고 확신하였다. 그들은 지역재건을 위한 계획을
제안한 존스 홉킨스대학의 연설을 거절하였고 그 이전의 화해태도
에도 동조하지 않았다. 그러나 존슨은 미국이 협상에 책임의식이 부
족하다는 비판으로부터 자유로울 수 없었다.

이 비판은 1965년 11월 세브레이드Eric Sevareid 기자가 『룩Look』이
라는 잡지에 기사를 실었을 때 가속화되었다. 이 기사는 몇 개월 전
유엔사무총장 우탄트U Thant와 주유엔 미국대사 스티븐슨Adlai Stevenson
간의 비밀대화내용을 실었다. 여기서 미 국무부가 월맹과 양자간 협
상을 거절하였음을 폭로하였다. 존슨은 개인적으로 이를 '평화를 원
하는 가난 한 베트남 사람들의 희망을 거절한 스티븐슨과 세브레이
드 사이에 한밤 중 술자리 대화'로 규정하였으나 심한 모멸감을 느꼈
다. 그러나 그는 이 대화가 미국의 비타협적 태도를 국내는 물론 해
외에 보여주었다는 점을 무시할 수 없었다.

워싱턴으로 돌아온 맥나마라는 베트남의 군사상황을 존슨에게 보
고하였다. 백악관회의에서 맥나마라는 "군사적 해결책은 불분명합
니다. 성공할 확률은 셋 중 하나 또는 둘입니다. 결과적으로 우리는
외교적 해결책을 강구해야만 합니다" "그렇다면 우리가 군사분야에
서 어떠한 노력을 하더라도 확실한 승리는 없다는 말인가?" 존슨의
이러한 질문에 맥나마라는 "맞습니다. 우리는 그동안 너무 낙관적이

었습니다"라고 답변하였다. 존슨은 성탄절기간에 잠정적으로 폭격을 중지한다고 발표하였다. 러스크와 번디가 소련이 협상에서 중재역할을 준비할지도 모른다는 정보가 입수되었다고 보고하자 존슨은 폭격중지를 무기한으로 연장하였다.

존슨은 전과는 달리 평화적 해결을 위한 집중적인 외교노력을 경주하였다. 그는 전세계에 특사를 파견하였다. 부통령 험프리, 유엔대사 골드버그, 국무차관보 윌리엄스 등 특사들은 115개 국가에 미국이 조건없이 평화적 해결을 위해 노력할 것임을 전달하였다. 존슨은 국가원수들에게도 개인적 호소를 전달하였다. 러스크는 14개 항목의 평화계획을 준비하였고 월맹에게 '전제조건 없는 협상'을 위해 회의에 참가하도록 초대하였다.[1]

1966년 1월 12일 상하원 합동 연설에서 존슨은 '하노이로부터 뉴욕에 이르기까지' 우리가 평화를 찾는 노력에 어떠한 제한도 없을 것이라고 선언하면서 "어느 협상 테이블이든 만날 것이며 4개 항목이든 44개 항목이든 어떠한 제안이라도 논의할 것이고 어떠한 단체의 의견이라도 고려할 것"이라고 주장하였다.

폭격의 일시적 중지가 계속되고 외교적 노력이 전세계적으로 이어지는 가운데 합참은 존슨 대통령에게 롤링선더작전을 재개할 것

---

[1] 러스크의 제안은 새로운 내용을 포함하고 있는 것은 아니었다. 이는 월맹의 네 가지 항목의 계획에 대해 기꺼이 논의해보자는 표시였다. 이는 존슨이 1965년 4월 존스 홉킨스대학에서 제안에 대한 월맹의 반응이었다. 평화계획은 전쟁기간에 협상을 위한 월맹의 조건으로 남아 있었다. 이는 ① 외국군대의 개입 없이 베트남의 권리에 대한 상호인정, ② 절박한 통일문제를 위하여 베트남의 '두 지역'에서 외국군대의 불개입, 두 지역에서 베트남국민의 결정에 의한 통일, ④ '민족해방전선'과의 협력 에 베트남 지역에서의 내부문제 해결 등이었다. 마지막 네 번째 조항은 현존하는 베트남정부를 사실상 부정한 것이며 권력을 민족해방전선으로 넘기는 것은 미국이 받아들일 수 없는 사안이었다. 러스크의 새로운 제안은 월맹이 '침략행위'를 중단하고 민족해방전선이 '대표성'을 가질 경우만으로 한하였다.

을 여러 차례 건의하였다. 존슨은 1월 말까지 폭격중지를 연장해야 한다는 맥나마라의 계획을 마지못해 승인하였다. 존슨은 맥나마라에게 "나는 인내심을 가지고 이해하면서 이성적으로 행동하기를 원합니다. 반면 당신은 나의 성격을 잘 알고 있지 않습니까?"라고 덧붙였다. 맥나마라는 폭격이 실시된다면 협상은 교착상태를 가져오게 될 것이라고 경고하였다. 그는 월맹과 베트콩이 미국의 능력을 시험하기 위해 그들의 노력을 계속할 것이며, 만약 전쟁을 계속한다면 고강도분쟁은 물론 대규모 사상자수를 감내해야 것이라고 주장하였다. 그는 1년 이내에 미국의 사상자수도 매달 1,000명에 이르게 될 것이라고 생각하였다.

이러한 상황에도 불구하고 존슨은 롤링선더작전을 재개하기 위한 준비에 들어갔다. 그는 국내에서의 정치적 지원을 끌어내기 위한 노력도 시작하였다. 의회지도자들과의 만남에서 존슨은 전쟁에 비판적이었던 맨스필드와 풀브라이트만이 여전히 북폭재개에 반대하고 있음을 발견하였다. 이들을 제외한 대부분의 의회지도자들의 지지를 확보한 존슨은 전직 안보관련 관료들을 소집하여 의견을 청취하였다. 이들 또한 이제 폭격의 일시중지를 종료시키는 것이 바람직하다는 조언을 하였다.

존슨의 결정은 월맹의 평화공세 중지에 의해 변화되었다. 호치민은 하노이의 라디오 방송을 통해 미국이 한편으로는 평화를 외치면서도 네이팜Napalm탄 공격, 독가스와 화학물질 사용 등 극단적이고 야만적인 방법을 통해 전쟁을 수행하는 미국의 위선을 고발하는 것으로 대응하였다. 그는 민족해방전선이 베트남의 합법적인 대표로 인정되어야 한다고 주장하였다. 회담은 미국이 '무조건적으로 그리고 영원히 모든 폭격을 중지하고 월맹에 대한 다른 어떤 전쟁의 행위가 중지될 경우에만 시작될 것이라고 주장하였다. 미국의 관료들은 호치민의 발표가 타협에 응하지 않겠다는 의중을 표현한 것으로 해석하였고, 1월 30일 존슨은 폭격재개를 선포하였다.

호치민의 발표는 한 달 가까이 지속해온 미국의 군사적 제한조치의 무용함과 외교적 노력에 종지부를 찍었고 월맹은 평화적 해결을 원하지 않는다는 것을 확인하는 계기가 되었다. 화해를 위한 어떠한 노력도 결실을 맺지 못했다. 그러나 이러한 집중적인 외교적 노력은 존슨이 이미 예견한 것과 같이 실패로 귀결되었다. 성공적인 협상은 전형적으로 조용하고 심사숙고하는 과정을 전제로 한다. 그러나 존슨은 폭격중지에 관한 조직화된 선전을 실시하도록 하였다. 그는 또한 월맹에게 군사적으로는 위협을 가하면서 동시에 외교적으로는 수세에 처하도록 유도하였다. 국가안보회의의 쿠퍼Chester Cooper는 "비밀과 조심스런 작업이 필요로 하는 경우에도 우리는 마치 독립기념일의 가두행진처럼 진행시켜 나갔다. 대통령은 핵심적인 외교문제를 조심스럽게 풀어나가는 것보다는 마치 서커스의 링을 돌리는 마술사처럼 행동하였다"라고 회고하였다. 더욱이 국내외의 많은 전문가들에게 워싱턴으로부터 뿜어나오는 외교의 회오리바람은 차후에 상황악화를 염두에 둔 한낱 허구에 불과한 것으로 보였다. 존슨은 사적인 서한을 통해 "우리의 전체적인 노력을 통하여 우리의 입장을 확실하게 이해시킬 수 있었다. 우리가 베트남을 강화하기 위한 노력을 기울이면서 폭격의 실시여부와 시기를 결정할 때 우리는 충분한 지원과 이해를 얻게 될 것이다. 그리고 우리의 입장에 대한 국제적 지지는 과거보다 훨씬 강력해질 것이다"라고 기록하였다.

국제적 외교공세가 성과없이 끝난 후 존슨은 롤링선더작전을 재개하였고 이를 계기로 미군을 증파하게 되면서 그의 역할을 수정하였다. 그는 향후 정치적·군사적 방향을 논의하기 위하여 고위관료 회의를 소집하였다. 트루먼 대통령이 1950년 웨이크Wake섬 회의를 대통령 자신은 물론 국민들에게 군사적 목표가 달성되고 있음을 확인시켜주는 계기로 사용한 것과 같이 존슨은 하와이에 미국과 베트남의 군사지도자들을 소집하여 회의를 열었다. 한 보좌관의 기록에 의하면 회의의 목적은 '향후 베트남의 미래가 매우 낙관적'임을 보여주기 위함이었다. 존슨은 또한 그의 정책을 재검토하려는 움직임을 보이는 상원 외교위원회를 견제하기 위한 기회로 삼았다. 2월 초 존슨은 호놀루루에서 회동을 위해 베트남에서 웨스트모얼랜드 장군과 샤프Sharp 장군, 베트남 총리 구옌 카오 카이Nguyen Cao Ky 그리고 비서실장 구옌 반티우Nguyen van Thieu를 소환하였다. 측근인 러스크, 맥나마라, 번디 그리고 휠러와 함께 모습을 보인 존슨은 호놀루루 회동에서 평소와는 달리 매우 긴장되어 보였다. 존슨은 미국의 정책이 성공하고 있음을 강조하였다. 그는 웨스트모얼랜드 장군에게 여러 차례 전쟁이 얼마나 더 지속될 것인지 질문을 던졌고, 그가 장군에게 많은 것을 의지하고 있다고 귀띔하였다. 웨스트모얼랜드 장군은 미군이 베트남의 패망을 예방해왔음을 확신시켜 주었고 공세를 취하기 위해서는 추가적으로 20만 명의 병력이 필요하다고 말하였다. 존슨은 그 해 연말까지는 전쟁의 결판을 보게 될 것으로 판단하였다.

존슨은 베트남의 정치지도자들에게 베트콩의 활동이 활발한 지방에 유화책을 실시하도록 지시하였다. 그는 카이 총리에게도 새로운 헌법과 자유선거 그리고 사회개혁을 기대한다고 말했다. 존슨은 카이 총리에게 그의 관점을 관철시키기 위하여 다음과 같은 두 사람의 도박꾼 이야기를 예로 들었다. 베팅이 끝나자 한 도박꾼이 물었다.

"무슨 카드를 들고 있었지?" 그러자 다른 도박꾼이 대답했다. "에이스" 도박꾼이 다시 물었다. "에이스를 몇 장이나 가지고 있었지?" 그러자 다른 도박꾼은 "한 장"이라고 대답하였다. 존슨은 카이에게 말하였다. "나는 당신이 오직 한 장의 에이스만을 가지고 있음을 발견하지 않길 바라오." 회의가 2월 8일 종결되자 존슨과 카이는 침략행위에 대항하고 민주주의를 보존하며 사회개혁과 영원한 평화를 추구한다는 내용이 담긴 선언문을 발표하였다.

공론화된 호놀루루회의는 잠시나마 풀브라이트 위원장이 이끌던 외교관계위원회의 베트남 정책에 관한 의구심을 일시적으로나마 유보시킬 수 있었다. 미국의 전쟁개입에 어떠한 개인의 증언이나 찬반논쟁보다도 청문회 그 자체가 이야깃거리가 되었다. 냉전기간에 주요 외교정책문제를 지속적으로 지지해왔던 상원 외교관계위원회는 전쟁이 미국화된 후 7개월이 지난 시점에서 미국의 전쟁개입과 수행의 필요성을 조사하고 있었다. 대학에서의 반전운동이 확대되고 대부분의 언론이 전쟁에 비판을 가하고 있는 가운데 풀브라이트 위원회는 전쟁이 이미 미국을 반으로 분할하고 있다고 강조하였다.

전쟁에 이기는 것은 존슨이 그에 관한 비평을 잠재우는 유일한 방법이었다. 그의 호전성은 번디를 대신하여 로스토Walt Whitman Rostow를 3월 31일 특별보좌관으로 임명함으로써 더욱 강화되었다. 명망높은 경제학자인 로스토는 케네디 대통령에 의해 워싱턴에 입성한 '행동하는 지식인' 중 한 사람이었다. 로스토는 백악관으로 오기 전에 국무부 정책기획국장을 지낸 바 있다. 로스토는 임명되자 곧바로 강경파 보좌진에 합류하였다. 미국의 지상군 투입이 확대되고 탐색격멸작전으로 인한 월맹과 베트콩 사상자수가 늘어남에 따라 로스토는 연료저장시설이 위치한 하노이-하이퐁 일대에 폭격을 포함하는 합동참모본부의 건의사항을 지지하였다. 존슨은 폭격으로 인한 피해지역 사진을 보며 폭격의 확대를 승인하였고 "이제 녀석들을 끝장내 버려야 한다"고 덧붙였다.

존슨은 전쟁의 미국화 1년에 즈음하여 적군이 확실하게 파괴되고 있다는 어떠한 증거도 나타나지 않고 있는 그의 우울한 심정을 이러한 외적 충만감으로 은폐시켰다. 미군과 베트남군은 월맹과 베트콩에 비해 수적으로 3:1의 우세에 있었다. 탐색격멸작전의 성과는 '보디 카운트'와 같은 전투에서는 승리하고 있었으나 공산주의자들은 그들의 손실을 보충하는 능력을 보여주었고 지방에서는 그들의 강점을 유지하였다. 그들은 처음부터 전쟁의 장기화를 계획하였기 때문에 미군은 오래 가지 못할 것이라는 확신에 차 있었다. 이러한 상황발전에 당황한 존슨은 자기 연민과 합쳐진 과대망상 속으로 빠져들게 되었다. 그는 종종 그가 접하고 있는 문제점의 답변부족에 불평을 터뜨렸다. 그는 가끔 측근들에게 "사람들은 내가 하지 않는 것을 말하며 내가 잘못이라고 말한다. 나는 어떠한 대안도 찾지 못했다. 내가 다음에는 무엇을 하도록 요구받을 것인가?"라며 안타까워했다. 그는 보좌관에게 "나는 누구도 믿을 수 없다. 당신들이 나에게 하고자하는 것은 무엇인가? 모든 사람들이 나를 파괴시키려 한다"고 말했다. 그는 그 자신이 아이젠하워와 케네디로부터 물려받은 '약속'으로 인하여 '함정'에 걸려 있다고 보았다. 로스토는 존슨이 직면한 문제는 남북전쟁 당시 링컨 대통령이 처했던 암흑의 날들 사이의 연장선상에서 있다고 보았다.

존슨은 쉽사리 위안을 얻지 못했다. 오만하고 교묘한 스타일을 통하여 정치적 목표를 달성하는 데 익숙해 온 존슨은 전쟁의 모호성과 최고통수권자로서 권력의 한계로 인하여 절망하였다. 그의 마음속에는 항상 한국전쟁에서 확전을 불러온 트루먼이 자리잡고 있었다. 존슨은 월맹에 대한 북폭이 중국이나 소련의 개입을 불러올 것임을 두려워하였다. 그가 평소 보좌관들에게 언급한 것처럼 그는 텍사스의 존슨Johnson시에서 출격한 미군의 폭격기가 하이퐁 항구에 정박하고 있는 소련의 배에 폭탄을 투하할 가능성에 전율하였다. 군사지도자들에게는 괴로운 일이었지만 존슨은 개인적으로 표적에 폭격을 실시할 경우, 각각의 표적에 대통령의 승인을 받도록 하였다. 그는 밤낮으로 진행상황을 점검하였고 폭격과 지상작전상황 그리고 최신화된 유화책의 정보를 요구하였다.

존슨은 주로 그의 측근들과 화요일 오찬을 겸한 형식의 전쟁위원회 회의를 가졌다. 1964년 처음 실시된 이 회의는 솔직하고 진지한 토의기회를 제공하였고 특히 베트남전의 문제가 심도있게 다루어지게 되었다. 러스크와 맥나마라, 번디의 후임인 로스토 그리고 공보비서관 모여스Bill Moyers는 고정적으로 이 회의에 참석하였고 경우에 따라서 부통령 험프리와 일부 다른 고위인사들도 이 회의에 참석하였다(1967년 정기회의는 휠러와 CIA 국장 헬름스Richard Helms도 포함되었다). 존슨은 전쟁문제를 다루기 위한 방법으로 그에게 충성스러운 측근들과 비교적 소규모로 모여 언론의 보도 없이 이루어지는 비공식적인 화요일 오찬모임을 선호하였다. 그는 회의내용이 언론에 유출될 걱정을 할 필요가 없었다. 그 외에도 화요일 오찬회동에서 그는 종종 국가안보회의(위원들이 참석하기 때문에 언론에 정보가 유출될 우려가 있는)를 겸하기도 했다. 이와 더불어 그는 행정부 외부에서도 조언을 구하였다.

존슨의 전쟁에 대한 절망감은 평화적 해결을 위한 방법을 모색하라는 국내외의 압력으로 인하여 가중되었다. 지난 1월의 '외교적' 공세에 월맹의 비타협적인 반응과 함께 1966년 존슨은 달갑지 않은 계획에 직면하게 되었다. 캐나다는 은퇴한 외교관 로닝Charles Ronning 을 통하여 워싱턴과 하노이와의 접촉을 증진시키려 노력하였다. 프랑스 대통령 드골Charles DeGaulle과 인도 총리 간디Indira Gandhi는 미국의 정책을 비판하는 한편 협상을 촉구하였다. 이와 더불어 영국 총리 윌슨Harold Wilson은 강화된 월맹 폭격에 미국과 거리를 두고자 하였다. 베트남전에 대한 미국의 전통적인 3대 동맹국과 저명한 중립국가의 베트남전 비판을 계기로 존슨은 74세의 정치가 출신의 해리만Averell Harriman을 '평화 대사'로 임명하였다. 소련의 대사를 역임하였으며 한국전쟁 기간에 트루먼의 특별보좌관을 지낸 해리만의 장기간 외교 경력은 공산주의 정부를 다루는 데 두각을 나타냈다. 그는 1962년 라오스에서 제네바회의의 대표로 임무를 수행하기도 하였다. 전쟁을 종결시키기 위한 모든 가능한 기회를 모색해야 하는 임무를 부여받은 해리만은 수개의 아시아 국가와 유럽 국가의 지도자를 만나기 위한 외교적 여정에 들어갔다.

1966년 가을 쉴 틈 없이 일에 전념해온 존슨도 미국의 결의를 재확인하고자 태평양으로 방문길에 올랐고 지난 2월의 호놀루루회의 이후 진행상황을 점검하였다. 10월 23일부터 25일까지 마닐라에서 열린 지역동맹회의는 베트남에서 미국의 노력지원과 추가적인 병력 투입을 위한 기회를 제공하였다. 존슨은 마닐라에서 베트남, 호주, 뉴질랜드, 태국, 한국 그리고 필리핀의 정부수반과 회의를 가졌다. 웨스트모얼랜드 장군과 카이 총리는 낙관적인 평가를 보내왔다. 웨스트모얼랜드는 탐색격멸작전이 많은 사상자수를 내고 있으며 유화 계획은 지방에서 공산주의자들의 입지를 약화시키고 있다고 보고하였다. 한편 롤링선더작전으로 월맹은 베트남에 보내는 인력과 장비에 엄청난 타격을 입고 있으며 베트남의 정신력과 전투의 질적 수준이 대단히 빠르게 개선되고 있음을 보고하였다. 존슨 대통령에 의해 고무된 웨스트모얼랜드 장군은 동맹국들이 그들의 지원을 확대해야 한다고 주장하였다. 그는 '터널의 끝에서 빛'이 보이지만 미국과 동맹국들은 공산주의자들이 종국적으로는 지구전을 통하여 우세를 달성할 수 있다는 가정하에 전략을 수행하고 있기 때문에 이에 대한 대비해야 한다고 주장하였다. 웨스트모얼랜드의 군사적 평가와 더불어 카이 총리는 베트콩의 임박한 붕괴 가능성을 예측하면서 베트남정부의 진행상황을 보고하였다. 그는 보고서에서 "만약 우리가 그들에게 사실을 알려줄 수만 있다면 국민들은 우리에게 돌아올 것이다"라고 주장하였다.

마닐라에서 회의를 주재하고 있었던 존슨은 맥나마라와 다른 관료들이 웨스트모얼랜드와 카이 총리의 보고내용에 의문을 가지고 있었음을 알고 있었다. 10월 초 베트남 방문을 마치고 돌아온 맥나마라는 지상작전에서 엄청난 인명피해에도 불구하고 탄력성을 지닌 적의 전략은 "우리를 계속해서 바쁘게 만들고 있으며 국가의지를 소모시키는 전략으로 우리를 기다리고 있다. 게다가 롤링선더작전은 적의 침투를 저하시키는 노력에도 실패하였다. 유화정책은 아직도 지방에서 우세를 보이고 있는 베트콩들의 기반을 흔들어 놓지 못했다"고 대통령에게 보고하였다. 맥나마라는 "향후 2년 이내에 전쟁은 만족스러운 결과로 종결될 것이라는 우리의 예지는 들어맞지 않았다"고 결론지었다. 그는 보다 많은 병력이 전쟁의 승리를 가져오게 될 것이라는 웨스트모얼랜드와 합동참모본부의 주장을 정면으로 받아쳤다. 따라서 맥나마라는 우선 첫 번째 조치로 미국은 진정으로 평화적 해결을 원하고 있음을 월맹에게 확신시켜주는 것이 중요하다며 협상의 시작을 종용하였다.

　존슨은 지난 마닐라회담에서의 긍정적인 평가에 영향을 미치는 어떠한 비판적 시각도 배제하면서 외교적 노력과 조화를 이루도록 주문하였다. 그는 지난 10월 백악관을 방문한 소련 외무장관 그로미코Andrei Gromyko가 미국은 베트남으로부터 완전철수를 하기 위한 조건을 명백히 해야 한다는 주장으로부터 문제의 실마리를 풀어나가기로 결심하였다. 존슨은 마닐라에서 그의 성명서를 지지하도록 설득하였다. 힘들게 얻어낸 회의의 성과인 성명서는 '북쪽 세력의 철수와 침투행위 중단 그리고 폭력수준이 약화된다면 미국은 베트남에서의 모든 병력을 철수할 것'이라는 내용을 포함하고 있었다.

　마닐라회담의 말미에 존슨은 베트남을 방문하기로 결심하였다. 그는 전투를 수행하고 있는 병사들에게 확신을 심어주기 위하여 캄란Camranh만에 위치한 미군기지를 방문하였다. 그는 병력들에게 다음과 같이 연설하였다. "나는 그대들의 노력에 감사하며 경의를 표합니다. 나는 여러분들이 안전하게 고국으로 돌아오기를 기원합니다." 미군기지 방문은 존슨에게 매우 감동적인 경험으로 남게 되었고 후에 그는 "나는 지금까지 이와 같은 감동을 내 생애를 통하여 받은 적이 없었다"라고 회고하였다.

　아시아 방문으로 한층 고무된 존슨은 외교적 돌파의 가능성을 찾아냈다. 암호명 '마리골드Marigold'로 명명된 비밀계획은 해리만에 의해 A단계와 B단계로 구분하여 상호만족할 만한 공식에 의해 문제를 타결해나간다는 것이었다. 이 계획의 A단계는 미국이 조건 없이 폭격을 중지하되 B단계에서는 이전에 상호양해된 바탕 위에서 긴장을 완화시킨다는 것이었다. 이 계획은 월맹의 롤링선더작전에 관한 무조건적 중단 요구 주장과 함께 미국의 상호간 긴장완화 주장 등과 같은 협상을 위한 양측의 조건을 모두 기술하였다. 그러나 마리골드는 기상악화로 인하여 2주 정도 연기되어왔던 폭격이 12월 2일 하노이에 재개되면서 다시 악화되었다. 폭격은 미국이 '사악한 신념'을 월맹에게 보여주는 계기가 되었다. 그러나 이는 현실적인 측면에서 볼 때 군사적 차원과 외교적 차원의 협조가 대단히 어렵다는 것을 반증하는 것이었다. 하노이의 폭격재개(폭격연기 이전에 존슨이 승인하였기 때문에 그의 승인은 불필요하였다)를 승인한 군사지도자들은 마리골드에 대해 아는 바가 없었다. 따라서 월맹은 롤링선더작전의 재개를 마리골드토의를 더 이상하지 않겠다는 전제로 받아들였다. 존슨은 여전히 월맹이 협상에 대한 관심여부와 진의를 의심하고 있었기 때문에 놀라지도 실망하지도 않았다.

그러나 존슨은 평화적 해결을 염원하는 여론의 압력을 무시할 수 없었다. 월맹으로부터 첫 번째 비자를 발급받았던 뉴욕 타임즈의 샐리스버리Harrison Salisbury 기자는 12월 중순경 하노이를 방문하였다. 그는 미군의 폭격에 의해 황폐화된 일련의 월맹기사를 작성하였다. 사진과 함께 하노이로부터 보내 온 샐리스버리의 보고서는 민간인 거주지역을 벗어나 최소한의 인명피해로 정확하게 표적을 공격했다는 국방부의 주장을 무색하게 만들었다.

샐리스버리의 혹독한 비판에도 불구하고 존슨은 그가 월맹 총리 팜반동Pham Van Dong과 가진 인터뷰내용을 심각하게 받아들였다. 팜반동 총리는 인터뷰에서 협상을 위한 제안을 제시하였으며 월맹의 조건은 마리골드에서 제시되었던 것과 유사하였다. 특히 팜반동은 월맹에 대한 무조건적인 북폭중지를 주장하면서도 그러한 조치가 취해질 경우, 월맹은 그에 상응한 '적절한 조치'를 취할 것이라고 덧붙였다. 후에 그는 만약 "미국이 북쪽을 해치는 일을 중단한다면, 우리는 우리가 해야 할 일이 무엇인지를 알고 있다"라고 주장했다.

하노이의 이러한 긍정적인 신호와 소련관료로부터 월맹이 미국의 계획을 받아들일 것이라는 확신이 전해지자 국무부는 다시 외교적 활동에 들어가 이전의 계획을 새롭게 한 '해바라기Sun Flower'로 명명된 비밀계획을 수립하였다. 미국은 모스크바 대사관을 통하여 소련의 수도에서 월맹의 외교관과 접촉하기 위한 통로를 개설하였다. 그러나 얼마 지나지 않아 월맹의 외교관은 토의에 불참함으로써 해바라기 외교채널이 다시 폐쇄되자 미 국무부는 1967년 1월 민간인 신분으로 애시모어Harry Ashmore와 백스William Baggs를 하노이에 보냈다. 캘리포니아 민주주의 연구소Center for the Study of Democratic Institutions in California와 연관된 평화활동가이면서 저널리스트인 애시모어와 백스는 샐리스버리가 떠날 즈음에 하노이에 도착하여 호치민과의 회동을 추진하였다. 호치민은 이미 익숙한 무조건적인 폭격금지를 주장하였지만 베트남의 정치적 계획을 통제한다는 조건에서 융통성을 보여주는 듯했다. 베트남으로부터 복귀한 애시모어와 백스는 회동결과를 국무부에 보고하였다. 국무부는 이들이 하노이로 떠날 때 만약 미국이 폭격을 중지한다면 이에 상응한 증거를 제시하라는 요구를 포함하는 서한을 전달하였다. 1월 29일 월맹 외무장관 구엔 두이 트린Nguyen Duy Trinh은 협상을 위한 전제조건으로 무조건적인 폭격중지만을 요구하였고 미국 국무부는 이를 애시모어-백스계획을 거절하는 것으로 해석하였다.

전통적인 방법에 의한 대화전망이 불투명해지자 존슨은 개인적 차원에서 호치민에게 전쟁의 종식을 위한 협조를 요청하였다. 그러한 제안은 존슨의 보좌관들 사이에서 수 주 동안 고심해오던 것이었다. 존슨은 보좌관들과 중간책임자들을 우회하여 직접적인 대화를 통한 정면돌파로 목표를 달성할 수 있을 것으로 믿었다.

2월 8일 모스크바 주재 월맹 대사관을 통해 전달된 존슨의 메시지는 평화를 열망하는 존슨의 진심을 담은 것이었다. 그는 월맹이 받아들일 수 없는 사안을 다시 요청했다. 존슨은 호치민에게 상호간의 '평화를 향한 통로를 진정으로 찾기 위한 무거운 책무'와 '양 국가의 생각과 태도가 왜곡되고 오해를 불러일으켰을 가능성'을 인정하자고 호소하였다. 그는 또한 대중적 관심과 거리를 둔 상태에서 각자가 임명한 대표자를 통해 직접적인 대화를 갖자고 제안하였다. 한편 존슨은 협상을 위한 조건에서 이견이 있음을 발견하고 A와 B단계에서 접근하는 방식보다 좀더 유연한 조건을 제시하였다. 존슨은 월맹의 무조건적이고 영구적인 폭격중지요구는 거절하면서 미국의 입장을 설명하고자 했다. 그는 "월맹의 군사적 상황을 반전시키기 위하여 우리의 조치를 당신의 정부가 이용할지도 모른다는 중대한 우려가 있습니다"라고 언급한 뒤 양측이 폭격을 중지하고 육상과 바다를 통한 월맹의 침투가 중지된다고 확신이 서는 순간, 베트남에 미군을 더 이상 증파하지 않을 것이라는 약속을 제시하였다. 존슨은 그의 의지를 보여주기 위하여 구정휴전2)의 일환으로 폭격중지를 명령하였다.

호치민은 미국과 월맹과의 의견차이가 벌어졌음을 강조하면서 협상의 문을 닫았다. 그는 미국에게 제네바 합의를 위반한 미국의 개입과 베트남 분단의 장기화, 베트남의 미국 식민지화 및 기지화, 베트남국민에 대한 공격행위와 공격행위의 월맹으로 방향전환, 폭격,

---

2) 이와 동시에 마지막 해바라기 계획이 펼쳐졌다. 영국 총리 윌슨(Harold Wilson)은 중간자의 역할을 통해 당시 영국에 체류 중에 있었던 소련의 외무장관 코시킨(Alexei Kosygin)에게 협상에 관한 미국의 입장을 전달하였다. 계획은 실로 부실하게 다루어졌다. 국무부는 윌슨에게 해바라기 계획의 A, B 각 단계와는 다르다는 것을 전달하지 못했고 윌슨의 주장은 즉각적으로 국무부에 의해 해명되었다.

화학전, 마을의 파괴 등 평화와 인간의 존엄성에 반하는 전쟁범죄 등에 근거하여 미국을 비난하였다. 주목할 만한 것은 호치민이 협상을 위해서는 '무조건적인 폭격의 중지와 다른 전쟁행위 중지'가 선행되어야 한다는 기존의 입장을 고수하면서 미국의 요구를 거절한 것이었다. 그는 "월맹사람들은 폭격의 협박 아래서 양보하거나 대화를 시작하지 않을 것"이라고 주장하였다. 마치 돌파구를 찾을 것 같았던 존슨과 호치민 간 대화는 해바라기 계획이 처음 시작으로부터 양측이 얼마나 멀어져 가버렸는가를 보여주는 것이었다.

수많은 외교적 노력과 계획에도 불구하고 하노이에서는 협상보다는 전쟁을 선호하고 있다고 확신하게 된 존슨은 '베트남국민'들의 마음을 움직이기 위해서는 전쟁에서 완전한 승리를 추구해야만 한다는 쪽으로 무게중심을 전환하였다. 지방에서의 베트콩의 약화노력이 실패로 돌아가자 존슨은 '또 다른 전쟁'인 유화정책에서 잘못된 관계를 바로잡고자 결심했다. 베트콩은 공산주의자들이 대부분의 전장을 지배할 수 있게 하는 원동력이었다. 베트콩과 월맹은 90% 이상의 교전을 베트남에서 실시하였다. 그러나 미군의 막강한 화력에 직면하자 전투에서 이탈하여 시골로 이동하거나 정글 속으로 사라졌다. 유화정책의 필요성은 1967년 미국의 대규모 공세작전 이후에 처음으로 대두되었다. 미군은 베트남군과 함께 사이공의 서쪽 지역과 캄보디아의 국경근처에서 '시더 폴즈Cedar Falls'와 '정크션 시티Junction City'로 명명된 2개의 대규모 탐색격멸작전을 실시하였다. 기지 폭격 등 공세 작전을 통해 막대한 인명피해를 입히고 보급품을 차단하자 미군의 한 장성은 미국과 베트남이 "이 지역에서 적에게 돌이킬 수 없는 막대한 피해를 가함으로써 군사작전의 전환점이 되었다"라고 주장하였다. 그러나 그의 주장은 틀렸음이 판명되었다.

소규모로 실시되는 탐색격멸작전과 같이 '시더 폴즈Cender Falls'와 '정크션 시티Junction City'작전이 실시되는 동안 공산주의자들은 전투에서 이탈하거나 지역으로부터 빠져나가 그들의 손실을 최소화하였다. 이들은 미국과 베트남군이 출발한 후에 여지없이 제자리로 되돌아왔다.

베트남과 미국간 유대를 강화하고 새로운 유화정책노력을 위해 존슨은 베트남의 고위관료와 미국의 관료들을 5월 20~21일, 이틀동안 괌으로 초청하였다(이 조그만 섬 위의 미국 공군기지에서 월맹을 공격하기 위해 수많은 B52폭격기가 출격하였다). 재임 13개월 동안 세 번째로 태평양의 섬을 방문한 존슨은 대규모 지역개발계획을 통하여 유화정책의 완성을 이루고자 시도하였다. 그는 2년 전 존스 홉킨스 대학에서 실시한 연설에서 제기하였던 개념을 다시 이끌어냈다. 존슨의 방문수행자 중에는 전 '테네시계곡 개발청Tennessee Valley Authority' 담당자였던 릴리엔탈David Lilienthal이 포함되어 있었다. 존슨은 "메콩강에서 일종의 테네시밸리사업을 하게 될 것이며, 만약 우리가 이러한 일들을 시작할 수만 있다면, 우리는 정말 어딘가 목적지에 다다르게 될 것이다"라고 주장하였다. 존슨은 이러한 정책을 추진하기 위하여 웨스트모얼랜드 장군 아래 민간인을 부단장으로 하여 유화정책을 추진하도록 하는 계획을 수립하였다. 존슨은 이 야심찬 계획을 이끌 사람으로 평소 신임해온 코머Robert Komer를 임명하고 공식적으로는 민간작전 및 혁명지원Civil Operations and Revolutionary Support이라고 불렀다.

괌에서는 호놀루루와 마닐라에서 가진 회담과 같이 분위기는 한껏 고조되었다. 1년 전 호놀루루에서 약속한 사안들이 더디게 진행됨에 따라 카이Ky 장군과 티우Thieu 장군은 비난을 받게 되었고 이들은 국회에서 새로이 통과된 헌법안을 들고 나타났다. 이들은 선거가 곧 실시될 것이라고 약속하였다. 이에 대한 보답으로 존슨은 일단전쟁이 종결되면 미국은 메콩강을 중심으로 안정되고 번영된 사회건설을 위한 지원을 약속하였다. 웨스트모얼랜드 장군은 지상전투가 중대한 '갈림길'에 서 있고 적군은 손실이 보충을 초과하게 될 것으로 예견하였다.

그러나 존슨은 웨스트모얼랜드 장군의 계획에 곤혹스러워했다. 웨스트모얼랜드 장군은 대통령에게 다음과 같이 보고하였다. "일이 시작된만큼 10년은 걸릴 것입니다. 미군병력의 상당한 증파만이 전쟁을 조기에 종결시킬 수 있을 것입니다" 웨스트모얼랜드는 최저 8만(총 55만 명) 명에서 최대 20만(총 67만 명)명의 병력을 추가적으로 파견해줄 것을 요청하였다.

존슨이 워싱턴에 돌아오자 웨스트모얼랜드의 냉정한 분석은 행정부 내에서 뜨거운 논쟁거리의 배경이 되었다. 외교적 실패가 전쟁확대를 정당화하였다고 확신한 군지도부는 전쟁을 확대하기 위해 압력을 가했다. 추가적인 전투력의 투입 이외에도 합동참모본부는 라오스와 캄보디아의 적 은신처에 대한 공격은 물론 월맹의 비무장지대를 넘어 주요항구를 폭격하기 위하여 본토의 예비병력까지 동원할 것을 주장하였다. 전쟁에 반대하는 사람들과는 달리 미국의 노력은 헛된 것이 아니라고 주장하는 존슨은 그의 의지를 국민들에게 확인시키기 위하여 휠러와 웨스트모얼랜드 장군을 본국으로 불러들여 4월 27일 회의를 하였다. 존슨은 질문 하나하나를 면밀히 검토하였다. "어디서 모든 것이 끝날 것인가? 우리가 사단을 추가적으로 파견하면 적들도 그만큼 증강할 수 없을 것인가? 그렇다면 어디서 모든 것이 끝날 것인가?" 웨스트모얼랜드 장군은 "현재의 47만 명 수준에서 미군은 단지 현 수준을 유지할 수 있을 뿐이며, 더 이상 어떤 다른 일은 하지 못할 것입니다. 아마도 전쟁은 5년 이상 지속될 것입니다. 만약 병력을 8만 명 증파하면 전쟁은 3년 정도는 지속될 것이고 20만 명 수준으로 증파된다면 2년 정도는 될 것입니다"라고 대답하였다. 한편 휠러는 추가적인 병력증파가 없다면 전쟁은 지속될 것이라고 보았다. 즉, 공격기세는 꺾일 것이며 어느 지역에서는 적이 주도권을 다시 잡게 될 것으로 예견하였다. 휠러는 "우리는 전쟁에서 실패하기보다는 차라리 전쟁의 장기화를 택할 것이다"라고 덧붙였다. 전쟁에서 확실히 패배하지 않은 존슨은 1968년 대통령 선거로 다가가고 있었고 그의 정치적 관심은 전쟁이 성공적인 결말을 향해 가고 있다는 것을 보여주는 것이었다.

의회 합동연설이라는 이름으로 발표된 공식문서에서 웨스트모얼랜드 장군은 오로지 국내에서의 지지부족만이 궁극적 승리를 달성하는 데 걸림돌이 되고 있다며 전쟁승리에 관한 낙관론을 펼쳤다. 그는 의원들에게 베트남에서의 '안전을 위한 방패'를 만드는데 엄청난 진척이 있었음을 역설하였다. "적의 전략을 평가함에 우리의 아킬레스건은 다름아닌 우리의 결의이며 국내에서 경의와 신뢰, 인내심을 보여준다면 우리는 공산침략자에 분명하게 능가하게 될 것"이라며 역설하였다.

군지도부의 분석을 바탕으로 국방부와 국무부는 추가적인 병력요청으로 깊은 고민에 빠지게 되었다. 국방부 부장관 밴스Cyrus Vance와 국방부 차관보 맥노튼John McNaughton 그리고 국무부 차관보 카첸바하Nicholas Katzenbach는 병력을 증가시키고 전쟁을 확대하여 승리를 쟁취할 수는 있을 것이나 소련과 중국과의 전쟁위험성이 높아질 수 있다며 우려를 표명하였다.

존슨에게 영향을 미치는 핵심적인 인물로 다시 맥나마라가 그 중심에 자리잡게 되었다. 5월 19일 작성된 장문의 서한에서 그는 존슨에게 합참의 건의는 필연적으로 승리를 가져오지는 않을 것이나 전쟁확대로 인한 '국가적 재난'으로 이끌 수도 있을 것이라고 주장하였다. 따라서 자의적 동력에 의한 상황발전은 다시 되돌려져야만 하며 이는 전쟁터에서의 승리를 쟁취하는 데 실패할 뿐만 아니라 국내에서의 반전사상을 고조시키고 있기 때문이라고 덧붙였다. 맥나마라는 "대부분의 미국인들은 우리가 있는 곳에서 어디로 가고 있는지를 모르고 있으며, 그 이유조차 모르고 있다. 대부분의 사람들은 이같은 상황으로 인하여 미국이 전쟁에 더욱 깊이 빠져들지 않기를 원하고 있다. 모든 사람은 전쟁의 종결은 원하며 대통령이 성공적으로 전쟁을 종결시키거나, 종결을 위한 다른 어떤 방안이라도 추진할 것을 원하고 있다"고 주장하였다. 그는 '성공'의 결론은 배제하였다. 승리하기 위해 받아들일 수 있는 방법은 없었다. 즉, 적은 '교착상태'를 미국에 강요하는 한편, 필요시 병력을 추가 투입하더라도 반드시 이 군사적 교착수준을 유지하려할 것으로 판단되었다. 더구나 베트남정부의 만성적인 부패와 비효율성으로 인하여 유화정책마저 실패하고 있었다. "베트남의 정치적 인프라스트럭처를 활성화시키기 위한 미국의 노력은 베트콩의 저항으로 약화되었다. 민족해방전선은 지속적으로 베트남의 대부분 지역을 통제하고 있으며 유화정책계획이 어떠한 동력이라도 얻고 있다는 아무런 증거도 없다." 맥나마라는 담담하게 말을 이었다.

맥나마라가 주장하듯 결국 '불완전한 대안' 중에서 선택해야만 하는 시간이 되었다. 장기적인 교착상태와 아울러 받아들일 수 없는 위험으로부터 벗어나기 위한 가장 현명한 방법은 상황의 발전을 억제하고 협상을 통해 돌파구를 마련하는 것이었다. 맥나마라는 존슨에게 3만 명만을 추가적으로 파견하고 총병력은 57만 명으로 한정하도록 건의하였다. 월맹으로의 북폭을 확장하기보다는 베트남의 가장 북쪽지방에서 작전을 수행하는 미군들에게 기본적인 지원을 할 수 있도록 비무장지대로부터 북위 20도선 사이의 약 200㎞ 지역에 한정하여 롤링선더작전을 축소해야 한다고 주장하였다. 예비역들을 소집하기보다는 전쟁의 국민반감고조를 피해야만 했다. 존슨은 얻을 수 없는 군사적 승리 대신에 안정된 비공산베트남을 만들기 위한 협상에 의한 문제해결방법을 받아들일 준비를 해야 했다. 특히 맥나마라는 미국이 협상과정에서 남쪽에서 활동 중인 베트콩에게 호소해야 한다는 것을 염두에 둘 필요가 있다고 강조하였다. 맥나마라는 미국의 전략목표와 군사작전을 축소해야 한다는 그의 주장을 정당화하기 위해 인접국가의 상황을 인용하였다. 그는 인도네시아에서의 공산주의 혁명의 실패와 중국의 문화혁명은 미국에게는 유리하게 작용한 반면, 베트남의 전략적 중요성도 떨어뜨리는 결과를 가져왔다고 주장하였다.

맥나마라는 전쟁이 미국의 신뢰성을 훼손시키고 있으며 "많은 미국인들과 국제사회가 미국이 더 이상 전쟁을 확대하지 않도록 어떤 제한이 있을지 모른다"라며 다음과 같이 결론지었다.

세계적으로 초강대국인 미국이 뜨거운 논쟁을 불러일으킬 정도로 매력적이지 못한 나라에 폭격을 가하고 한 달에 비전투원이 천 명 이상 사망하거나 부상당하는 모습은 바람직하지 못하다. 또한 미국이 전쟁의 성과를 거두기 위하여 월맹에 대한 피해를 증대시킨다면 이는 국제적으로 미국적 양심에 중대한 손상을 초래할 것이다.

군사지도자들은 맥나마라의 '불완전한 대안'이 재난에 가까운 것이라고 해석하였다. 합동참모본부는 군사적 압력에 어떠한 제한사항도 월맹의 더 큰 저항을 고무시킬 뿐이며 폭격을 제한하는 것은 '군의 깊은 분노를 일으키고 월맹은 이를 공중에 떠 있는 디엔 비엔 푸Dien Bien Phu'로 여길 것이라고 주장하였다. 예비역 소집의 실패는 전반적인 미국군의 입지를 약화시킬 것이며 이는 북한이 남한을 공격하거나 중국이 태국을 공격하는 결과를 초래할지도 모를 일이라고 주장하였다.

지금까지 전쟁을 수행하는 데 있어 이처럼 첨예한 의견 차이에 직면한 대통령은 없었다. 1967년 봄, 의견의 불일치의 중심은 바로 미국이 전쟁에서 목표를 달성할 수 있을지에 대한 근본적인 의문사항이었다. 존슨의 관심은 잠시나마 5월 말에서 6월 초 사이 중동에서의 긴장상황과 이어 발생한 6일전쟁으로 전환되었다. 6일전쟁은 미국과 소련의 개입을 위협한 전쟁이었다. 중동사태가 진정국면에 접어들자 존슨은 머리속에 자리 잡고 있었던 베트남문제로 다시 눈을 돌렸다. 그러나 그는 전략에 대한 충분한 검토는 피했다. 군사지도자들과 맥나마라가 제시한 제안은 서로 너무 극단적이었으나 존슨은 맥나마라가 제시한 대안으로 마음이 기울었다. 존슨은 군사지도자들이 요구하는 바에 못 미치지도 맥나마라가 요구하는 것에 넘치지도 않았다. 존슨은 궁극적으로 적절한 수준의 병력증강을 승인하고 월맹 항구지역의 북폭은 제한하였다. 그는 미군의 월맹과 라오스 그리고 캄보디아로의 지상작전도 허락하지 않았다.

이러한 조치를 취하는 동안 어느 쪽도 만족함을 주지 못한 채 존슨은 미국정부가 전쟁에서 성과를 내고 있다는 여론 이미지 형성을 위해 일련의 계획을 수립하였다. 그는 먼저 행정부 내에서 심각한 의견 차이를 무마하기 위하여 노력을 기울였다. 1967년 7월 13일 그는 백악관에서 합동기자회견을 위해 맥나마라와 휠러 그리고 웨스트모얼랜드를 불러모았다. 기자회견장에서 존슨은 여기 모인 모든 사람이 마음을 일치시켰다고 발표하였다. 그는 이어 "웨스트모얼랜드 장군이 요청한 병력은 필요하다고 판단되면 제공될 것"이라고 덧붙였다. 그는 소파에 불편한 모습으로 앉아 있던 참석자들에게 동의를 구하는 질문을 던졌다.

> "맞지 않나요, 웨스트모얼랜드 장군?"
> "예, 그렇습니다."
> "휠러 장군의 의견은 어떻습니까?"
> "동의합니다."
> "맥나마라 장관은?"
> "예, 저도 동의합니다."

웨스트모얼랜드 장군은 군이 실질적인 진전을 이루어내고 있으며 교착상태에 있다는 것은 잘못된 것이라고 덧붙였다. 존슨은 전쟁을 비판하는 사람들에게 아이가 성숙한 것을 알아보지 못하는 부모에 비유하였다. 백악관은 웨스트모얼랜드 장군과 민간관료들 사이의 의견일치가 허구로 드러나게 될 일종의 게임을 벌이고 있었다.

존슨은 아시아 태평양 동맹국의 지원을 얻어내기 위한 특수임무단을 파견하였다. 이 특수임무단은 두 사람을 단장으로 했다. 우선 클리포드Clark Clifford는 해외정보자문위원회 의장을 지닌 저명한 워싱턴의 변호사 출신이었으며 테일러Maxwell Taylor 장군은 대통령 특별보좌관으로 합참의장과 베트남대사로 근무한 바 있었다. 보다 많은 병력파견의 약속을 받아내기 위하여 이들은 태국과 호주, 뉴질랜드,

필리핀 그리고 한국을 방문하였다. 이 동맹국 중에서 오직 한국만이 1967년까지 4만 7,000명에 이르는 병력을 파견하였고 다른 국가들은 상징적인 수준에서 병력을 파견하였다.[3] 클리포드-테일러 특수임무단은 태국으로부터 2,000명으로 구성된 보병특수부대의 추가적인 병력파견 약속을 받아냈다.

8월 6일 워싱턴으로 돌아온 클리포드와 테일러는 모든 동맹국의 지도자들이 미국의 노력을 강력하게 지원할 것이라고 발표하였다. 수일 전에 백악관의 기자회견과 마찬가지로 클리포드-테일러 보고서는 불편한 현실을 외면하였다. 동맹국의 지원은 한낱 말잔치에 불과하였고 동맹국의 국민들 사이에서도 전쟁은 관심거리가 되지 못했다. 특히 필리핀이 그러하였다. 이들은 병력투입에 매우 신중을 기했다. 존슨은 미국이 추가적인 병력 증원을 5만 명으로 한정한 것을 정당화하기 위하여 사이공측이 6만 5,000명의 병력을 요청하였다는 사실과 아울러 태국이 지원할 의사를 표명했다고 발표하였다.

존슨은 일련의 조치를 통하여 그의 리더십 신뢰를 회복하고자 했다. 그것은 어려운 싸움이었고 대통령직이 위험에 처한 상황임을 의미하였다. 그의 지지율은 불과 39%를 유지하였다. 존슨의 지지율 하락은 그의 전쟁수행에 관한 능력으로부터 기인하였다. 1967년 여름 미국의 몇몇 도시에서 폭동이 발생하였고 존슨은 질서를 회복하기 위하여 군을 소집해야만 했다. 특히 폭동은 도시지역에서 빈민으로 살아가고 있는 흑인사회에서 더욱 강렬하게 진행되었고 이러한 사회적 분열은 존슨을 더욱 곤혹스럽게 하였다. 위대한 사회가 도시의 부활을 약속하고 가난을 종식시키며 번영을 약속한 시기에

---

3) 1967년까지 동맹국이 파견한 병력현황은 다음과 같다. 호주(6618명), 태국(244명), 뉴질랜드(534명), 필리핀(2,020명) 이중에서 태국만이 추가적으로 1만 천명 수준으로 증파하였다.

발생한 도시의 불안정은 존슨에게 받아들일 수 없는 것이었다. 존슨은 베트남과 국내에서 동시에 전쟁을 수행해야만 했다.

의회에서는 '매파'와 '비둘기파' 모두 존슨의 정책을 맹렬히 공격하였다. 민주당 상원의원 스테니스John Stennis가 이끄는 상원 군사위원회는 전쟁수행과정에서 발생한 군사지도부와 민간관료지도부 간의 공공연한 의견 차이로 청문회를 개최하였다. 위원회의 강경파들은 합참의 건의사항을 따르지 않은 맥나마라 장관에게 맹공을 퍼부었다. 상원 군사위원회는 결정적인 승리를 이끌 전략에 실패한 존슨 행정부를 고발하는 최종 보고서를 발간하였다. 한편 풀브라이트와 그의 상원 외교위원회 온건파 동료들은 존슨이 전쟁을 수행하기 위한 권한을 의회가 부여하도록 요구하기 위해 정당화시킨 통킹만 사건을 중심으로 전쟁의 합법성을 조사하였다.

존슨은 만약 베트남전쟁에서 진척을 보인다면 국가의 내부분열은 줄어들게 될 것이라는 확신을 여전히 가지고 있었다. 그는 베트남의 새로운 헌법에 따라 치르게 될 대통령 선거를 기회로 삼았다. 9월 3일 실시된 선거는 1965년 이래로 권력을 장악하고 있었던 군부 지도자인 구엔 반 티우Nguyen Van Thieu와 구엔 카오 키Nguyen Cao Ky가 각각 대통령과 부통령으로 선출되었다.4) '민주적 진전'에 대한 신뢰감을 배가시키기 위하여 존슨은 22명의 저명한 인사로 구성된 사절단을 파견하였다. 이들은 공정하고 정직한 선거를 환영하였고 그 중 한사람은 이번 선거를 "민족자결Self-Determination을 위한 숭고한 희망의 본보기를 보여주었다"고 언급하였다. 선거는 중대한 상황 속에서 진행

---

4) 이는 티우와 키의 관계가 역전되었음을 보여주었다. 1965년 권력을 장악한 당시, 키는 당시 최고의 자리인 총리에 올랐다. 이 두 사람의 라이벌 관계는 결국 베트남군 지도부에게 키가 새로운 정부에서는 부통령을 해야 한다는 의견이 압도적으로 작용하는 결과를 낳았다. 티우는 키에 비해 화려함보다는 안정적인 인물로 여겨졌다. 티우의 상승은 미국의 관료들에게 환영받았다.

되었다. 공산주의자나 '중립'적 후보는 배제되었고 티우와 키는 정부 요직을 차지 있었던 군부로부터 지지를 받았다. 따라서 결과는 어느 정도 예견되었다. 그러나 미국이 기대했던 것만큼 이들은 강력한 지지를 얻지 못했다. 11개 대통령-부통령 후보군 중에서 이들은 불과 35%의 지지를 얻었다. 선거에서 미국을 당혹스럽게 만든 것은 월맹 및 베트남과의 협상을 주장한 트루옹 딘 주Truong Dinh Dzu후보가 18%의 득표율로 2위를 차지한 사실이었다. 존슨은 여전히 군지도부의 약속이행에 초점을 맞추고 있었고 베트남은 새로운 헌법 아래 새 대통령을 선출하였다.

베트남정부와의 유대강화를 통하여 한층 탄력을 얻게 된 존슨은 다음 수순으로 하노이에 화해 제스처를 보냈다. 9월 29일 산 안토니오San Antonio연설에서 존슨은 다음과 같이 발표하였다. "월맹에 대한 미국의 모든 공중 및 해상폭격의 중지가 생산적인 토의로 발전될 가능성이 있다면 즉각 그렇게 할 용의가 있다. 우리는 물론 토의가 진행되는 동안에 월맹이 우리의 폭격중지나 제한조치를 유리하게 이용하지 않을 것으로 생각한다." 존슨은 그의 비망록에서 이러한 제안을 하게 된 뒤에 숨겨진 이유를 다음과 같이 설명하였다. "지난 2월 호치민에게 우리가 제시한 제안은 다소 관대한 것이었다. 우리는 그에게 폭격을 중지하기 전에 그의 군사적 행동을 제한할 것을 요구하지 않았다. 일단 폭격이 중지되자, 우리는 즉시 군사적 노력을 중단할 것도 주장하지 않았고 다만 증가시키지 않도록 했다." 이러한 존슨의 제안은 후에 '산 안토니오 방식San Antonio Formula'으로 불려졌다. 한편 존슨은 암호명 펜실베이니아Pennsylvania로 명명된 월맹과의 새로운 비밀외교채널 개설을 희망하였다. 이를 위해 미국은 하노이에 있었던 2명의 프랑스 학자와 접촉하였고 프랑스와 미국 간

연락을 수행할 키신저(Henry Kissinger, 후에 닉슨과 포드 대통령 시절 국무장관을 지냄)를 이 계획에 포함하였다. 이 계획은 협상에 관한 조건에 집중되었다. 존슨은 산 안토니오 방식을 확대하면서 협상의 성사를 위해 휠러 장군의 격렬한 반대에도 불구하고 하노이지역의 폭격을 제한하였다.

그러나 월맹이 이러한 존슨의 제안에 반대를 제기하자 존슨은 또다시 국내외적으로 해결하기 어려운 문제에 직면하게 되었다. 10월 초 화요일 오찬에서 존슨은 전쟁을 조기에 종결시킬 필요가 있다고 언급하면서 그가 1968년 재선거에 출마하지 않는다면 어떠한 영향을 줄 것인지 질문하였다. 평상시에 과묵한 러스크 장관은 존슨의 제안을 만류하면서 대답하였다. "대통령께서는 군통수권자이며 우리는 전쟁 중에 있습니다. 이는 우리나라에 중대한 영향을 미치게 될 것입니다. 하노이는 마치 자기들이 의도한 대로 되었다고 생각할 것입니다." 러스크의 말에 동의하듯 존슨은 계속해서 그가 직면한 딜레마에 유감을 표시하였다. 10월 23일 회의에서 실망한 대통령은 대안을 찾고 있었다. 지상전은 결론에 이르지 못하고 있었고 군사지도자들은 창의적인 해결책을 만들어 내지 못하고 있었다. 존슨은 이에 "우리는 군사적으로 승리할 수 없을 것 같다. 나는 합참의장에게 제안을 요구하였으나, 그들의 모든 제안들은 전쟁을 베트남 밖으로 가져가는 것이었다"라고 언급하였다. 존슨행정부는 외교적으로도 승리를 거두지 못하고 있었다. 존슨은 혼자 말처럼 중얼거렸다. "만약 우리가 협상할 수 없다면 러시아와 중국에 근접한 목표물을 제외하고 모든 군사표적을 공격해보는 것은 어떤가?" 존슨이 하노이지역의 폭격재개를 명령할 즈음, 맥나마라는 폭격의 무조건적 중지조건과 함께 협상을 위한 하노이의 의지를 시험할 다른 대안을 제기하였다. 존슨은 베트남에 대한 맥나마라의 마지막 건의에 응답하지 않았다.

폭격을 재개할 것을 결심한 존슨은 다시 석학들을 백악관으로 초대했다. 이전의 회의에서와 마찬가지로 실질적으로는 동일한 그룹이 소집된 가운데(이전에 존슨의 전쟁수행에 비판을 가했던 사람들은 제외되었고 라지, 볼, 번디 등 그의 행정부에 남아 있었던 사람들은 포함되었다) 존슨은 상황과 대안평가는 미리 배제시키는 방법으로 의제를 통제하였다. 트루먼 행정부의 국무장관을 지냈으며 한국과 베트남의 문제를 동일선상에서 바라보는 애치슨이 주도한 이 그룹은 미국이 베트남을 유지하여야 한다는 결론을 지었다.

그들의 조언은 국민의 지지를 공고히 하기 위한 존슨의 노력에 동력을 부여하였다. 그는 기자회견에서 "만약 내가 대통령으로서 아무런 조치를 취하지 않았더라도 많은 반대론자들이 등장했을 것이다"라며 전쟁에 점증하는 비판을 인정하였다. 그러나 새로운 성격의 전쟁은 우리의 인내심을 요구한다며 다음과 같이 언급하였다.

우리 미국인은 전쟁이든, 선거든, 아니면 축구게임이든 시험에 들게 되면 시작과 종료를 신속하게 결심을 하기를 희망합니다. 베트남에서의 전쟁은 이러한 전쟁과는 사뭇 다른 성격의 전쟁입니다. 우리는 밖으로 장거리 행군을 나가는 것도 아니며 게릴라 전쟁에서 매일 대규모 전투를 치르는 것도 아닙니다. 우리는 현재 우리가 얻은 결과에 만족하고 있습니다. 우리는 우리가 입는 피해보다도 더 큰 피해를 적에게 입히게 될 것입니다.

전쟁수행에 대한 그 자신의 정치적 확신을 더욱 강고히 하기 위해 존슨은 웨스트모얼랜드 장군과 라지Lodge 전 주베트남대사 후임인

벙커Ellsworth Bunker를 백악관으로 불러들였다. 벙커 대사는 "군사작전 뿐만 아니라 다른 여러 분야에서도 우리는 착실한 진척을 이루어가고 있으며 유화계획도 마찬가지입니다. 모든 면에서 우리는 확실한 진척을 이루어내고 있습니다"라고 언급하였다. 언론에서 가장 무게를 두고 보도된 것은 웨스트모얼랜드 장군이 전쟁은 끝을 향해 가고 있다는 기자클럽에서의 다음과 같은 발언이었다. "1965년 적들이 승리하고 있었던 반면, 오늘은 그들이 잃어가고 있습니다. 베트콩과 심지어 하노이까지도 이를 알고 있다는 징후가 있습니다. 1년 이상 적들이 주요전투에서 승리하지 못하고 있다는 사실은 매우 중요합니다. 전쟁은 새로운 국면으로 진입했습니다. 전쟁의 끝이 보이기 시작했습니다."

웨스트모얼랜드와 벙커의 방문이 끝나갈 무렵, 존슨의 뜻에 따라 맥나마라는 장관직을 물러날 준비를 하고 있었다. 11월 29일 그는 장관직 사임을 발표하였으나 후일 "나는 오늘 사임한 것인지 면직된 것인지를 모르겠다. 아마도 둘 다인 것 같다"라고 회고하였다. 그러한 분위기와는 상관없이 맥나마라는 사임 후 평소 그가 흥미를 느끼고 있었으며 존슨이 추천한 세계은행World Bank 총재직으로 떠나갔다. 잘 알려진 바와 같이 그동안 합참과의 불협화음은 그에게 정치적 책임을 안겨주었다. 후에 존슨은 "전쟁의 긴장감을 두려워했던 그는 결국 한계점에 다다르게 되었다"며 그의 사임에 관해 짧막하게 언급하였다. 맥나마라는 회고록에서 그의 사임결정을 존슨과의 의견차이로 돌렸다. 맥나마라는 전쟁에서 승리할 수 없다는 결론에 도달했으나 존슨은 그렇지 않았다. 이유야 어찌되었든 맥나마라의 사임과 그의 후임으로 임명된 강경파 클리포드Clark Clifford의 임명은 국방부의 환영을 받았고 전쟁에 관한 존슨의 완강함과 결의를 보여주는 계기가 되었다.

성탄절 직전 존슨은 3만km나 떨어진 호주로 날아가 티우 대통령과 회담을 가졌고 이어 바티칸에서는 교황 바오로 4세를 만났다. 존슨은 교황을 통해 협상을 추진하고자 했다. 이 기간에 존슨은 베트남의 캄란만Camranh에 주둔하고 있던 미군부대를 두 번째로 방문하였다. 여기서 호전적인 존슨은 적이 '전장에서 제대로 주인을 만났고 적들은 항복하고 말 것이며, 우리는 흔들리지 않을 것'이라고 역설하였다. 웨스트모얼랜드 장군에게 훈장을 수여하면서 존슨은 그가 "죽음과 절망의 계곡으로부터 적이 결코 승리할 수 없는 고원으로 전쟁을 이끌어나가고 있다"고 치켜세웠다.

1967년 5월부터 반 년 동안이나 맥나마라와 군사지도자들은 대통령에게 서로 상충되는 건의를 하였고, 이로 인하여 존슨은 지도력의 불일치를 보여주었다. 그의 조치는 맥나마라의 주의깊은 조언에 더욱 가까웠다. 존슨은 개인적으로 "어떠한 미국의 군사력 사용으로도 전쟁은 승리할 수 없다"는 맥나마라의 맹렬한 논쟁을 받아들인 것처럼 보였다. 합참이 건의한대로 전쟁이 확장됨에 따라 실질적으로 소련이나 중국이 개입할 여지는 증대되었다. 그러나 맥나마라가 건의한 대로 하노이의 조건에 따라 회의로 끌려 나아간다면, 존슨은 합참은 물론 강경파의 비난을 받게 될 것이며, 베트남의 통합이라는 근본적인 목표를 상실하는 위험을 감수해야만 할지도 모를 일이었다. 베트남의 상실 또는 보다 대규모의 전쟁을 감수할 어떠한 준비도 되어 있지 않은 채 존슨은 불완전한 대안을 채택해야만 했다.

1967년 마지막 6개월 동안 그가 했던 일보다 더 중요한 것은 그가 하지 않은 일들이었다. 그는 합참의 추가파병요구에 대하여 예비군 동원건의를 묵살한 채 1/4정도의 규모로 증파하였을 뿐이었다.

지상군의 작전을 베트남 밖으로 확대시키는 것 또한 허락하지 않았다. 맥나마라가 반대했던 월맹폭격에 대한 확대는 실시되지 않았다. 합참의 반대에 대하여 존슨은 잠정적으로 산 안토니오방식을 시험하기 위한 폭격으로 제한하여 실시하도록 하였다. 그러나 결국 존슨이 웨스트모얼랜드 장군을 칭송하고 있었을 때, 사기가 저하되어 흔들린 채 사무실을 박차고 나온 사람은 바로 맥나마라였다. 그러나 존슨은 강경책보다는 온건한 대안을 선택하였다. 1970년까지 존슨은 전쟁에서의 승리가 최소한 사치스러운 일이거나 일구이언에 불과하다는 것이었음을 깨달아야만 했다. 더욱이 그는 자신의 전쟁에 대한 확신으로 인해 발목이 잡혀가고 있는 위험을 감수해야 했다. 연말에 이르러 적의 '수세'적인 태도와 함께 전쟁을 종결시킨다는 약속은 국민의 기대를 부풀게 했고 전쟁은 곧 끝날 것 같았다.

그런데 예기치 않은 상황이 찾아왔다. 1950년대 한국전쟁에서 중공군의 개입 전까지 신속한 승리를 장담했던 것과 마찬가지로 '베트남의 터널 끝에서 보이는 불빛'은 1968년 1월에 시작된 월맹의 구정공세로 물거품이 되어버렸다. 1950~1951년 한국전쟁에서 트루먼과 마찬가지로 존슨은 1968년 초 예기치 않은 적의 공세로 인하여 군사적·정치적 상황의 해석에 붙잡혀 있었다. 그러나 고통스러운 후퇴를 초래한 한국에서의 중국개입과는 달리 1968년 1월 30일 시작된 공산주의자들의 공격은 전술적 의미에서는 미국과 베트남이 서로 '승리'하였다고 주장하는 모호한 결말을 맺었다. 그러나 구정공세의 전략적 암시는 한국에서의 중국의 개입 이후 트루먼이 처했던 상황과 같이 존슨에게 미국의 능력에 대한 근본적인 재평가를 강요받았다.

1968년 1월의 첫 주에 월맹군의 상당한 증가움직임과 호치민통로를 이용하여 보급품이 이동하고 있다는 중대한 정보가 탐지되었다. 따라서 미국의 관료들은 대규모의 월맹군 공세를 예견하였고, 이는 베트남의 북부지역을 직접적으로 지향할 것으로 판단하였다. 그러한 계획은 1월 21일 월맹군이 베트남의 북서쪽에 위치한 케산Khe Sanh의 미군기지를 공격하게 되자 거의 확실한 판단처럼 보였다. 존슨과 웨스트모얼랜드는 즉각 케산을 1954년 프랑스의 결정적 전투가 되었던 디엔비엔푸 포위전과 같은 선상에서 바라보았다. 존슨은 케산전투에 대한 강박관념을 가지게 되었고 "나는 어떠한 경우에도 디엔비엔푸가 되지 않기를 바란다"며 수차례 언급하였다. 그는 합참이 현재 장악하고 있는 지역을 확보하도록 압력을 가하였다. 그는 또한 전투현장과 언제나 통화가 가능하고 야간에도 상황을 최신화할 수 있도록 백악관 내 상황실을 만들도록 지시하였다.

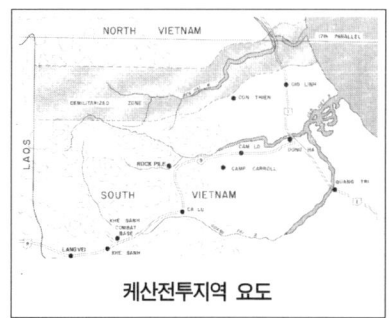

케산전투지역 요도

적진으로 공격 중인 미군

한편 월맹군은 케산을 장악하기 위하여 그들의 자원을 집중하고 있는 것처럼 보이게 되자, 베트콩과 함께 사이공과 35개의 지방수도를 포함하여 100여 개에 이르는 중소도시를 동시에 공격하였다. 공산주의자들은 8만 명에 이르는 민간인 복장을 한 군인들과 장비를 목표지역으로 침투시켰다. 전쟁의 포화로부터 그동안 멀리 위치하였던 도시지역으로 전쟁을 실시함으로써 월맹군과 베트콩은 베트남의 취약점을 집중 공격하였다. 그들의 궁극적인 목표는 사이공정부에 대한 폭동을 자극하는 것이었다.

구정공세의 원래목적은 미국을 놀라게 하는 것이었다. 적이 힘을 잃어가고 있음을 확신하고 있었던 미국인들은 이제 도시에서의 치열한 전투와 파괴의 현장, 심지어 사이공에 위치한 미국대사관의 일부가 장악되는 장면들을 텔레비전을 통해 보게 되었다. 미군과 베트남군이 수일 내로 상황을 반전시킬 수 있을 것이라는 데 이견이 없었으나 문제는 심리적 효과였다. 적은 강력한 군사적 능력을 보여주었고 이는 승리가 임박했다는 존슨의 계획이 거짓임을 보여주는 것이었다.

구정공세 초기 존슨과 그의 보좌관들은 혼란스러운 상황을 정리해보고자 하였다. 케산이 그들의 주목표인지 아니면 국면전환용인지는 분명하지 않았다. 1월 30~31일 구정공세에 이어 도시에 대한 2차 공격이 실시될 것이라는 우려가 있었다. 군사지도자들은 전쟁을 확대해야 한다는 논쟁에 어느 때보다 열을 올렸다. 공개적으로는 미국과 베트남이 점차 통제권을 장악해 가고 있으며 반면 적은 패배로 인한 엄청난 고통을 당하고 있다고 주장했으나 실제로 웨스트모얼랜드가 보낸 전문은 이와 달랐다.

실제적으로 우리는 적이 막대한 타격을 가해왔음을 받아들여야만 한다. 그들은 도시지역으로 전쟁을 전환시키고 막대한 인명피해를 입히고 있다. 가옥은 파괴되고 생활필수품의 분배는 방해받고 있다. 병참선에도 피해가 가해지고 있으며 경제는 피폐해지고 있다. 계엄령을 통해 도시지역은 엄중한 통행금지를 실시하고 있다. 사람들은 전쟁의 충격을 그대로 느끼고 있다.

존슨은 대책회의를 다시 시작했으며 특별사절단을 베트남에 파견하였다. 조찬기도회에서 그는 그의 고뇌를 털어놓았다. "밤은 매우 길고 바람은 찹니다. 우리의 정신은 지쳐가고 있으며 봄은 아주 멀리만 있는 것 같습니다." 그를 지지하는 일련의 민주당 지도자들과의 모임에서 그가 직면한 어려운 상황을 토로하였다. "휴일조차 정전협정을 위반하는 것보다 더러운 행위는 없습니다. 그러나 아무도 호치민을 나쁘게 말하지 않습니다. 그들은 나를 살인자라 부릅니다. 그러나 호치민은 아주 좋은 이미지를 가지고 있습니다. 우리는 우리가 가질 수 있는 모든 것을 가지고 있습니다. 그런데 우리에게 무엇이 문제입니까?" 존슨은 그의 보좌관들을 호되게 몰아세웠다. "그동안 당신들은 열띤 토의를 하고 나에게 조언해온 것처럼 보이지만 결국 당신들은 다시 원숭이를 내 등 위에 올려놓았습니다."

2월 9일 관료들과 회의에서 존슨은 거의 절망적으로 방안을 찾고 있었다. 휠러가 미군을 보다 보강할 것을 주장하자 존슨은 그의 격분을 이기지 못했다. "지난 주 내내 나는 두 가지의 질문을 던졌습니다. 첫째는 웨스트모얼랜드가 필요로 하는 것들을 가지게 되었는가라고 묻자 당신은 그렇다고 대답했습니다. 두 번째 질문은 웨스트모얼랜드가 그 곳에서 상황을 잘 다루고 있는지 물었습니다. 대답은 그렇다는 것이었습니다. 그렇다면 그 때와 지금 상황이 달라진 것이 무엇인지 나에게 말해보십시오" 웨스트모얼랜드에게 추가적인 병력을 파견할 것을 주장한 휠러는 케산 지역과 그 밖의 지역에서 월맹군의 숫자는 지속적으로 증가하고 있다는 정보가 입수되었으며 이에 대응하기 위해서는 추가적인 병력파견이 필요하다고 대답하였다. 휠러는 구정공세 기간 중의 베트남군의 막대한 피해상황을 제시하였다.

존슨은 상황에 대한 엄청난 고뇌 속에서 그가 함정에 빠졌다고 느꼈다. 만약 그가 군의 요구사항을 충족시켜주지 못한다면 전장에서의 어떠한 반전에도 비난을 받게 될 것이었다. 그는 국내에서 그가 지지를 받고 있는지 곰곰이 생각하였다. 그는 러스크에게 행정부가 통킹만 결의안보다 더 강력한 결의안을 요구해야 하는지, 선전포고가 필요한 것인지, 선전포고를 할 경우 국제적으로 어떤 영향을 미치게 될 것인지 물었다. 러스크는 의회가 우선 승인을 할 것인지에 의구심을 가지고 있으며 설령 승인한다 하더라도 그러한 절차는 모스크바와 베이징을 자극할 것이라고 생각하였다. 이제 구정공세에 대한 행정부의 반응을 정리할 몫은 새로 들어서는 국방장관 클리포드에게 주어지게 되었다.

우리가 말하고 행동하는데 엄청난 모순이 있었다. 우리는 공개적으로 국민들에게 공산주의자들의 공세는 ① 승리가 아니었다. ② 베트남 사람 가운데 적군을 지원하는 움직임이 없었다. ③ 적의 희생은 2만~2만 5000명 정도였다고 말했다. 이제 우리의 반응은 이전의 상황보다 지금의 상황이 훨씬 더 위험한 상황이라고 말해야 한다. 우리는 더 많은 병력과 장비, 탄약이 필요하다고 말하고 있다. 나는 한편으로는 적들이 승리하지 못하였다고 말하면서 다른 한편으로는 더 많은 병력을 필요로 한다는 사실을 매우 심각하게 생각해보아야 한다.

3일 후 존슨은 현장에 대한 상황보고와 웨스트모얼랜드가 요청한 병력을 1만 500명 선에서 보내줄 것임을 전달하기 위해 휠러를 베트남에 파견하였다. 존슨은 그의 심경을 다음과 같이 털어 놓았다. "솔직히 케산에서의 사망자들에 대해 두렵기까지 합니다. 나는 여기가 중대한 전환점이 될 것이라고 생각합니다. 매일매일 불안하기만

합니다."

2월 말 휠러의 잇단 건의사항은 1965년 7월 이후 행정부의 전쟁에 관한 가장 격렬한 논쟁을 촉발시켰다. 미국의 국제적 군사태세의 약화에 대한 우려와 베트남에서의 보다 공격적인 전략의 승인을 희망하면서 휠러는 20만 6,000명의 추가적인 병력요청을 위해 구정공세와 계속되는 케산전투상황을 제시하였다. "구정공세는 '아주 위험한 사건'이었고 적은 엄청난 손실을 입었으나 그들의 놀라운 탄력성으로 새로운 공격에 취약한 베트남의 남부 도시와 촌락을 지향하였다. 만약 추가적인 병력이 파견되지 않으면 '중대한 고비가 될 이번 해'에 미국은 몰락할지도 모른다."

존슨과 그의 보좌관들은 휠러의 건의를 좀처럼 믿지 않았다. 기대하는 것보다도 많은 수의 병력을 요청할 수 있도록 군지도부에 허락했음에도 불구하고 이 요청에 대하여 주저하였다. 존슨은 클리포드에게 다양한 인적 요소로 구성된 소위원회를 만들어 상황을 체계적이고 신중하게 검토하고 그 결과를 건의하도록 지시하였다. 이 특별위원회는 서둘러 포괄적인 검토를 실시하였다. 새로운 국방장관에게 가장 놀라운 사실은 합참이 추가적인 전투력이 투입되더라도 전쟁에서 승리를 달성하기 위한 계획을 가지고 있지 않다는 것이었다. 클리포드는 그의 표현대로 '약화된 군상황'에 '소름'이 끼칠 정도였다. 3월 4일 특별위원회는 존슨에게 검토내용을 보고하였다. 보고의 핵심내용은 추가적인 병력을 2만 2,000명으로 하고 예비군은 전략적 필요에 따라 소집되어야 한다는 현재의 전략을 재평가한 것이었다. 클리포드는 존슨에게 베트남은 말 그대로 '하수통'Sink-hole이라고 보고하였다. 그는 월맹이 필요한 만큼의 전투력을 증강시킬 것이며 이로 인해 미국은 점점 더 많은 전투에서 점점 더 많은 사상자를 내며 '끝도 보이지 않는 전쟁'을 치르게 될 것이라고 경고하였다.

클리포드의 이러한 언급은 놀랍게도 전임자인 맥나마라와 러스크가 언급한 내용과 유사한 것이었으나 협상을 위해 월맹에 대한 북폭을 중지할 것을 권유한 것은 예기치 않은 것이었다. 그는 이전에 그러한 움직임에 반대의견을 제시한 바 있으나 구정공세로 인하여 미국인들이 전쟁에 대한 불안감을 보이자 이에 영향을 받은 듯했다. 그는 또한 당시 유엔사무총장 우탄트U Thant가 미국이 폭격을 중지한다면 월맹을 협상테이블에 신속하게 데려오겠다는 호소에도 영향을 받은 듯했다. 존슨과 대책을 교환했던 골드버그와 해리만 그리고 전 안보보좌관 번디, 연설비서관 맥퍼슨 등 고위관료들은 폭격을 멈추는 것이야말로 전쟁으로부터 빠져나올 수 있는 기본적인 전제조건이라는 것을 확신하였다. 이와 반대로 국가안보보좌관 로스토우, 벙커대사 그리고 존슨의 오랜 친구인 대법원장 포타스Abe Fortas는 합참과 함께 폭격을 북으로 확대하고 병력의 추가적인 파견을 하도록 조언하였다.

이러한 군사전략적 고려사항 이외에도 존슨은 처음으로 전쟁이 미국경제에 미치는 문제에 직면하게 되었다. 막대한 전쟁비용으로 인하여 미국은 한국전쟁 이후 가장 높이 치솟은 인플레이션과 이자율, 경기침체에 직면하게 되었고 이는 세계경제에서 미국의 지도력을 점차 약화시키기 시작하였다. 클리포드는 병력의 증파가 '경제안정성'에 미치는 영향을 고려해야 한다며 러스크가 지적한 문제를 들었다. "우리는 이러한 병력의 증파가 세금의 증액, 수입과 지출의 균형, 인플레이션, 금 그리고 제반경제에 어떠한 영향을 미치게 되는가 하는 관점에서 접근해야 한다." 존슨에게 더 이상의 상황발전은 그가 지금까지 거절해왔던 예비군동원, 세금증액, 국내문제의 보류

등에 관한 희생을 받아들이는 것을 의미하였다.

사면초가의 존슨은 전쟁과 경제에서뿐만 아니라 그의 행정부와 당으로부터 통제력을 잃어가고 있었다. 3월 10일 뉴욕 타임즈의 주요기사는 웨스트모얼랜드가 20만 6,000명의 추가적인 병력을 요청하였고 이로 인해 여론에 새로운 파장을 일으키면서 행정부의 전쟁 수행에 대한 불신이 가중되고 있다고 보도하였다. 대다수의 미국인들은 만약 미국이 전쟁에서 승리하고 있고 구정공세에서 승리했더라면 웨스트모얼랜드가 무엇 때문에 추가적인 병력을 요청했는지 의구심을 가질 수밖에 없었다. 갤럽조사는 미국국민의 절반이 베트남전에 개입한 것이 잘못되었다고 응답하였고 1/3의 국민들만이 정부의 전쟁진행상황에 대해 신뢰한다고 답변하였다. 그가 속한 민주당 내에서도 더 이상 전쟁이 확대되지 않도록 압력이 가중되었다. 3월 12일, 뉴 햄프셔New Hampshire의 유권자들은 그 해 처음 대통령 예비후보에 대한 투표를 실시하였다. 민주당측에서는 비록 존슨이 선거운동도 하지 않았지만 당시 잘 알려져 있지 않았던 미네소타 Minnesota 출신의 매카시Eugene McCarthy 상원의원을 충분히 이길 것으로 보았다. 매카시는 전쟁에 반대하면서 협상에 의한 해결을 주장하고 있었다. 존슨은 가까스로 승리를 거두었으나 실제로 매카시 의원에 대한 강력한 지지는 존슨의 전쟁수행에 대한 불만을 반증하는 것이었다. 4일 후인 3월 16일 존슨이 매우 싫어했던 케네디Robert Kennedy 상원의원이 존슨의 전쟁에 관한 정책을 강력히 비난하면서 민주당 대통령 예비후보에 나설 것을 발표하였다.

당으로부터 지지기반에 대한 약화와 케네디가 대통령 후보경쟁에 뛰어든 씁쓸함으로 인해 존슨은 본능적으로 적대적인 수사로부터 한 발짝 물러섰다. 3월 16일과 17일 연설에서 존슨은 강한 어조로 다음과 같이 말했다. "우리는 승리하고 있습니다." "침략행위가 멈출 때까지 우리의 지도자들과 정부, 우리의 동맹국들을 지원해 주십시오." 한편 존슨은 군사적인 모든 노력을 다할 것임을 주장하면서 다음과 같이 말했다. "전쟁을 치릅시다. 후에 우리는 우리의 평화계획을 다시 살릴 수 있을 것입니다"

존슨은 비록 허세를 부렸지만 만약 전쟁이 더욱 확대된다면 그로 인해 야기될 정치적·경제적 결과를 알고 있었다. 그는 3월 20일 클리포드에게 '평화제안을 해야 할 것'같다고 말했다. 베트남정책에 관한 방향조정에 대한 첫 번째 증거는 3일 후에 나왔다. 존슨은 우선 웨스트모얼랜드 장군을 '진급'시켜 육군참모총장에 임명하였다. 이는 합참의 전략부재와 웨스트모얼랜드의 소모전을 분석한 클리포드의 의견을 반영한 것이었다.

전 국무장관 애치슨은 3월에 이미 대통령이 군사지도자들로부터 적절한 조언을 받지 못하고 있음을 언급하였다. 비록 애치슨의 회의론으로부터 벗어났지만 존슨은 강경한 입장을 수용할 준비가 되어 있지 않았다. 군과 정보부서 그리고 외교관리로부터 브리핑을 청취한 후 대통령자문단은 3월 26일 존슨을 만났고 애치슨이 대표로 나섰다. 애치슨은 "전쟁에서 승리할 수 없다"며 그의 마음이 바뀌었다고 존슨에게 말했다. 대부분의 사람들도 이제 전쟁에서 손을 뗄 시기가 되었다고 말했다. 존슨이 폭격을 중지하고 협상에 임해야 한다는 것이 중론이었다. 존슨은 매우 놀랐다. 그러나 존슨은 이러한 불만을 무시할 수 없었다. 존슨은 그의 비망록에서는 다음과 같이 기록하였다. "그들은 매우 현명하고 경험이 풍부한 사람들이었다. 만약 그들이 구정공세에 관한 보고서에 깊은 영향을 받았다면 이 나라의 보통 사람들은 무엇을 생각하고 있었을까?"

존슨은 월맹에 대한 협상을 위한 조건에 부합하는 양보의 불가피성을 받아들였다. 전 국가안보보좌관 번디는 존슨에게 외교적·정치적 필수사항을 상기시켰다. "만약 우리가 생각없는 강경론자들과 손잡게 된다면 우리는 선거와 전쟁 모두를 잃게 될 것입니다. 케네디와 매카시뿐만 아니라 모든 사람들이 심각하게 요구하고 있는 유일한 행동은 폭격을 중지하는 것입니다. 나는 그들과 늘 반대입장에 서왔지만 이제 더 이상은 아닙니다. 전체적인 폭격중지만이 1968년 우리의 제안 중에서 빠진 불가결한 요소인 것으로 보입니다" 존슨은 클리포드와 맥퍼슨의 제안을 받아들여 3월 31일 저녁 텔레비전을 통해 미국의 베트남정책에 관한 변화를 연설을 통해 발표하기로 결심하였다. 그의 보좌관들이 연설문작업을 하고 있을 때, 서두에 사용할 문구가 완전히 바뀌게 되었다. "오늘 밤, 저는 베트남에서의 전쟁에 대해 말씀드리고자 합니다"라는 문구는 "오늘 밤, 저는 베트남에서의 평화에 대해 말씀드리고자 합니다"로 대치되었다.

텔레비전을 통해 수천만 명의 시민들이 시청한 존슨의 백악관연설은 전쟁과 미국정치의 변화를 예고하였다. 평화를 위한 신속하고 신중한 조치에 관한 관심 속에서 존슨 다음과 같이 언급하였다. "나는 분쟁을 완화시키기 위한 첫 번째 조치를 취하고 있으며 실제적으로 현재의 적대수준은 급격하게 감소되어가고 있습니다. 그리고 우리는 일방적으로 이러한 조치를 실천하고 있습니다." 존슨은 북쪽의 비무장지대를 제외하고 즉각적인 북폭을 중지시켰다. 그는 다음과 같이 덧붙였다. "만약 우리측의 자제에 따라 하노이측의 자제가 따라 준다면 이러한 제한적인 북폭 또한 조기에 종결될 것입니다. 미국은 시간과 장소에 상관없이 월맹과 대화할 준비가 되어 있습니다." 연설을 마무리하면서 존슨은 대통령선거에 나서지 않을 것임을 발표하였다. "나는 대통령직이 현재와 같은 정치적 소용돌이에 말려 들어가 분열되는 것을 막아야 한다고 결론지었습니다. 나는 신성한 의무를 지닌 대통령직이 개인적 명분에 의해서 한순간이라도 이용 되어서는 안 된다고 생각합니다. 따라서 나는 대통령으로서 다음 선 거에 지명되는 것을 원하지 않을 것이며 지명을 받아들이지도 않을 것입니다."

미국국민은 전쟁을 종식시킨다는 존슨의 발표를 환영했으나 그가 대통령 경선에 나서지 않을 것이라는 데 놀랐다. 그의 정치활동의 중단은 1964년 위대한 사회건설을 기치로 압도적인 승리를 거두었 던 광범위한 지지여론이 전쟁에 의해서 얼마나 파괴되었는지를 보 여주는 것이었다. 한 달 사이에 전쟁을 수행해왔던 3개의 축이 무너 져 내렸다. 맥나마라는 2월 28일 장관직을 사퇴하였고 웨스트모얼 랜드는 3월 23일 '실권 없는 위치'에 놓이게 되었으며 존슨 자신은 '레임덕' 대통령이 되었다.

웨스트모얼랜드와 그의 참모

전장을 시찰중인 마셜

아직 10개월여 대통령 임기를 남겨 놓은 존슨은 평화를 위해 일 할 것임을 약속하였지만 그것은 달성하기 어려운 목표였다. 협상을 위한 무조건적인 폭격중지에 대해 월맹은 기꺼이 대화에 임하겠다는 전갈을 보냈고 5월에 파리에서 회담이 시작되었다. 전쟁을 종식시키기 위한 방법에 대해 전쟁수행과 마찬가지로 존슨의 보좌관들 사이에서 양분되었다. 클리포드와 해리만을 중심으로 한 온건파들은 베트남정부가 스스로 생존할 수 있는 능력이 있는가에 대한 의구심을 가졌으며 미국이 보다 중요한 국제적 문제에 집중해야만 한다고 주장하였다. 이들은 빠른 시일 내에 협상을 위한 화해적 접근을 실시해야 하며 이것이 희망없는 명분으로부터 체면을 구기지 않고 전쟁에서 빠져나오는 방법이라고 주장하였다. 한편 러스크와 로스토우 그리고 휠러가 중심이 된 강경파들은 전쟁이 여전히 미국의 신뢰를 시험하는 장으로 남아 있으며 적에게 지속적인 압박과 베트남에 대한 지원 그리고 베트남의 생존을 보장하기 위해 군사적 압력을 지속해야 한다고 주장하였다.

존슨은 융통성 없는 대안에 절망하였다. 그는 '강력한 베트남'이라는 목표를 포기하지 않았고 다시 사이공에 대한 군사적 지원을 더욱 강화하였다. 하노이에 대한 불신감으로 인하여 존슨은 개인적으로 월맹에 대하여 미국의 힘을 보여줄 것을 희망하였다. 그러나 그는 미국사회에 지속적으로 영향을 미치는 전쟁을 인정하지 않을 수 없었다. 1968년의 봄과 여름은 각각 찾아오는 듯했다.

반전운동가들은 베트남에 대한 조기해결을 밀어붙였다. 민주당 내에서 반전론자인 매카시와 케네디는 대통령후보 지명경쟁에서 강력한 지지를 얻었다. 한편 무소속으로 출마한 알라바마Alabama의 주지사인 웰레스George Wallace는 존슨의 '위대한 사회'개혁에 대한 공격과 함께 군사적 승리를 주장하였다. 4월 4일 킹Martin Luther King목사의 암살로 인하여 곳곳에서 사회적혼란은 물론 일부도시에서는 폭동이 일어났다. 이로부터 2개월 후, 로버트 케네디는 미국이 왜 그러한 폭력사회로 가야만 하는지를 물으며 미국인의 마음을 흔들어 놓았다. 8월 민주당 전당대회가 시카고에서 열리는 동안 거리에서는 반전운동과 경찰의 폭력이 난무했고 이는 전쟁으로 인한 심각한 분열을 보여주는 것이었다. 전당대회에서 선거인단은 부통령 험프리 Hubert Humphrey를 민주당 대통령후보로 선출하였다. 한 신문기자는 이를 두고 '폭력의 와중에서 평화의 남자'로 지명되었다고 묘사하였다. 한편 공화당은 전 부통령 닉슨Richard Nixon을 선출하였다. 닉슨은 새로운 법과 질서를 확립하고 베트남전쟁을 종식시키겠다고 약속하였다. 한편 베트남에서는 전쟁이 계속되었고 협상을 위해 유리한 고지를 점령하려는 양국의 군사작전으로 인하여 1968년은 가장 피로 얼룩진 한 해로 기록되었다.

파리에서 회담은 실질적인 진전을 보지 못한 채 계속되었다. 월맹은 북쪽의 전영토에 대하여 즉각적이고 무조건적인 폭격의 중지를 요구했고 미국은 이러한 조치를 취하기 전에 월맹의 침략행위 '자제'를 요청했다. 회담은 베트남의 정치적 위상을 놓고 설전을 벌였다. 우선 월맹 측은 반쪽의 베트남이 어떻게 대표되어야 하는가에 대한 질문으로 협상을 지연시켰다. 월맹은 민족해방전선이 베트남의 합법적인 대표가 되어야 한다고 주장하면서 사이공정부와의 직접적인 대화를 거부하였다.

수주일 간의 절차적 논쟁 끝에 마지막으로 10월 해리만은 다음과 같은 협상구도를 완성하였다. 미국은 월맹이 군사활동을 자제한다는 전제조건하에 폭격을 완전히 중지한다. 월맹과 민족해방전선이 한편에서, 미국과 베트남이 다른 한편에서 각각 협상에 임하게 될 것이며 이에 따라 베트남의 대표자 문제를 명확하게 만들 것이다.

이러한 해리만의 협상구도에 대해 티우 장군은 그의 정부가 미국에 의해 이용당할 것으로 두려워하였다. 그는 현정부보다는 공화당정부가 그에게 보다 많은 지원을 할 것으로 믿었다(공화당의 중재자가 중간에서 이를 자극했다). 티우는 이번 협상에 임하지 않을 것이라고 존슨행정부를 협박하였다. 협상과정에 절망한 존슨은 10월 31일 일단 월맹에 대한 전면적인 폭격의 중지를 선언하였다.

협상의 진행은 대통령직을 얼마 남겨놓지 않은 존슨을 여전히 괴롭혔다. 1965년 미국의 자원을 투입하여 붕괴 일보직전에서 구해 낸 베트남정부는 이제 그의 의도를 믿지 않았다. 티우는 주저하면서도 파리에 대표를 보냈다. 한편 티우정부는 1969년 1월 새로운 정부가 들어서기까지 지연전술을 쓰고 있었다.

16년 만에 두 번째로 민주당 대통령은 끝나지 않은 전쟁을 공화당 후임자에게 인계하였고 이는 우유부단한 전쟁수행에 대한 국민의 불만을 반영한 것이었다. 그러나 이 두 전쟁 사이에는 중대한 차이가 있었다. 트루먼이 1953년 한국전쟁을 아이젠하워에게 넘기고자 할 때 당시 협상은 정상적으로 진행되고 있었고 단지 전쟁포로 문제만이 남아 있었다. 정전협정은 트루먼이 이임한 지 6개월 만에 이루어졌다. 그러나 존슨이 베트남전쟁을 닉슨에게 넘겼을 때 휴전을 위한 실질적인 문제는 이제 막 시작한 단계였고 미국의 개입을 종식시키는 것은 닉슨의 임기 첫해 계속되었다.

아이젠하워 행정부시절 부통령을 지냈던 닉슨은 한국전쟁을 종식시키기 위해서 아이젠하워가 사용했던 위협전술에 주목하면서 미군의 점증적 철수와 베트남의 군사력 강화를 통한 전쟁의 베트남화를 추진하였다. 닉슨은 1969년 캄보디아에 적병참선에 대한 비밀 폭격을 명령하였고 1년 후 격렬한 논쟁 속에서 캄보디아에 위치한 공산거점에 지상공격을 승인하였다. 닉슨은 이러한 군사적 조치와 아울러 소련과 중국 사이의 긴장관계를 해소시키기 위해 노력하였다. 이는 부분적으로 전쟁을 종식시키기 위해 월맹을 끌어들이기 위한 전략으로부터 비롯된 것이었다.

베트남에서 전투가 계속되는 동안 군사적 우위를 차지하려는 양측은 모두 지쳐갔다. 구정공세 이후 월맹은 1972년 봄 베트남의 북쪽지역에 대한 대규모 공격 – 이스터Easter 공세 – 을 실시하였다. 치열한 전투는 수주 동안 계속되었고 닉슨은 하이퐁Haiphong항구에 대한 지뢰매설과 함께 북폭을 재개하였다. 이스터 공세는 미군의 지원을 받은 베트남군이 월맹군에게 상실했던 일부도시를 되찾으며 종결되었다. 그러나 베트남사람들은 이 전투로 더욱 지쳐갔다.

한편 파리에서는 미국과 월맹 사이에서 최종적으로 전쟁을 종결하기 위한 합의에 다다르고 있었다. 1972년의 대통령 선거가 막바지에 이를 무렵 국가안보보좌관 키신저Henry Kissinger는 "평화가 손에 가까이 다가와 있다"라고 발표했다. 베트남정부는 베트남의 영토분할을 가져올 협상을 파기하려고 시도했고 사이공에서의 그러한 우려는 미국에 쉽사리 노출되었다. 그러나 협상결과는 여러 가지 면에서 불가피한 것들이었다. 미국은 전장에서 달성하지 못한 것을 협상장에서도 달성할 수 없었다.

1973년 1월 파리에서 서명한 협정은 미국의 개입을 종식시킨다는 점에서 존슨이 추구하고자 했던 것과 크게 다르지 않았다. 협정을 통해서 미국은 남아 있던 군사력을 철수하였으나 베트남에서 월맹군은 철수하지 않았다. 베트남의 지위에 대한 근본적인 시각차가 해결되지 못한 채 베트남은 정치적으로 혼란스러운 상태에 놓이게 되었다. 티우정부의 정통성은 인정되었으나 인민혁명정부(민족해방전선) 또한 인정되었다. 협정은 통합된 베트남정부를 어떻게 세울 것인가 하는 문제와 종국적으로 베트남의 통일을 위한 문제까지 포함하였다. 이는 사이공정부가 단 한 번도 효과적으로 베트남에 대한 통치력을 발휘할 수 없었다는 사실을 반영하는 동시에 국민을 대표하지 못했다는 것을 의미하였다. 협정의 결점과 티우정부의 우려에도 불구하고 1973년 1월 21일 정전이 선포되었다.

정전협정 다음날 존슨은 텍사스 목장에서 심장병으로 사망하였다. 그가 수행한 전쟁은 종결되었으나 많은 사람들은 베트남의 정치적 상황은 그 베트남 사람들에 의해 군사적으로 해결될 것으로 보였다. 결국 2년 후 월맹은 대규모 공세를 실시하였고 베트남은 붕괴되었으며 공산정권하에 베트남의 통일을 이루었다.

이로써 존슨은 전쟁을 패배로 이끈 유일한 미국의 대통령이 되었다. 비록 닉슨 또한 베트남에서 전쟁을 수행하였지만 병력철수와 미국의 개입 중단을 동시에 수행하였다. 전쟁을 결심한 사람도 존슨이었고 전쟁기간 중 점증적인 병력투입과 폭격을 실시한 사람도 존슨이었다. 결과적으로 많은 사람들에게 베트남전쟁은 '존슨의 전쟁'으로 기억되었다.

존슨은 여러 분야에서 훌륭한 역할을 수행한 지도자였으나 적어도 통수권자로서의 역할은 그에게 맞지 않았다. 다양한 계획을 끊임없이 만들어온 강력한 에너지는 시간을 두고 조심스럽게 접근해야 할 사안들에 대해 너무 서두르는 결과도 낳았다. 괌회의로부터 1년 후인 1966년의 '평화공세'와 메콩강 개발계획은 태생적으로 결점을 가지고 있었던 계획이었다. 존슨은 우선 미국이 당면한 전쟁에 대한 복잡한 문제를 헤쳐 나가지 못하였다. 이와 아울러 심사숙고를 통해 결정되어야 할 대안들은 그의 변칙적인 의사결정과정으로 점철되었다. 베트남정부에 대한 헌법개헌 압력은 베트남의 정치적 변화의 한계와 티우키정권의 근본적인 약점을 부각시키는 결과를 초래하였다. 전쟁에 대한 국내반전여론이 확대될 때마다 존슨은 하향 곡선 속으로 빠져버렸다. 그가 전쟁의 진전에 압력을 가할수록 전장에서의 교착상태로 인한 대중의 환멸은 가중되었다.

존슨은 마치 국내의 정치적 문제를 다루는 방식의 협상술로 베트남전쟁을 다루었고 결국 그를 전쟁에서의 실패로 몰고 갔다. 그는 월맹과 '거래'를 추구하였으며 협상실패를 호치민의 탓으로 돌렸다. 정치인들의 관심과 이익에 아주 민감한 워싱턴에서 뛰어난 책략가였던 존슨도 월맹의 관점에서 전쟁을 바라보는 데 실패하였다. 그는 월맹이 미국을 왜 '침략자'로 보는지 이해하지 못했고 그들이 왜 베트남을 잠정적으로 분할하고 이러한 이유로 베트남정부의 정당성에 관한 인정을 꺼려하는지 이해하지 못했다. 전쟁을 수행함에 강경파와 온건파 사이에서 존슨은 그 어느 쪽도 만족시키지 못했고 특히 군지도부와 그러하였다. 이들 군지도부는 존슨의 제한사항으로 말미암아 승리를 앗아가 버렸다고 불평하였다. 만약 존슨이 베트남에서 어떠한 성과라도 거두었다면 그것은 더 큰 전쟁으로 확전되지 않도록 제한한 것이었다. 미국이 월맹의 생존을 위협하게 되면 소련과 중국이 개입하게 될 것이라는 그의 판단은 옳았다. 결국 존슨의 전쟁 지도력은 미국의 군사, 외교 그리고 정치적 전략차원에서 결합되지 못하고 모순되었다. 희망적 사고는 체계적인 분석과 난해한 결심을 대체해주지 못한다는 것이 증명되었다.

존슨의 지도력을 비판하는 것은 다른 대통령이었다면 보다 성공적인 전쟁을 치를 수 있었을 것임을 의미하는 것은 아니다. 1965년 7월, 전쟁의 미국화를 결정하고 나서 존슨은 근본적으로 이길 수 없는 상황에 빠져들어 버렸다. 일부 보좌관들은 베트남이 그를 곤경에 빠뜨리게 될 것이며 희망없는 명분으로 인하여 미국의 자원이 서서히 빠져나가게 될 것이라고 경고하였다. 전쟁의 미국화는 분명하게 베트남정부의 붕괴를 막았으나 그 이상의 것도 할 수 있었다. 그러나 전쟁의 미국화는 베트남사람들 사이에서 단결심과 공통의 목적의식을 만들어내지 못했다. 사이공정부는 민주주의에 상응하는 사회적·경제적 차원의 변혁을 이루어내지 못했다. 이러한 목표는 사실 사이공정부의 지도자들의 우선순위가 아니었고 유화정책 또한 그 결과를 기대하려면 수년 간이 소요되는 것이었다. 미국은 베트남의 농촌에서 베트콩세력을 다소 약화시킬 수 있었을 뿐이었으며 월맹의 전쟁수행 능력을 방해할 수는 있었지만 꺾어버릴 수는 없었다. 존슨은 월맹이 미국에 맞서기 위하여 소련과 중국으로부터 지원되는 식량과 무기도 차단할 수 없었다. 따라서 전쟁의 미국화는 5만 8000명의 사상자와 함께 베트남의 붕괴를 겨우 10년 연장시켰고 결국 공산주의자들에 의한 통일의 결과를 낳았다. 또 다른 대통령이었다면 다른 형태로 전쟁을 수행할지도 모르나 아마도 성공적이지는 못했을 것이다. 결국 존슨은 어떠한 수준의 군사력을 투입했더라도 베트남전에서 승리할 수 없었을 것임을 암묵적으로 받아들였다.

:: 제5장
부시와 페르시아만의 위기

탈냉전의 첫 시험대

1990년 8월 1일 수요일 저녁 이라크가 쿠웨이트를 침공했을 때 부시George H.W. Bush 대통령은 백악관에 있었다. 비록 미국의 관료들이 쿠웨이트를 위협하는 이라크를 우려해왔으나 이라크의 침공소식에 놀라지 않을 수 없었다. 이라크가 미미한 저항을 받고 있다는 것이 확실해지자 다음은 사우디아라비아를 공격할 것이라는 보도가 있었다. 부시는 40년 전 한국에서와 마찬가지로 침략행위에 대한 국제적 대응을 정의하는 데 있어 주도권을 잡아나갔다.

북한의 공격에 직면했던 트루먼과 베트남의 위기에 봉착했던 존슨과 같이 부시는 페르시아만에서 국제질서를 유지하는 것이 시급하다고 믿었다. 그러나 트루먼과 존슨이 냉전상황 속에서 위기를 직면했다면 부시는 탈냉전 이후 최초의 전쟁위기에 직면하게 되었다. 지난 2년 동안 예기치 않은 일련의 사건들은 조용한 가운데에서도 냉전을 역사 속으로 사라지게 하였다. 민주적 개혁은 동유럽지역을 휩쓸었고 소련의 지배 아래 놓였던 국가들은 공산주의 통치를 종식시켰다. 제2차 세계대전 이래로 분할되었던 독일은 미·소 간 대립의 상징이었던 베를린장벽을 무너뜨리고 통일을 이룩하였다. 소련 내의 민족주의자들은 자치를 요구하는 목소리를 높였다. 고르바초프Mikhail Gorbachev는 와해된 경제를 살려내기 위해 혼신의 노력을 기울였고 연방국가들을 묶어두기 위해 동분서주하였다. 소련이 더 이상의 위협이 되지 못하자 미국은 승리의 감정보다는 앞을 내다보기 어려운 국제사회에서의 미국역할의 불확실성에 우려하고 있었다.

트루먼과 존슨과는 달리 부시는 외교분야에서 상당한 경험을 배경으로 대통령에 취임하였다. 그는 일본이 미국의 진주만을 공격했던 시기에 필립스 앤도버 학교Phillips Andover Academy 4학년에 재학 중이었다. 졸업한 지 이틀 후 부시는 해군에 입대하여 태평양에서 조종사로 근무하였고 생명을 잃어버릴 수도 있었던 전투상황에서 영웅적 행동으로 훈장을 받았다. 전쟁이 끝나고 예일대학을 졸업한 부시는 텍사스로 돌아와 석유 사업으로 많은 돈을 벌었다.

대통령 취임선서를 하고 있는 부시

전장에서 병사와 부시

부시는 코네티컷Connecticut에서 상원의원을 지냈던 아버지의 뒤를 이어 정치에 입문하였다. 1964년 상원의원 선거에서 실패한 부시는 1966년 휴스턴Houston 지역구에서 하원의원으로 당선되었다. 여기서 2선 의원으로 활동하고 나서 다시 상원의원에 도전했으나 아깝게 실패하였다. 이 실패로 말미암아 그의 정치적 활동이 막을 내릴 수도 있었으나 닉슨 대통령의 지원으로 정계에 다시 등장하게 되었다. 닉슨은 그를 유엔대사로 임명하였고 이어 중국에서 미국 연락대표부장을 지냈다. 후에 그는 중앙정부부장의 자리에 오르게 되었다. 1980년 그는 대통령 후보에 나서고자 했으나 대통령 후보 예비선거에서 부진을 보이자 당시 대중적 인기가 높았던 레이건Ronald Reagan 후보에게 양보하였다. 놀랍게도 레이건은 그를 부통령으로 지명하였다. 정치적으로 망각될 수도 있었던 상황에서 살아남은 부시는 유력 공화당원들과의 유대를 강화하면서 레이건 대통령의 부통령으로서 충실하게 직무를 수행하였다. 부시는 1988년 마침내 공화당 대통령후보 경선에서 승리하였고 이어 1989년 제41대 대통령으로 취임하였다.

부시는 그간의 다양한 정치적 행보를 통해 그의 이미지를 변화시켜왔다. 그의 대통령직을 향한 기나긴 여정 속에서 정적들과 비평가들은 그의 우유부단함을 비난하였고 심지어 그를 '겁쟁이'라고 표현하였다. 1988년 대통령 선거기간 중 부시는 그러한 인식을 바꾸기 위해 공세적이고 계산된 노력을 기울였고 성공적인 이미지의 변화를 이루어냈다. 그는 공화당 전당대회에서 세련된 수락연설을 통하여 강력한 지도자로서의 이미지를 굳혀 나갔다. 이어 그는 매사추세츠 주지사 출신의 듀카키스Michael Dukakis 민주당후보에 대하여 공격적이면서도 주도면밀한 공격을 가하였고 선거에서 압도적인 승리를 거두며 대통령에 당선되었다.

대통령으로 취임한 첫해 부시는 마약밀매혐의를 받고 있었던 파나마의 노리에가Manuel Noriega 장군을 축출하기 위한 침공계획을 승인함으로써 외교정책에서 그의 강력한 지도력을 보여주었다. '정당한 명분Just Cause'으로 명명된 이 군사작전을 통하여 파나마의 민주화를 회복시키고 그의 법정에 세웠다. 군사작전은 신속하게 진행되었고 부시는 무력사용을 정당화하면서 국민들로부터 폭넓은 지지를 받았다.

부시는 주로 국가안보회의나 그가 신뢰하는 보좌관들과의 비공식적 회의를 통하여 외교정책을 수립하였다. 그가 가장 가까이 지냈던 보좌관들은 국가안보보좌관 스코크로프트Brent Scowcroft, 국방장관 체니Dick Cheney 그리고 국무장관 베이커James Baker였다. 국가안보 전반에 관한 보좌를 책임지고 있었던 스코크로프트는 매우 세심하고 사려 깊은 사람이었다. 그는 예비역 공군 장군 출신으로 종종 '부시의 그림자'로 불렸으며 포드행정부 시절 그의 자리로 되돌아왔다. 오랫동안 부시에 근접한 인물로 또 다른 사람인 체니는 조심스러운 실용주의자였다(부시가 중앙정부부장을 지낼 당시 체니는 비서실장직을 수행하였다). 부시가 지명한 첫 번째 국방장관 후보자가 상원에서 거부되자 부시는 체니를 지명하였고 국방장관 지명을 위해 체니는 하원의원직을 사퇴하였다. 텍사스 사람으로 부시의 오랜 친구인 베이커는 레이건 행정부의 비서실장과 재무장관을 지냈다. 그는 실질적인 외교경험이 부족하였으나 외교분야에서 날카로운 안목을 보여주었고 이를 실천하기 위해 노력하였다.

이들 이외에도 부시의 권력중추그룹으로 부통령 퀘일Dan Quayle, 합참의장 파월Collin Powell 국가안보 부보좌관 게이츠Robert Gates, 비서실장 수누누John Sununu 등 다른 4명의 보좌관들이 있었다. 이들은 종종 'Big Eight'로 불렸다. 중앙정보부장 웹스터William Webster는 종종 이 권력의 중추그룹에 포함되곤 하였다. 퀘일은 1988년 당시 부시가 부통령 후보로 지명했을 당시까지만 해도 인디아나 출신으로 상대적으로 잘 알려지지 않은 인물이었다. 비록 대중적 인지도는 매우 낮았음에도 불구하고 퀘일은 부통령으로서 부지런히 일했으며 대통령에게 귀중한 상담자가 되었다. 베트남전에도 참전한 바 있는 파월 장군은 육군에서 존경받는 인물로 레이건의 마지막 국가안보보좌관을 지내고 잠시 군으로 돌아가 임무를 수행하다가 체니에 의해 합참 의장으로 임명되었다. 뉴햄프셔 주지사 출신의 수누누는 중대한 문제에 관하여 대통령과 밀접하게 업무를 수행했다. 게이츠 부보좌관은 차관보급으로 구성된 '위기관리팀'의 팀장으로 임무를 수행하면서 부시의 가장 근접한 보좌관들 사이에서 연결고리를 형성하였다.

미국의 지도부는 이라크에서 위기를 예견하지 못했다. 사실 지난 10년 동안 미국의 중동정책의 중심은 이란의 영향력을 감소시키기 위하여 이라크와 밀접한 관계를 유지해왔다. 1978년 이란혁명을 주도한 호메이니Ayatolah Khoemeni는 과격한 이슬람 원리주의와 반서방주의를 선포하였고 중동에서의 서유럽세계의 국익은 물론 온건한 아랍정부들을 위협하였다. 미국은 친미성향을 지닌 이란왕이 이끄는 정부가 전복됨으로써 굴욕감을 맛보게 되었으며 이어 1979년 11월 테헤란에 위치한 미대사관 '인질위기'는 대미관계를 더욱 악화시키게 되었다. 이란은 444일 후 인질을 석방하였다.

이러한 위기상황 속에서 이라크의 사담 후세인은 이란을 공격하였다. 오랫동안 지속되어온 영토분쟁은 전쟁의 구실을 제공하였고 사담의 목표는 그 자신을 온건한 아랍인들의 지도자로 부각시키는 것이었다. 그러나 그의 신속한 승리의 기대감은 이란의 효과적인 전투로 인하여 좌절되었다. 이란·이라크 전쟁은 장기전으로 돌입하였다. 8년 동안의 전쟁에서 이라크는 미국과 소련을 포함한 여러 국가들로부터 실질적인 지원을 받았다. 이라크는 1988년 마침내 유엔의 중재하에 이란과 휴전하였다. 이라크는 전쟁의 피해에도 불구하고 세계 4위의 군사력을 건설하였다.

온건한 지도자로서 사담 후세인의 이미지는 서방세계뿐만 아니라 중동 지역국가들로부터 호소력을 지니게 되었다. 레이건행정부 시절에 시작된 대규모의 지원을 통하여 미국은 이라크가 오랫동안 혼란스러웠던 지역의 안정세력으로 역할을 수행할 것으로 판단하였다. 따라서 미국은 수 천만 달러에 이르는 식량지원 차관을 이라크에 제공하였고 1980년대 후반까지 이라크는 미국의 밀과 쌀을 수입하는 주요국가가 되었다. 이와 더불어 미국은 이라크를 국제테러리즘 지원국가의 명단으로부터 제외시켰고 이라크 내 인권문제에 거의 주목하지 않았다.

비록 이란과의 전쟁을 통하여 이라크는 아랍세계에서 그들의 지위를 향상시켰으나 후세인은 이란의 팽창주의에 맞서온 이라크의 희생을 사우디아라비아, 쿠웨이트 그리고 아랍에미리트 등이 제대로 평가해주지 않은 것에 대한 실망감을 가지게 되었다. 후세인은 석유자원이 풍부한 국가들이 이라크 재건을 위한 지원을 해야 하며 아란과의 전쟁기간에 빌린 자금을 변제를 해야 한다고 주장하였다.

후세인이 아랍 지도력을 쟁취하기 위한 노력의 대가는 대단하였다. 전쟁은 이라크에게 800억 달러의 외채와 2300억 달러에 이르는 전후 복구비용을 남겨 놓았다. 그러나 후세인은 그의 군사력을 지속적으로 증강시켰고 핵 및 화생방 무기를 개발하였다. 이라크는 연간 170억 달러에 달하는 수입에 의존하였고 이 중 50억 달러는 무기 및 군사기술을 도입하는 데 사용하였다. 또한 연간 50억 달러에 달하는 채무를 가지고 있었다. 석유수입으로 70억 달러를 벌어들였으나 국가의 재정문제를 해결하기에는 턱없이 부족하였다. 재정적 침체를 타개하기 위하여 후세인은 OPEC회원국에 할당량 준수 및 원유값을 2배로 올릴 것을 주장하였다.

대통령에 당선된 부시는 이라크와 협력관계를 지속할 것임을 재확인하였다. 1989년 10월의 국가안보지침 26호는 '이라크에 대한 경제적·정치적 장려책은 이라크의 온건한 행동에 영향을 줄 것이며 이라크에 대한 우리의 영향력을 행사하게 될 것'이라고 기술하였다. 이러한 정책은 쿠르드 소수민족은 물론 잔인한 독재자인 후세인에게 제재를 가해야 한다고 주장하는 몇몇 의원들에게 혼란을 주었다. 그러나 부시행정부의 정책지지자들은 이라크에 벌을 가하는 것은 그들을 더욱 자극할 뿐이라고 주장하였다. 국무부 중동차관보 켈리John Kelly는 1990년 2월 22일 바그다드를 방문하여 후세인에게 '미국은 이라크와의 관계를 확대시켜 나갈 것이며 후세인은 미국에게 매우 중요한 사람'임을 재확인시켜 주었다.

　　1990년 후세인이 그의 경제적 난국을 타개하고 아랍 지도자로서의 위상을 확립하기 위해 쿠웨이트에 대한 군사작전을 개시하였을 때 그러한 목표는 시험대에 오르게 되었다. 후세인은 연설을 통하여 그의 아랍세계에 대한 지도력을 한층 더 강하게 주장하였다. 그는 아랍인들이 '시오니스트-미국인'의 음모에 직면하고 있으며 이러한 상황이 그에게 더욱 절대적인 지도력을 오구하고 있다고 주장하였다. 그는 미국의 소리방송VOA이 이라크를 몇 개 국가들과 함께 '여전히 비밀경찰을 운영하고 있는'나라임을 아랍어로 방송하자 '이라크에 대한 미국의 극악한 내정간섭'이라고 비난하였다. 글래스피April Glaspie미국대사는 급히 사과하였고 후세인에게 '이라크정부의 정당성에 문제를 제기하거나 이라크 내부문제에 간섭하는 것은 미국의 정책이 절대 아님을' 재확인시켜주었다.

　　후세인은 누그러지지 않았다. 2월말 아랍협력회의Arab Cooperation Council에서 미국에 반대하는 장황한 연설을 통하여 냉전종식으로 '제국주의자' 미국이 중동을 위협하고 있다고 주장하였다. 그는 "자본주의적 접근과 제국주의적 정책으로 미국은 나머지 전세계를 지배하려하고 있다. 이스라엘은 미국의 독려에 힘입어 새로운 우둔한 행위를 저지르게 될 것이며 만약 아랍인들이 조심하지 않는다면 아랍지역은 미국인들이 통치하게 될 것이다"라고 비난하였다. 회의에서 후세인은 갑자기 전쟁비용에 대한 지불유예를 선언하였으며 추가적으로 300억 달러를 요구하였다. 그는 "만약 이 돈이 지불되지 않는다면 나는 그것을 어떻게 얻게 되는지 아랍인들이 알아야 한다"라고 주장하였다. 이러한 위협은 쿠웨이트 국경지역으로 군사력이 이동되면서 가중되었다. 4월 2일 연설에서 화학무기로 이스라엘을 황폐화시킬 것이라며 다음과 같이 이스라엘을 위협하였다. "만약 이스라엘이 미국에 어떠한 행동이라도 하게 된다면 우리는 그들을 삼켜버릴 것이다."

그동안 후세인이 중동지역의 안정된 지도자의 역할을 기대해왔던 미국은 후세인의 위협으로 인하여 격분하기 시작하였다. 부시는 흥분된 어조로 "지금은 화학무기나 생물학무기에 대해 말할 때가 아니며 중동지역에 대한 긴장을 고조시킬 때가 아니다"라고 말했다. 국무부도 후세인의 호전적이며 무책임한 발언을 비난하였다. 그러나 부시행정부는 후세인의 위협을 평가절하 하였고 이라크에 대한 경제적 제재압력을 배제하였다. 이스라엘에 대한 후세인의 연설이 실시된 10일 후 돌Robert Dole 공화당 의원을 단장으로 하는 상원의원단이 바그다드를 방문하였다. 중동에서 평화를 위해 일을 하자는 부시의 친서를 전달하면서 이들은 이라크의 화학 및 생물학무기보유 추진에 대한 우려를 표명하였다. 후세인은 이스라엘로부터 방어하기 위하여 이들 무기가 필요하나 그들의 주요관심사는 평화라고 응답해왔다. 상원의원들은 미국이 계속적인 지원을 할 것이며 이라크에 대한 경제적 압력에 반대한다는 의사를 분명히 전달하였다. 심슨Alan Simpson 의원은 이라크와 미국과의 문제를 만든 것은 '거만하고 제멋대로' 행동하는 언론이라고 비난하였다. 한편 워싱턴에서는 켈리 차관보가 상원 외교위원회에서 최근 이라크의 행동이 우려를 주고 있으나 부시행정부의 이라크 '포용'정책은 올바른 정책이라고 진술하였다.

그러나 미국의 보증만으로는 후세인의 언행을 완화시키지 못했다. 후세인은 이어 석유의 초과생산에 대하여 쿠웨이트와 아랍에미리트를 비난하면서 다음과 같이 주장하였다. "원유의 가격이 1달러만 떨어지더라도 연간 손실은 10억 달러에 이르게 될 것이며 이는 사실상 이라크에는 전쟁과도 같은 것이다 …… 우리는 어느 날 이를 갚아줄 날이 올 것이다."[1]

7월 중순 후세인은 갑자기 쿠웨이트에 대한 압력을 가하기 시작하였다. 그는 공화국수비대를 중심으로 쿠웨이트 국경선에 3만 5000명의 병력을 파견하였다. 아랍연맹에 대한 강력한 어조의 연설에서 1981년 이래로 쿠웨이트와 아랍에미리트의 원유할당량 위반이 이라크에게 890억 달러에 이르는 비용을 손해 보게 하였고 쿠웨이트는 이라크의 루말리아Rumalia지역에서 24억 달러의 석유를 훔쳐냈기 때문에 전쟁비용의 차용은 취소한다고 주장하였다. 다음날 그는 쿠웨이트와 아랍에미리트에게 '제국주의와 시오니즘의 음모'에 행동을 취할 것이라고 연설하였다. 그는 '만약 우리가 언어로 보호

---

1) 아랍연맹은 1945년 아랍국가들 간의 협력체로 발족하였다. 최초 회원국가는 이집트, 요르단, 이라크, 레바논, 북예멘, 사우디아라비아 그리고 시리아였다. 1990년까지 회원국은 3배로 늘어나게 되었는데 중동에서 22개 국가와 북아프리카와 서아프리카 그리고 PLO까지 포함되었다.

하지 못한다면 우리는 우리의 권리를 찾기 위해 다른 효과적인 방법을 사용할 수밖에 없을 것이다'라고 경고하였다.

미국은 이러한 상황에서 외교와 군사적 결의로 대응하였다. 국무부는 워싱턴 주재 이라크 대사를 소환하여 분쟁을 평화적 방법으로 해결하도록 전달하였다. 쿠웨이트는 이라크의 요구를 거절하고 대신 아랍연맹을 통하여 무바라크Hosni Mubarak 이집트 대통령에게 두 나라 간 중재에 나설 것을 요청하였다. 7월 24일 바그다드에 도착한 무바라크는 후세인이 협상을 준비하고 있었지만 군사적 행동을 버리지 않았음을 확인하였다. "이라크와 쿠웨이트 사이에 논의가 지속되는 한 나는 무력을 사용하지 않을 것이다. 나는 모든 가용한 방법을 다 사용하기 전에는 무력으로 개입하지는 않을 것이다"라고 말했다. 후세인은 이라크와 쿠웨이트 외교관들이 사우디아라비아의 지다Jiddah시에서 대면한다는 무바라크의 제안에 합의하였다. 무바라크는 부시에게 전화를 걸어 후세인이 제안에 "반응을 보이고 있다"고 전하면서 '지연됨이 없이 협상은 진행될 수 있을 것'으로 전하였다. 쿠웨이트와 협의 후에 무바라크는 지다에서 7월 31일 회의를 갖도록 준비하였다. 무바라크는 그의 임무가 위기를 완화시키고 있다고 확신하면서 공개적으로 '이라크가 쿠웨이트를 공격할 의도'가 없다고 발표하였다.

미국은 이와 동시에 후세인에게 군사적 압력을 가하기 시작하였다. 아랍에미리트가 2대의 KC-135 항공기를 요청하자 국방부는 페르시아만으로 항공기를 이동시키는 것을 '은폐'하기 위하여 해군 합동훈련을 실시할 것을 제안하였다. 군사적 행동은 아랍지도자들을 분열시킬 것이라고 주장하는 국무부의 반대에도 불구하고 부시는 국방부의 계획을 승인하였다. 7월 24일 발표된 이 작전은 '걸프지역의 개인 및 집단적 자위를 위한 차원'에서 정당화되었고 '항해자유의 원칙과 호르무즈해협으로부터의 자유로운 원유의 흐름'을 보장한다는 조건으로 정당화되었다. 미국은 이러한 군사력의 현시와 아울러 '이라크와 여타 국가들은 문명화된 세계에서는 어떠한 강압과 위협도 존재할 수 없다는 것'을 인식해야 한다고 주장하였다. 미국은 또한 '우리와 오랫동안 유대관계를 맺어온 이 지역의 동맹국'들을 지원할 것임을 확인하였다. 국무부가 우려한 대로 일부 아랍지도자들은 미국의 군사적 움직임이 위기를 해결하려는 그들의 능력을 해치게 될 것이라고 우려하였다.

후세인도 7월 25일 대통령궁으로 글래스피 미국대사를 소환하였다. 그의 행동은 회유와 허세가 결합된 것이었다. 이라크는 미국이 쿠웨이트에 경제전을 지원하고 있다고 비난하면서 보복을 경고하였다. "우리를 압박하지 마시오. 만약 우리에게 압력을 가하면, 우리는 무력을 사용할 것이오. 우리는 미국과 직접적으로 대항할 수는 없다 하더라도 전아랍이 힘을 합치면 가능할 것이오" 글래스피는 이라크에 대한 적대감정이 없으며 이라크와 관계를 개선하라는 부시의 지침을 받았다고 말했다. 그녀는 '부시가 영리한 사람'이라며 '이라크에 대한 경제전쟁을 선언하지 않을 것'이라고 덧붙였다. 글래스피는 후세인의 자금필요성을 미국이 인정할 것이며 다른 아랍국가들도 OPEC가 설정한 원유할당량을 지키도록 지원할 것이라고 말했다. 그녀는 미국이 '쿠웨이트와 이라크 간의 국경분쟁과 같은 아랍국가 간의 분쟁'에 아무런 견해를 가지고 있지 않다고 전달하였다. 그러나 '평화적인 방법에 의해 분쟁이 해결되어야 할 것'이라고 주장하였다.

글래스피와 대화 중에 후세인은 무바라크의 전화를 받기 위해 잠시 자리를 떠났다. 그가 돌아오자 보다 협상적인 분위기로 바뀌었다. 후세인은 이라크와 쿠웨이트가 다음 주 사우디아라비아에서 협상을 하게 될 것이라고 말했다. 그는 쿠웨이트사람들이 '겁을 먹고 있지만 우리가 그들을 만날 때까지는 아무 일도 하지 않을 것'이라고 말했다. 그는 '만약 우리가 어떠한 희망이라도 보게 된다면 아무 일도 일어나지 않을 것이다. 그러나 우리가 해결책을 찾아낼 수 없을 때에는 이라크는 그냥 앉아서 죽음을 받아들이지 않을 것'이라며 비밀스럽게 말을 건넸다.

글래스피는 후세인과의 대화를 워싱턴에 보고하는 과정에서 후세인의 타협하려는 태도는 진심을 나타내고 있는 것처럼 보였다고 보고하였다. 이와 아울러 미국의 군사적 기동이 그의 주목을 끌고 있다고 보고하였다. 그녀는 협상진전이 이루어지는 것을 관찰할 때까지 충분한 조언을 아끼지 않을 것이라고 덧붙였다. 후세인과 회동하던 당일 OPEC 장관들은 원유 가격에 대한 새로운 합의를 이루었고 이에 이라크는 만족스러움을 표시하였다. 쿠웨이트와 아랍에미리트는 새로운 가격과 할당량을 준수할 것이라고 발표하였다. 따라서 7월의 마지막 주에 후세인은 과거와 같은 '온건한' 지도자의 이미지로 돌아올 것처럼 보였다. 부시는 쿠웨이트와의 합의를 높이 평가하면서 이라크에 화해의 응답을 보냈으며 '우리는 여전히 이라크의 정책과 활동에 우려를 가지고 있으며 우정과 솔직함으로 이러한 우려를 지속적으로 제기할 것'이라고 언급하였다.

지다에서의 회의는 이라크 대표단이 갑자기 쿠웨이트로부터 재정적, 영토적 양보를 요구하고 떠나버린 다음날 종료되었다. 협상의 기대는 전쟁의 현실에 길을 내주었다. 후세인은 다음날 저녁 그의 혁명평의회Revolutionary Command Council와 비밀회의를 가졌고 쿠웨이트를 침공해서 합병하자고 결론지었다. 그 목표는 후세인이 오랫동안 지녀왔던 이라크의 전략적 역사적 관심을 반영한 것이었다. 이라크에게 쿠웨이트는 존재만으로도 위협이 되었다. 쿠웨이트가 강대국의 지원을 받아 언제든지 이라크의 영토적·경제적 욕심에 대응할 수 있을 것으로 보였다. 보다 근본적으로 이라크는 쿠웨이트를 그들 영토의 한 부분 생각하였고 따라서 정통성을 지닌 독립국가로 보지 않았다. 결국 쿠웨이트합병은 이라크가 역사적 '오류'를 치유하는 것이라고 믿었다.2)

이라크의 침공으로 온건한 지도자로서 후세인의 이미지는 완전히 깨져버렸다. 후세인의 발언은 분노로 가득했다. 이는 1930년대 강자가 약자를 침략할 때 고전적 본보기를 보여주는 듯했다. 이라크는 쿠웨이트에 비해 영토는 20배, 인구는 10배에 달했다. 이는 인구 200만 명인의 미국 코네티컷주에 해당하는 것이었다. 수적으로 완전 열세였던 쿠웨이트군은 전진하는 이라크군의 적수가 되지 못했다. 그러나 후세인의 기대와는 달리 쿠웨이트사람들은 이라크를 해방자로 여기지 않았다. 국제적으로 후세인은 아랍 국가들의 지원이나 주요강대국의 승인도 발견하지 못했다. 대신 이라크의 침공은 거센 국제적 비난을 받았다.

위기의 초기부터 부시는 미국이 국제적 지도력을 제공해야 한다고 생각하였다. 40여년 전 유사한 상황에서의 트루먼과 같이 부시

---

2) 이라크는 과거 오토만제국의 부분으로 형성되었던 이라크와 쿠웨이트로 해석하였다. 쿠웨이트는 바스라(Basra)지방의 한 부분이었고 이들은 오토만제국의 다른 두 지방과 함께 1932년 이라크 건국 당시 재형성된 그들의 지방으로 생각하였다. 그러나 그 때까지 쿠웨이트는 '영국의 보호하에 독립된 왕국'이 되어 있었다. 영국이 1961년 철수하자 쿠웨이트는 완전한 주권국가로 떠올랐고 아랍연맹과 기타 국가가 인정했다. 그러나 이라크는 쿠웨이트의 '상실'을 한 번도 받아들이지 않았다.이라크는 현 국경선의 합법성과 쿠웨이트 통제하에 있는 봐브라(wabra)섬과 부비안(Bubiyan)섬의 문제를 제기하였다.

는 이 문제를 미국의 결의와 유엔을 시험하는 것으로 보았다. 부시는 비망록에서 침략이 시작된 당시의 내용을 상세히 기록하였다. 이는 한국전쟁의 위기 초기에 트루먼의 생각과 매우 유사하였다.

나는 이것이 위기에서의 유엔안전보장이사회의 탈냉전 이후의 첫 번째 시험이 될 것임을 정확히 알고 있었다. 나는 또한 약하고 지도력이 없는 국가들이 일본과 이탈리아 그리고 독일의 침공에 맞선 1930년대 어떤 상황이 전개되었는지를 알고 있었다. 결과는 그러한 정권들의 욕망을 부추긴 것이었다. 유엔은 실패한 국제연맹을 바로 세워왔으나 냉전은 안보리의 교착상태를 야기했다. 그러나 이제 모스크바와 관계개선과 중국과의 만족스러운 관계유지는 우리가 이라크에 대항하기 위한 국제적 단결의 가능성을 제공해주고 있다.

부시는 피커링Thomas Pickering대사에게 유엔안전보장이사회 결의안을 위한 초안을 작성하도록 지시하였다. 안보리는 8월 2일 새벽 2시에 긴급회의를 위해 소집되었다. 결의안 660호는 이라크의 침략을 비난하고 이라크의 즉각적이고 무조건적인 철수를 요구하는 한편, 이라크와 쿠웨이트가 즉각 협상할 것을 요구하였다. 아침 6시에 실시된 투표에서 5개의 상임이사국과 10개의 비상임이사국 중 9개국이 결의안 660호를 지지하였다(비상임이사국인 예멘은 기권했다).[3]

유엔의 입장에 만족한 부시는 아침 8시에 상황을 검토하기 위하여 국가안보회의를 가졌다. 한국의 위기상황을 평가하기 위해 백악관 영빈관Blair House에서의 트루먼이 가진 회의와 마찬가지로 국가안보회의는 상황이 긴박하게 돌아가고 있는 가운데 어떠한 우발계획

---

3) 1990년 당시 유엔안보리 5개국이외에도 캐나다, 콜롬비아, 쿠바, 에티오피아, 핀란드, 아이보리코스트, 말레이시아, 루마니아, 예멘 그리고 자이레 등 총회가 2년간 선출한 비상임이사국이 있었다.

도 가지지 않은 채 실시되었다. 북한의 공격은 용납될 수 없다는 일치된 의견의 트루먼보좌관들과는 달리 부시는 그의 보좌관들 중 미국이 이라크의 침략행위를 뒤엎거나 뒤엎어야 한다는 의견에 회의적인 사람들이 있다는 것을 발견하였다.

구체적인 전쟁상황은 불확실하였으나 후세인이 10만의 병력을 쿠웨이트로 보내 세계 유류생산량의 10%를 장악하려한다는 사실은 분명해졌다. 비록 아랍연맹이 이라크의 공격을 비난하였지만 아랍국가들의 결의는 문제가 있었다. 그들에게만 문제를 남겨 둔다면 이라크를 받아들일지도 몰랐다. 미국의 군사적 능력은 한계가 있었다. 중동지역을 담당하고 있었던 중부사령관 슈워츠코프Norman Schwarzkopf 장군은 걸프지역의 항공모함에서 공중공격을 실시하거나 이라크지역으로 대규모 병력을 이동시키는 두 가지 가능성을 고려하였다. 슈워츠코프나 파월 모두 효과가 거의 없는 첫 번째 대안을 지지하지 않았다. 파월은 "따끔한 일침은 적절치 않다"라고 언급하였다. 중부사령부의 지상작전계획 '1102-90'은 사우디아라비아를 방어하기 위해 수립된 계획이었다. 이 계획은 20만 명의 병력이 이 지역으로 이동해야만 했다. 쿠웨이트 침략과 같은 우발상황에 대한 군사계획은 수립되어 있지 않았다. 이러한 상황을 반영하듯 파월은 미국이 우선 "모래 위에 선을 그어야 한다"고 제안했다. 이는 사우디아라비아를 방어하기 위한 준비를 하는 동안 쿠웨이트의 함락을 받아들이자는 것이었다. 회의는 결론 없이 끝났다.

부시는 사전에 예정되었던 연설을 위해 콜로라도의 애스펀Aspen으로 떠났다. 여기서 그는 영국의 대처총리를 만나기로 약속하였다. 부시는 탈냉전 이후 미국의 안보에 초점을 맞춘 연설문이 이라크침략에 관한 격분과 이러한 도전에 대항할 것이라는 내용으로 수정되어야 한다는 스코크로프트의 제안을 받아들였다. 부시는 연설에서 '어젯밤 쿠웨이트를 향한 야만적인 침략'이라는 표현을 통하여 "세계는 미국의 국익을 심각하게 위협하는 위험한 장소로 남아 있다. 따라서 미국은 동맹국의 정당한 방위능력을 지원할 것이며 적이나 아군이나 할 것 없이 이 약속에 대한 논제는 계속되어야 한다"고 주장하였다.

대처총리와의 통화 이후 부시는 무바라크 이집트 대통령, 요르단 후세인 국왕, 사우디아라비아왕 파드와 전화통화를 가졌다. 미국의 관료들이 예견한 바와 같이 이들은 이라크의 침략에 대해 미국이 느끼는 정도의 분노를 가지고 있지 않았다. 무바라크 대통령과 후세인 국왕은 '아랍인에 의한 해결'을 주장하면서 이라크의 후세인이 즉각적인 철수를 할 것으로 보았다. 파드국왕도 위기 해결을 위하여 아랍정상회의를 가질 것을 지지하였다. 부시는 파드국왕이 사우디아라비아의 통합을 보장받는 대가로 이라크의 쿠웨이트 침공을 받아들일까 염려하였다. 열의없는 중동국가들의 반응에 실망한 부시는 당시 소련을 방문 중이던 국무장관 베이커에게 지시하여 이라크에 대한 무기금수조치를 소련이 지원할 수 있도록 지시하였다. 이라크에 대한 주요 무기수출국이었던 소련은 무기에 관한 열쇠를 쥐고 있었다. 비록 고르바초프와 세바르드나제Edward Shevardnadze 모두 이라크의 공격을 비난하고 서방과의 지속적인 협력을 희망했으나 소련은 그동안 이라크와 밀접한 관계를 유지해왔고 이라크 내에서는 8000여 명의 소련인이 일하고 있었다. 결국 베이커 장관은 세바르드나제 장관을 설득하여 8월 3일 '국제사회가 동참하여 이라크에 무기수출을 금지'하는 공동성명을 발표하였다.

한편 부시는 워싱턴에서 스코크로프트, 체니와 함께 군사력을 걸프지역에 보내려는 구상을 하고 있었다. 군사지도자들은 말을 아끼고 있었다. 체니와의 회의에서 파월은 "이라크가 후퇴할 것이나 후세인은 꼭두각시 정권을 세울 것이다. 모든 아랍세계는 만족해 할 것이다. 이라크는 앞으로 24시간 이내에 사우디아라비아를 공격하지는 않을 것이다"라고 예측하면서, "미국은 쿠웨이트의 해방보다는 사우디아라비아의 방어에 집중해야 한다. 사우디아라비아에 선이 그어졌음을 후세인이 인식하도록 하는 것이 우선순위이다"라고 주장하였다. 그러나 부시와 스코크로프트는 침략행위에 대한 그러한 묵인은 실수라고 확신하였다. 이에 스코우크로프는 8월 2일 국가안보회의에서 '상황을 우리시대의 중요한 위기로 보는 시각과 위기 그 자체만으로 보는 사람들 사이에 큰 시각차'가 있다고 언급하였다. 8월 3일 열린 국가안보회의는 이라크가 중동을 장악하고 서방세계의 이익, 이스라엘의 생존 그리고 탈냉전 이후의 국제질서에 압력을 가할 것이라는 의견에 일치하였고 스코크로프트, 체니, 이글버거 Lawrence Eagleburger와 함께 대응전략을 수립하기 시작하였다.

기자회견 중인 체니 부통령

회의 중인 군지도부

스코크로프트의 국가안보회의 모두 발언은 결정적이었다. 그는 퉁명스러웠다. 그는 일부관료들이 "우리는 묵인해야만 한다"라는 발언은 절망적이라고 주목하면서 "내 개인적 판단은 이라크를 받아들이는 것은 우리의 정치적 대안으로 고려되어서는 안 된다는 것이다"라고 주장하였다. 이글버거는 '탈냉전체제의 첫 번째 시험'이라고 주장했고 체니는 "후세인이 아랍, 걸프, OPEC를 지배하기 위하여 그가 할 일을 했다. 문제는 더 나빠질 것이다"라고 주장하였다. 파월은 사우디아라비아의 방어를 넘어선 군사적 선택방안의 실현가능성에 대해 회의적이었다. 부시는 경제적 압력을 가하는 동시에 군사력을 사우디아라비아로 이동시켜야 한다는 결론을 냈다.

병력의 전개가 이루어지기 이전에 사우디아라비아는 동의를 보내왔다. 사우디아라비아는 그들의 취약점(미 중앙정보부가 이라크 군이 사흘 안에 사우디를 유린할 수 있다고 예견한 것을 그들도 알고 있었다)을 인정하였으나 파드국왕은 후세인에게 위협을 느끼기보다는 화나 보였다. 더욱이 사우디는 그들을 지켜주겠다는 미국의 결의를 의심하는 것처럼 보였다. 국가안보회의가 정회된 후 스코크로프트는 사우디정부에 막강한 영향력을 행사하고 있는 파드국왕의 조카인 사우디 대사 반다르Bandar Sultan와 왕자인 국방장관을 만났다. 스코크로프트는 이 자리에서 만약 미군이 사우디로 이동한다면 그들의 임무는 사우디를 방어하는 것이 될 것이라고 언급했다. 그는 반다르에게 병력이동에 대한 상세한 내용을 설명하였고 파드국왕에게 자세한 내용을 설명하기 위해 미국의 관료를 파견할 것을 합의하였다.

8월 4일 부시가 캠프 데이비드에서 국가안보회의를 주재하고 있을 때 군사적 방안이 집중적으로 논의되었다. 사우디아라비아의 승인이 임박하자 파월과 슈워츠코프는 이라크의 공격을 억제하기 위하여 '군사력 현시'를 위한 대규모 지상군병력 파견을 위한 개략적인 계획수립에 들어갔다. 그러나 군 및 민간인 보좌관들은 쿠웨이트를 해방시키기 위한 충분한 국내외적 지지와 군사적 능력에 대하여 동의하지 않았다. 부시는 여전히 사우디가 '발을 빼고' '이라크가 사우디를 침공하지 않고 쿠웨이트만을 확보하려고 할 경우'에 대한 우려가 있었다. 파월은 미국이 "군사력의 현시 이외에도 그 무엇인가를 보여주어야 한다"고 주장하면서 국가안보회의에 '미국 주도하의 다국적군을 파견하는 한국전쟁 당시 형태'의 군사력개입방안을 제시하였다.

사우디 국왕을 면담중인 체니

작전을 설명하고 있는 파월

국가안보회의에서의 군사계획이 잠정적으로 추진되고 있는 가운데 부시는 미국의 약속에 대한 확신으로 자신감에 차 있던 파드국왕에게 전화를 걸었다. 파드국왕은 "해결책에는 쿠웨이트 왕국을 돌려놓는 것이 포함되어야 한다"며 미국과 사우디관리들이 군사적 방안을 놓고 토의하는 데 동의하였다. 미국의 결의에 대한 의구심을 떨쳐버리기 위해 부시는 "사우디의 안전은 미국의 국가이익에 절대적이며 서방세계에 대해서도 마찬가지이다. 그리고 나는 후세인의 파렴치한 행동을 용서하지 않을 것이고 계획이 완료되고 그곳에 병력이 전개되면 우리가 떠나라는 요구가 있을 때까지 남아있을 것이다. 우리는 약속을 반드시 지킬 것이다"라고 파드국왕에게 전했다.

사우디와 미국의 목표는 일치되고 있었다. 부시는 공개적으로 그의 결의를 확인하였고 이는 실제적으로 몇몇 사람들에게는 선전포고로 여겨졌다. 부시가 8월 5일 오후 백악관에 돌아오자 이라크의 행위를 '야만적이며 원초적인 침략'이라고 규탄하고 이라크가 세운 꼭두각시 정권은 '받아들일 수 없다'고 단언하였다. 질문에 대한 답변에서 부시는 다음과 같이 명료하게 말했다. "나는 이 침략행위를 반전시키기 위해 신중한 결의를 하고 있다. 많은 국가들이 나와 의견을 같이 하고 있으며 우리는 집단적인 행동을 위해 협조할 것이다. 쿠웨이트에 대한 침략행위는 어떠한 경우에도 결코 용납될 수 없다."

부시의 발언에 이어 슈워츠코프와 게이츠가 배석한 가운데 체니는 사우디아라비아에 대한 문제를 넘겨받았다. 다음날 저녁 파드국왕과의 만남에서 이라크가 국경선을 따라 7만여 명의 병력을 배치하고 있으며 미사일이 사우디아라비아를 향하고 있다는 정보가 입수되었다. 체니는 미국이 이라크를 격파하기에 충분한 병력을 보낼 것이라고 사우디에 재확인하였다. 파드국왕은 그의 보좌관들과 간단한 회의 후에 미군의 전개를 승인하였다. 사우디의 승인 즉시 중부사령부는 첫 번째 병력이동을 개시하였다.

부시는 군사력의 사용계획과 동시에 이라크에 대한 경제적 제재를 위한 국제적 지원을 구축하였다. 그는 여러 국가지도자들과 자주 전화통화를 했다. 대처총리, 미테랑 프랑스 대통령, 콜 독일 총리, 멀로니 캐나다 총리, 가이후 일본 총리 그리고 터키의 오잘 대통령 등이 집단압력의 필요성에 동의하였다.

한편 유엔안보리는 8월 6일 이라크에 대한 제재를 가했다. 결의안 661호는 '인도주의적 차원'에서 식량과 의료품만을 제외하고는 이라크와의 국제무역을 전면적으로 금지하였다. 우려에도 불구하고 소련과 중국이 다른 국가들과 함께 결의안을 지지하였고 쿠바와 예멘은 기권하였다. 다음날 워싱턴에서 부시는 대처 영국총리와 나토 NATO 사무총장 위르너Manfred Woerner와 함께 무역금수조치에 대한 서명을 실시하였다. 유엔의 제재조치는 주요한 외교적 성과였으며 후세인의 국제적 고립을 초래하는 계기가 되었다.

8월 8일 텔레비전 연설에서 부시는 사우디아라비아에 대한 병력전개를 발표하였다. "우리 군의 임무는 전적으로 방어를 위한 것입니다. 그러나 이것이 오래 지속되지 않았으면 합니다. 이들은 적대행위를 먼저 시작하지 않을 것이나 그들 자신과 페르시아만의 다른 국가들을 방어할 것입니다." 부시는 비록 군사적 전개가 방어를 위한 것이기는 하나 미국의 목표는 '즉각적이고 완전하며 무조건적인 이라크의 철수와 쿠웨이트의 복구'임을 재확인하였다.

이러한 발표와 아울러 부시는 이라크에 대한 국제사회의 정치적·군사적 그리고 경제적 지지기반을 형성하는 것으로 바쁜 한 주를 마무리 지었다. 5개의 가정사항들이 미국의 정책을 발전시키는 데 설정되었다. 우선 첫째로 이라크의 침략은 부시가 묘사한 '새로운 국제질서'를 저해할 것이라는 가정이었다. 부시는 "이 문제는 미국 또는 유럽, 중동만의 문제가 아니라 바로 국제문제이다"라고 언급하였다. 제2차 세계대전 이래로 위기에 직면했던 다른 대통령들과 마찬가지로 부시는 독일과 이탈리아, 일본이 민주주의 국가를 침략했을 당시 침략자에 대항해 싸워야만 했던 것처럼 '1930년대의 교훈'에 의해 움직였다. 부시는 8월 8일 연설에서 "만약 역사가 우리에게 가르쳐 준 것이 있다면 그것은 침략에 대항하거나 우리의 자유를 지키기 위해서 침략자를 격멸시키는 것이다"라고 언급하였다.

두 번째는 이라크의 침략이 중동의 원유에 의존하는 미국, 서방세계, 일본과 여타 국가들의 경제에 위협을 가할 것이라는 가정이었다. 부시는 다음과 같이 언급하였다. "이라크는 세계에서 두 번째 원유 산유국이며 100만 명이 넘는 군사력을 보유한 국가로 군사력은 세계 4위이다. 미국은 원유수입의 절반을 이라크로부터 수입하고 있다. 대부분의 국가들은 이보다 더 많은 원유 수입을 이라크에 의존하고 있으며 이라크의 위협에 더 취약하다." 부시는 침략행위에 대항하기 위하여 이처럼 중요한 중동지역에서 미국의 이익을 이라크의 위협과 연결시켰다. 부시는 다음과 같이 덧붙였다. "루스벨트 대통령으로부터 레이건 대통령에 이르는 미국 행정부가 해왔던 것처럼 현 행정부 또한 페르시아만의 안전을 지켜낼 것이다."

　세 번째는 미국이 지도력을 발휘하는 데 실패할 것이라는 가정이었다. 후세인은 쿠웨이트를 거의 장악하였고 아랍국가들은 협상에 임할 것으로 보였다. 스코크로프트는 위기의 초기에 이라크의 인접 국가들을 다루는 데 많은 어려움을 겪었다. 그는 다음과 같이 주장했다. "나는 아랍의 해결책에 지쳤다. 그것은 실로 딜레마였다. 만약 우리가 아랍문제의 해결을 위해 충분한 시간을 투자하지 않는다면 우리는 우리의 친구가 필요할 때 고립되고 말 것이다." 유엔결의안에 대한 후세인의 저항으로 미국의 강경한 입장은 '아랍해결책'에 의해 묻히는 결과를 만들었다.

　네 번째는 이라크의 침략으로 인해 탈냉전 이후 국제질서를 유지해온 중요한 매개체로서 유엔이 중대한 시험대에 오를 것이라는 가정이었다. 냉전으로 인한 곤경으로부터 자유로워진 국제기구로서 유엔은 마침내 평화유지활동의 역할을 수행할 수 있게 되었다. 이라크 위기를 계기로 처음으로 모든 안보리 상임이사국들이 침략자에 공동으로 대응하는 기회를 제공하였다.

다섯 번째로 미국의 목표는 이라크의 무조건적인 철수와 쿠웨이트 합법정부의 복구이어야만 한다는 것이었다. 어떠한 협상도 미국이 이끌고 있는 원칙을 해치게 될 것이었다. 후세인은 쿠웨이트로부터 철군을 팔레스타인 문제와 연계하여 아랍세계에서 그의 위상을 높이려고 시도하리라는 것을 미국이 알고 있었다. 그러나 미국은 꾸준하게 '협상'제의를 거절해왔으며 이를 일종의 '보상'으로 규정하였다.

그러나 부시와 그의 보좌관들은 동맹을 유지하는 것은 상당한 도전이라는 것을 인정하였다. 주요 강대국들이 후세인의 행동에 경멸을 보내며 유엔안보리결의안을 채택하였지만 대응수준에는 지속적인 이견을 나타냈으며 모두가 완전하고 무조건적인 철수에 동의한 것은 아니었다.

영국은 침략행위에 대해 원칙을 고수하는 강경한 입장을 유지하였다. 프랑스와 소련은 이전부터 이라크에 무기를 공급해오는 등 밀접한 관계를 유지해왔고 따라서 이들은 강경한 입장표명을 꺼려하였다. 미테랑 대통령의 프랑스는 독립적이면서 이라크를 회유하는 역할로 동맹국의 노력에 참여하였다. 세바르드나제와 베이커 장관의 공동성명은 소련이 우선적인 지원을 할 것이나 미국의 지도자들이 보다 강경한 대응책을 모스크바로부터 얻어내기에는 어려움이 있다는 것을 받아들여야 한다고 주장하였다. 소련정부 내에서 고르바초프와 세바르드나제의 미국과의 협력관계는 이 지역에서 소련의 이익과 위상확대에 간접적으로 연관된 아랍국가들에 의해 영향을 받았다.

안보리 상임이사국인 중국 또한 조심스럽게 접근하였다. 스스로 개발도상국가의 성공한 모범국가로 자만하고 있던 중국은 서방세계와 같이 패권주의 공범으로 보이는 것을 우려하였다. 그러나 중국은 서방세계의 기술과 시장을 필요로 하였고 중미 간 화해무드가 후세인으로 인하여 해쳐질까봐 우려하였다. 더욱이 부시는 1989년 중국의 천안문사태 당시 중국정부의 강경진압을 이미 알고 있었고 국내에서는 이를 비판해온 터라 이러한 상황은 중국의 지원을 이끌어내는 일종의 지렛대역할을 할 것으로 보았다. 독일과 일본 또한 후세인에 대한 지속적인 압력을 가하는 것에 비판적이었다. 중동에서 사활적 경제이익이 달려 있는 이 국가들은 미국에게 외교적 · 경제적 지원을 제공할 수밖에 없었다.

위기 초기부터 후세인의 행동은 동맹을 강화하는 쪽으로 기여했다. 부시가 병력전개를 발표한 같은 날 후세인은 쿠웨이트의 '포괄적이며 영구적인 합병'을 발표하면서 전세계에 이를 기정사실Fait Accompli'화 하려고 시도하였다. 이에 대한 국제사회의 반응은 즉각적이고 명료하였다. 뉴욕에서 유엔안보리는 이라크의 합병선언은 '무효'라고 규정하는 결의안 662호를 통과시켰고 모든 국가가 이를 인정하지 않도록 요청하였다. 이 결의안은 만장일치로 통과되었다. 다음날 카이로에서 아랍연맹은 쿠웨이트의 침공과 합병을 비난하는 결의안을 채택하였고 사우디에 주둔하고 있는 미군에 아랍국가들이 군대를 파견할 것을 선언하였다. 대다수의 아랍연맹국가들은 이라크의 협박에 굴하지 않고 사상 처음으로 동료 아랍국가에 대항하여 서방세계의 군대와 연합하여 작전을 수행하는 절차를 밟아나갔다.4) 처음으로 이집트군대가 사우디에 도착하기 시작하였다. 후세

---

4) 21개 아랍연맹 국가 중 12개 국가(이집트, 레바논 그리고 시리아를 포함하는)가 결의안을 지지하였다. 오직 PLO와 리비아만이 이라크를 지지하였다. 요르단은 입장을 유보하였고 예멘은 기권했다.

인은 이제 팔레스타인문제를 그의 명분에 연결시키면서 아랍의 감정을 자극하기 시작하였다. 그는 '이라크의 역사에 대한 요구사항'으로 쿠웨이트합병을 인정해준다는 대가로 이스라엘이 '점령한 영토'로부터 철수할 것을 주장하였다. 그러나 아랍연맹은 이를 거부하였다.

이어 후세인은 이라크와 쿠웨이트의 국경을 폐쇄하도록 명령하여 100만 명에 이르는 아시아 국가 근로자들과(쿠웨이트 노동자의 80%는 외국인으로 구성되었다) 1만 3,000여 명의 서양인들이 억류되었다. 개발도상국가의 환심을 사기 위해 후세인은 아시아, 아랍, 아프리카국적을 지닌 노동자들에게는 비자를 발급하였으나 서방인들에게는 발급하지 않았다. 8월 16일 후세인은 쿠웨이트에 머물고 있었던 2,500명의 미국인과 4,000명의 영국인들에게 그들의 체류사실을 보고하도록 명령하였다. 이제 이들은 이른바 '억류자'가 된 것이다. 수일 내로 80여 명의 미국인과 영국인이 호텔로부터 이라크 군사시설로 이송되었다. 후세인은 전투가 벌어지게 되면 쿠웨이트는 '무덤'이 될 것이라고 계속해서 협박하였다. 부시에게 보내는 메시지에서 "당신은 가방 안에 들어 있는 미국인을 돌려받게 될 것이다"라고 경고하였다.

후세인의 무고한 민간인에 대한 행위는 미국과 유럽의 격노를 불러일으켰다. 비서방국가 국민의 선별적 석방은 쿠웨이트 인접국가로의 유입을 촉발시키게 되었고, 인접국가들은 이들을 수용할 능력이 없었다. 쿠웨이트에 근로자를 파견했던 국가들은 이라크의 공격으로 고수입을 보장받아온 근로자들이 귀국하게 되자 유감을 표시했다. 후세인에 대한 국제적 대응은 또 다시 재빠르고 명료했다. 8월 18일 유엔안보리는 결의안 664호를 만장일치로 통과시켰다. 이 결의안은 외국인 근로자의 대우에 관한 우려표명과 이라크가 국제법을 준수하도록 촉구하는 내용을 포함하고 있었다. 다음날 후세인은 만약 서방국가들이 그들의 군사력을 이 지역에서 철수시킨다면 '외국인 손님'들을 석방할 것이라고 약속하였다.

후세인의 '손님'취급 발언은 부시를 격노하게 만들었다. 8월 20일 볼티모어Baltimore에 위치한 외국전쟁참전협회 연설에서 부시는 강한 어조로 다음과 같이 언급하였다. "미국은 악마로부터 우리의 세계를 지키기 위해서 개인적 희생을 요구할 수도 있을 것이다. 우리는 '인질'이라는 말의 사용까지 꺼려왔다. 그러나 후세인이 이들을 석방시키는 조건으로 양보를 요구해오더라도 우리는 협상에 응하지 않을 것이다. 이 사람들이 어떻게 불려 지더라도 그들은 사실상 인질이다" 부시는 후세인이 억류하고 있었던 인질에 대한 어떠한 악행의 증거를 확보하더라도 인질문제가 근본적인 이라크 문제를 흐리게 하지 못할 것이라고 판단하였다. 그는 또한 과거 카터 대통령의 경우와 같이 인질문제로 인하여 그의 대통령직이 손상되기를 원하지 않았다.

거리에 나선 후세인

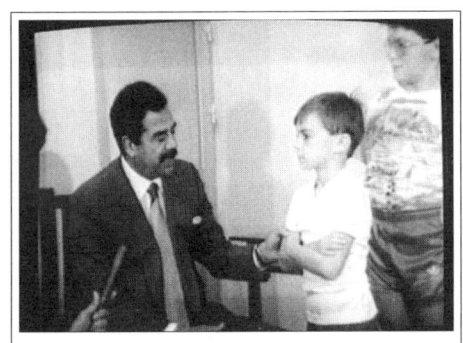

인질과 대화중인 후세인

부시는 이라크에 대한 경제적 압력을 강화하였다. 대부분의 국가들이 자발적으로 이라크와 무역을 중지하였으나 원유수입의 대부분을 이라크에 의존하고 있었던 요르단은 이라크의 보복을 두려워하여 이라크와 무역을 계속하였고 일부 물동량은 요르단의 아카바Aqaba항을 통하여 이라크로 유입되었다. 부시는 해군을 이용하여 이라크로 향하는 물자를 중지시키고자 하였다. 그러나 그의 권한행사는 다소 불명확하였다. 부시가 8월 11일 공개적으로 '개인 또는 집단의 자위권행사'에 관한 권리를 규정한 유엔헌장 제51조에 따라 행동할 것이라고 주장했으나 미국의 일방적인 제재조치는 국제적 동맹을 분열시킬 것이라고 생각하였다. 프랑스와 소련은 봉쇄의 실행은 유엔안보리의 승인을 필요로 하는 사안이라고 주장하였다. 베이커 국무장관의 독려에 따라 쿠웨이트는 봉쇄를 요청하였고 베이커는 "우리는 합법적 기준 아래 봉쇄할 능력을 갖추고 있다"라고 언급하였다.

부시는 여전히 조심스럽게 행동했다. 8월 22일 메인 주에 위치한 케네벙커포트Kennebunkport 여름별장에서 가진 보좌관들과의 회의에서 미국이 경제적 압박을 강화하고 신뢰성을 유지하기 위해 무역금지를 강행할 필요가 있다는 견해가 지배적임을 확인하였다. 스코크로프트와 대처총리는 유엔 헌장 제51조가 충분한 권한을 이미 그에게 부여하였다고 주장하였으나 부시는 이를 거절하였다. 대신 부시는 동맹을 보존하기 위해서는 유엔의 권위를 필요로 한다고 주장하는 일부 보좌관들과 의견을 같이 하였다. 이러한 결정사항을 전해들은 대처총리는 실망한 어조로 다음과 같이 말했다. "좋습니다. 그러나 지금은 흔들릴 때가 아닙니다."

위기발생 초기에 미국이 유엔안보리에 제출한 여러 가지 대책 중에서 강제적 제재조치는 가장 논쟁거리가 되었다. 결의안 665호는 유엔이 외교적·경제적 조치를 넘어 무력을 사용해 압력을 가하는 것을 포함하고 있었다. 이는 무역제재조치를 취한 미국과 여타 국가의 해군이 이라크로 향하는 물자를 선적한 선박에 대해 경고하고 중지시킬 수 있으며 만약 검열을 거부한다면 사격을 가하거나 움직일 수 없도록 만들 수 있었다. 소련의 지원이 절대적이었다. 부시와 베이커는 각각 고르바초프와 세바르드나제에게 전화를 걸어 미국과 소련의 단결력이 심각한 시험대에 올랐다고 전하였다. 그러나 부시와 베이커는 만약 필요하다면 미국은 단독으로라도 무역제재조치를 취할 것임을 확실히 하였다. 고르바초프는 정부와의 협의에 앞서 후세인에게 강력한 경고메시지를 보냈다. 이것으로 소련의 협조가 충분한 것으로 판단, 8월 25일 유엔안보리는 13대 0으로 결의안 665호를 통과시켰다. 쿠바와 예멘은 기권하였다. 결의안은 회원국들에게 결의안 661호의 실행을 위하여 이라크에 출입하는 모든 선박들에 대한 검사를 상황에 맞게 실시하도록 요구하였다. 이어 1주일 후 미국은 아라비아해와 홍해에서 이라크선박과 이라크로 향하는 다른 선박들에 대한 출항금지조치에 들어갔다.

이어 수주일 동안 각국의 정상들은 제재조치에 대한 이라크의 반응을 염려스럽게 살펴보고 있었다. 부시는 쿠웨이트 해방을 위해서는 군사력의 사용이 필요할지도 모른다는 가능성을 고려하였다. 그는 제재조치가 큰 효과를 얻기에는 다소 부족할 것이며 이라크 지도부는 저항을 계속할 것이라는 중앙정보부의 보고서를 받았다. 중앙정보부는 '단기 또는 중기'적으로 후세인을 쿠웨이트로부터 몰아낼 수는 없을 것이며 이라크 지도부나 군보다는 이라크 국민들이 피해를 입게 될 것으로 내다보았다. 위성사진은 이라크가 쿠웨이트 지역의 병력을 증강시키고 있으며 사우디아라비아의 국경지대와 쿠웨이트 해안선을 따라 방어선을 구축하고 있음을 포착하였다.

중앙정보부는 추가적으로 심리분석파일을 완성하였다. 이 파일은 후세인이 아마도 압력에 굴복하지 않을 것이라는 결론을 내렸으며 궁지에 몰리게 되면 습관적으로 죽음을 불사하고 싸울 것이라고 분석하였다. 부시에게 후세인은 국제사회의 어떠한 여론에도 굴복하지 않을 폭력적이고 무도한 사람으로 여겨졌다. 쿠웨이트에 대한 이라크의 잔학행위는 부시에게 심대한 영향을 미치게 되었다. 쿠웨이트 왕가는 9월에 백악관을 방문하여 무고한 쿠웨이트인 학살내용을 상세하게 전하였다. 이로 인하여 부시는 침략행위에 대한 신속한 응징의 필요성을 재인식하게 되었다. 그는 9월 12일 비망록에 다음과 같이 기록하였다. "만약 어떠한 일도 단시일 내에 일어나지 않는다면 단지 쿠웨이트만의 문제가 아닐 것이다." "나는 후세인의 공격을 위험스러운 전략적 위협으로 보기 시작하였다."

부시는 전쟁을 위해 만약 추가적인 병력을 필요로 할 경우 국내외적 지원이 필요할 것으로 판단하였다. 그러나 초기 반응은 그리 긍정적이지 못하였다. 소련은 여전히 동맹에 기본적인 입장만을 취하고 있었으나 9월 9일 헬싱키에서 부시를 만난 고르바초프는 후세인을 효과적으로 견제해왔다고 언급하면서 중동평화회의와 연계하여 쿠웨이트를 복구하고 철수하는 계획을 제시하였다. 부시가 이라크 문제를 여타의 중동문제와 연결하는 것을 거절하자 고르바초프는 미국과 공동성명을 통해 쿠웨이트로부터 이라크군을 철수하도록 종용하는 계획에 동의하였다. 그러나 여전히 고르바초프는 군사적 고려사항과는 거리가 멀어보였다.

며칠 후 부시는 공화당과 민주당의 주요 직위자들을 만났다. 이들은 제재조치가 합법적 기반에서 시도되어야 한다는 점에서 강력한 초당적 합의가 있음을 발견하였다. 10월 초 상원과 하원은 페르시아만에 대한 부시의 행동을 지지하는 결의안을 통과시켰다. 이들은 지속적인 외교적 노력도 기울여줄 것을 당부했다. 당시까지 부시는 전면적인 의회결의안의 필요성을 생각하고 있었다. 그의 모델은 존슨 대통령이었다. 존슨은 그의 비망록에서 베트남 전쟁목표에 대한 의회의 압도적인 지지를 받았음을 기술하였다. 이것은 매우 아이러니컬한 것이었다. 통킹만 결의안은 의회에 대한 조작행위의 대표적인 예로 알려졌으며 전쟁의 미국화에 대한 의심스러운 결정이었기 때문이었다. 어느 경우이든 부시는 백악관 변호사인 그레이_{Boyden Gray}를 통하여 통킹만 결의안을 검토하도록 지시하였다. 그레이의 보고서는 역사적 기록을 왜곡하였다. 그는 존슨이 조심스럽게 결의안을 고려중이었던 의회를 고무시켰으나 의회에서 결의안을 통과시키기 위한 압력을 거부하였다고 기술하였다. 부주의한 역사적 부정확성으로 부시는 그가 원하는 '교훈'을 손에 넣었다. 부시는 "존슨의 노력이 나에게 매우 인상적이었으며 이와 유사한 지지투표를 고려하고 있다"고 언급하였다.

현재의 제재선을 넘기 위한 국내외적 지지 부족에도 불구하고 10월 초 부시는 군지휘부에 공격계획을 수립하도록 지침을 하달하였다. 그는 군지휘부도 그다지 공격에 대해 관심을 가지고 있지 않음을 발견하였다. 방어를 위해 병력들이 배치되려면 앞으로 2개월이 더 소요될 예정이라고 파월과 슈워츠코프는 보고하였고 제재가 효력을 발휘할지 여부를 결정하기 위해서는 더 걸릴 수 있다고 보고하였다. 솔직한 성격의 슈워츠코프는 군사적 방안은 성숙되지 못했다며 다음과 같이 주장하였다. "이제 우리는 제재를 통해 그 증거들을 보기 시작했습니다. 그런데 우리가 왜 '그들에게 2개월을 주었다, 그런데 말을 듣지 않았다, 가서 모조리 섬멸시키자'라고 말해야 됩니까? 그것은 미친 짓입니다." 그는 공격을 위한 계획을 수립하기 위하여 워싱턴으로 돌아가는 대신 사우디아라비아에서 할일이 있다며 그를 대신하여 참모장인 존스턴Robert Johnston 장군을 회의에 참석시켰다.

10월 11일 백악관에서 부시와 고위관료들은 회의를 가졌다. 존스턴과 중부사령부 요원들은 공격계획을 보고하였고 부시와 스코크로프트는 '하고 싶지 않은 임무를 수행하는 사람들에 의해 만들어진 열성이 없는 계획보고'에 실망하였다. 계획은 우선 이라크의 군사시설과 핵심기반시설에 대한 집중적인 폭격을 실시한 다음, 쿠웨이트에 위치한 이라크군에 대한 지상작전을 실시하도록 수립되었다. 스코크로프트는 쿠웨이트의 거점에 위치한 이라크에 대하여 1개 군단으로 공격한다는 계획에 대해 이의를 제기하였고 대규모의 유엔병력으로 측면공격하는 것보다 서쪽으로부터 포위공격을 실시하도록 주장하였다. 회의는 군사적 방안에 대한 부시의 기대나 지상작전에 관한 부적절함을 남겨둔 채 종료되었다. 지상작전계획에 대한 부적절함으로 굴욕감을 느낀 파월과 슈워츠코프는 스코크로프트의 양면 포위공격에 기초한 수정된 계획을 수립하도록 지시를 받았다.

미군의 공중공격

사막의 폭풍작전

미국의 관료들이 전쟁에 대한 우발계획을 수립하고 있는 동안 무역제재조치의 실행과 곤경에 빠진 인질문제가 외교적 계획에 영향을 미치게 되었다. 부시는 후세인과 직접적인 접촉이 미국에게는 받아들일 수 없는 위험을 내포할 수도 있을 것으로 생각하였다. 후세인은 그에게 가장 극악한 적으로 남아 있었다. 특히 그가 텔레비전에 인질과 함께 나타난 모습은 더욱 그러하였다. 후세인은 불안에 떨고 있는 7세 소년의 머리를 거칠게 쓰다듬고 있었고 인질들에게는 그들의 억류가 평화에 기여하고 있다고 말했다. 잭슨Jessi Jacksone 목사와 발트하임Kurt Waldheim 전 유엔사무총장을 포함한 여러 명의 밀사가 급히 파견되었고 이를 계기로 병약하거나 나이가 많은 인질은 풀려나게 되었다. 그러나 인질전원에 대한 석방 결심은 이루어지지 않았다.

후세인은 쿠웨이트 문제에 다양한 외교적 노력에 대응하지 않았다. 요르단 국왕 후세인, 유엔사무총장 케야르Javier Perez de Cuellar 프랑스의 미테랑 대통령, 소련의 고르바초프 총리 등이 이라크의 철수에 대한 보상을 약속하였다. 요르단 후세인 국왕은 사담 후세인과 협상을 끌어내려 했으나 헛된 노력으로 끝났다. 케야르 유엔사무총장은 이라크로 날아가 쿠웨이트로부터 이라크가 철수하는 데 유엔평화유지군을 파견할 것이며 이라크와 쿠웨이트 사이에 유엔주도하에 감시단을 파견할 것이라고 제안했으나 이라크는 철수를 거부하였다.

미테랑 대통령은 미국과의 협의 없이 9월 24일 유엔총회연설에서 '전쟁의 논리'보다는 '평화의 논리'를 추구하자는 취지의 연설을 하였다. 미테랑 대통령은 이라크의 쿠웨이트로부터 무조건철수를 요구했으나 쿠웨이트의 위기상황 해결을 위해서는 모든 지역문제들이 협상에 거론되어야 하며 따라서 쿠웨이트 문제 이후에는 팔레스타인문제가 논의되어야 한다고 주장하였다. 이는 미국이 말하는 철수에 대한 '보상'으로 여겨졌으며 후세인은 프랑스가 미국과 느슨한 동맹관계를 유지하고 있다고 판단하고 미테랑의 발언에 즉각적인 반응을 보이지 않았다. 그러나 후세인은 일부 프랑스 인질을 석방시켰다.

미국의 관료들은 소련의 계획에 대해 가장 많은 우려를 나타냈다. 10월 초 고르바초프는 후세인과 오랜 교분을 지닌 몇몇 인사를 포함하여 프리마코프Yevgeny Primakov를 바그다드로 보냈다. 프리마코프와 후세인과의 회동은 이라크 지도부가 협상을 준비할 수 있는 계기를 마련하였다. 그러나 이라크 통신사가 "쿠웨이트는 이라크 땅이었고 앞으로도 영원히 이라크의 땅이 될 것이다"라는 보도가 나오자 협상의 여지는 완전히 깨지게 되었다. 고르바초프는 프리마코프를 통해 회동내용을 부시에게 전달하도록 하였다. 부시는 못마땅한 상태였지만 프리마코프의 방문을 거절할 수는 없었다. 부시는 바그다드로부터의 어떠한 '긍정적 신호'라도 듣게 될 것을 기대한다고 말했다. 프리마코프는 예정된 대로 이라크로 돌아가 10월 28일 후세인과 면담을 가졌다. 후세인은 이 자리에서 쿠웨이트로부터 철수하지 않을 것이며 쿠웨이트문제는 팔레스타인문제와 연결시켜 처리해야 한다고 주장하였다. 표면적으로 소련과 이라크의 지도부는 회담결과를 긍정적으로 발표하였다. 후세인은 프리마코프의 발언을 "심오하고 유익하였다"라고 묘사하였고 프리마코프는 문제는 평화적으로 해결될 수 있을 것이라고 말했다. 프리마코프의 임무가 모호하게 종료되자, 고르바초프는 파리로 이동하였고 미테랑 대통령과의 공동회견문을 발표하였다. 소련과 프랑스는 모든 인질을 석방시킬 것과 쿠웨이트로부터 철수할 것을 주장하였다. 고르바초프는 또한 "후세인은 우리의 견해를 양분시키는 방향으로 가서는 안 될 것이며 만약 그렇게 생각하고 있다면 그는 잘못 판단하고 있는 것이다"라고 덧붙였다.

다양한 외교적 노력을 기울이고 있는 가운데 부시는 인질의 취급에 대한 깊은 우려를 나타냈다. 그의 보좌관들은 후세인에 압력을 가중시킬 것인가 하는 문제에 대하여 의견이 분분하였다. 베이커는 자국민이 이라크에 인질로 억류되어 국가들은 국제적 지원을 보낼 것으로 믿고 있었다. 그러나 스코크로프트는 인질문제가 침략에 관한 우려로부터 관심을 전환시킬지도 모른다고 강조하였다. 부시는 후세인의 부도덕성을 전제로 이 두 가지 문제의 상관관계를 바라보았다. 공식석상에서 부시는 후세인을 히틀러에 비유하였다. 이를 지켜본 사람들은 부시의 판단력이 점차 흐려지고 있음을 두려워하였다.

부시의 감정의 깊이는 10월 30일 15명의 의회지도자들과 백악관에서 만났을 때 더욱 분명해졌다. 부시는 인질에 관한 취급문제를 다시 언급했고 그가 읽고 있었던 제2차 세계대전 역사와 견주하며 독재자에게 호소하는 것은 무의미한 일이라고 주장하였다. 의회지도자들은 부시가 병력증강을 추진하고 있다는 점에 대해 우려를 표명하였다. 폴리Thomas Foley 하원의장은 81명의 민주당 의원이 서명한 '우려의 서한'을 대통령에게 전달하였다. 이 서한은 어떠한 군사적 행위도 반대하며 만약 궁극적으로 전쟁이 필요하다면 의회의 승인 하에 이루어져야 한다고 주장하였다. 부시는 유엔병력을 증원하는 고려사항은 제재가 효과를 발휘하지 못하고 있고 이라크가 쿠웨이트와 그 주변의 병력을 증강시켰다는 사실로 정당화 될 수 있다고 주장하였다. 정당을 초월한 여러 의원들과 폴리 하원의원은 물론 상원의원 미첼George Mitchell까지 부시에게 의회나 국민의 지지를 상실하지 않도록 서서히 움직일 것을 주문하였다. 이들은 한 의원이 발언한 "제재가 실패했다는 사례는 아직까지 없다"라는 주장을 빌려 제재를 위한 시간을 더 주어야 한다고 주장했다. 한편 폴리 하원의장은 "만약 전쟁에 관한 반대 의견이 광범위할 경우, 대통령은 국민의 지지를 받지 못할 것입니다"라며 전쟁수행에 관한 결정에 의회의 결의가 반드시 있어야 할 것이라고 주장하였다. 상원의원 미첼과 상원 정보위원회 부의장 코언William Cohen 의원은 실제적으로 인질에 대한 잔학행위가 이루어졌는지에 대한 명백한 증거가 있는지 의문을 제기하였다. 결국 회의는 군사력의 사용과 대통령의 전쟁수행권한에 관하여 백악관과 의회를 더욱 갈라놓는 중대한 출발점이 되었다.

회의결과에 실망한 부시는 베이커, 체니, 스코크로프트 그리고 파월을 만나 다음과 같은 대안을 제시하였다.

우리가 계속해서 우리의 계란들을 제재바구니에 담아야 할지의 여부를 결정할 시간이 다가왔다. 이는 장시간을 필요로 할 것이며 아마도 전쟁의 대가를 치르지 않아도 될 것이다. 만약 우리가 후세인에게 어떤 한정된 기간을 부여한다면 우리는 전쟁에 효과적으로 병력을 투입할 수 있을 것이다. 나는 또한 그러한 조건을 준비하고 만들어 나감으로써 후세인을 평화적인 협상 결의안으로 이끌 가능성을 높일 수도 있을 것이다. 우리가 후세인과 협상할 것임을 확신시켜주기 위해서는 전쟁의 끝으로 몰아갈 필요도 있다.

사우디를 방어하기 위해서는 대략 25만 명의 병력을 필요로 하였다. 문제는 추가적으로 배치되는 20만 명의 병력으로 공세를 취할 수 있는 능력이 될 것인가의 여부였다. 부시의 측근들은 병력증강에 관한 대통령의 군사적 판단과 병력증강으로 얻게 되는 외교적 실익에 동의하였다. 이들은 국제적 지원과 의회의 승인이 문제라는 사실도 인정하였다. 유엔안보리의 병력사용에 관한 승인과 이라크 철군 시한일자를 선정하는 것이 근본적인 문제로 보였다. 그러나 베이커는 프랑스와 소련이 공격을 실시하는 방안을 지지할지 확신하지 못했다. 그럼에도 불구하고 그는 병력의 추가적인 주둔을 위한 사우디의 승인과 유엔안보리 결의안을 지지하도록 준비에 나섰다.

군사력을 2배로 증강 배치한다는 발표는 11월 9일까지 보류되었다. 베이커는 미군주둔에 관한 사우디 국왕의 승인을 위해 급하게 사우디로 날아갔다. 한편 11월 8일 의원선거가 실시될 예정이어서 의회와 백악관과의 관계는 더욱 긴장을 유지하였다. 부시는 병력증강으로 유엔결의안을 거부하면서 지속적으로 병력을 증강시키고 있던 후세인에게 '전면적인 공격'의 대안을 마련하였다고 언급하였다. 이 연설에서 부시는 "이라크의 침략행위는 쿠웨이트와 여타 걸프지역의 국가안전에만 관련된 것은 아니다. 이는 냉전 이후에 보다 행복한 세계를 건설하고자 하는 모든 국가의 문제이다"라며 이라크문제를 정의하였다.

미국의 군사력의 증강은 의회와 주요언론의 엄청난 비판을 몰고 왔다. 의회는 베트남전쟁 이후 전쟁수행에 관한 특권에 대해 강력하게 주장해왔다. 의회는 1973년 '전쟁권한결의안War Power Resolution'을 통과시켰다. 이는 의회와 대통령이 전쟁수행을 위한 적대행위 이전에 '집단적 판단절차'를 정립하기 위한 것이었다. 기본적으로 결의안은 국가통수권자인 대통령이 선전포고를 할 수 없도록 규정하는 한편 전쟁을 수행할 수 있는 대통령의 권한을 제한하기 위한 것이었다. 미셸 상원의원은 다음과 같이 최종제안을 제출했다. "대통령은 반드시 의회에 출석하여 선전포고를 요청해야 한다. 만약 대통령이 승인을 얻지 못한다면 대통령은 전쟁을 수행할 수 있는 아무런 법적 근거를 가지지 못한다." 이러한 가운데 53명의 민주당 하원의원과 1명의 상원의원은 연방법원에 의회의 승인이 없이 군사력을 사용하지 못하도록 하는 권고안을 작성해 제출하였다.[5] 부시의 동료 공화당원들은 혼란상태에 있었다. 돌Dole 상원의원과 루가Richard Lugar 의원 그리고 영향력을 지닌 일부 공화당의원들은 페르시아위기를 평가하기 위한 특별회기를 요청하였다. 그러나 부시는 그러한 결정으로 인해 미국의 결의가 양분된 것처럼 비추어질지도 모르며 이로 인해 후세인의 손에 놀아날 수도 있을 것이라며 우려를 표시하였다.

부시는 11월 14일 의회지도부들과의 만남에서 의회와의 이견을 좁히기 위해 노력하였다. 부시는 그의 결정을 설명하면서 의회와 지속적으로 협의할 것을 약속하였다. 그러나 민주당원들과 일부 공화당원들은 병력증강의 시기에 대하여 의문을 제기하였고 전쟁은 의회의 승인이 있을 경우에만 실시할 수 있음을 재천명하였다. 부시는 새롭게 의회가 구성되는 다음해 1월까지 논의를 연기할 것에 동의를 얻어냈다. 부시는 전쟁에 관하여 의회의 승인을 얻어내기는 어려울 것이라고 생각하며 회의실을 떠났다.

미국정책에 대한 국제적 지원은 의회와 국민의 지지로 이어질 것이 분명해 보였다. 부시는 유엔안보리에 지원을 얻어내기 위해 베이커를 파견하였다. 11월 초순 베이커는 외교적 대장정을 시작했다. 우선 그는 '병력사용을 포함한 모든 필요한 수단'을 승인하는 유엔결의안을 작성하였고 안보리의 결의안 진행을 확인하였다. 부시는 베

---

5) 그린(Harold H. Green) 판사는 12월, 비록 선전포고는 의회단독으로 권한을 가지지만 의회가 아직 전쟁 또는 평화에 대한 입장을 분명하게 결정하지 않았기 때문에 이 근거에 의해 원고에 대한 재판을 실시할 수 없다고 밝혔다.

이커에게 지지를 얻어내기 위해 상당한 정도의 양보나 다른 유인수단에 관하여 일임해 주었다. 이들은 소련이 분명 '무력사용'을 반대할 것이며 소련의 지지를 받아내기 위해서는 이 문구를 수정할 준비가 되어 있어야 함을 인정하였다. '모든 필요한 수단'의 사용은 암시적으로 경우에 따라서는 무력사용을 포함한다는 의미였다. 이들은 또한 유엔안보리의 절차는 신속하게 움직일 필요가 있다고 인정하였다. 회의마다 의장국이 번갈아가며 회의를 주재하였다. 11월 중 미국은 의장직을 가졌으나 12월에는 예멘이 의장국이 될 차례였다. 이들은 결의안에 반대할 것이 분명하였다. 의제와 절차를 의장이 특권을 보유하게 된 이래로 미국은 11월 말 이전에 결의안을 통과시킬 필요가 있었다. 결의안의 중요성과 남아 있는 시간으로 보아 부시와 베이커는 각국의 유엔대사보다는 더욱 직접적으로 각국 정상이나 외무장관을 만날 필요가 있다고 판단했다. 베이커는 "이는 너무 중요한 사안이기 때문에 최고수준에서 다루어져야 한다"라고 언급했다.

병력증강에 관한 사우디의 승인을 확보한 후 베이커는 카이로를 방문하여 첸치천(錢其琛) 중국 외교부장을 만났다. 첸치천은 유엔안보리의 결의안을 지지하는 대신 부시나 베이커가 중국을 방문해주기를 원했다. 그러나 그러한 방문은 천안문사태에 대한 책임을 지고 있는 현중국정부를 방문함으로써 국내로부터 비난에 직면하게 될 것이 분명하였으므로 거절하였다. 베이커는 만약 중국이 안보리에서 거부권을 행사하게 된다면 미·중관계가 크게 손상될 수 있을 것임을 분명히 하였다. 베이커는 첸치천에게 다음과 같이 언급하였다. "우리는 상대방이 우리에게 합류하지 않는다고 우리의 친구에게 등을 돌리지 않는다. 그러나 그들이 우리의 길에 서 있지 않을 때에는 우리의 길에 들어오도록 요청할 것이다" 첸치천은 베이커의 말을 이해한 것처럼 보였다. 베이커는 부시에게 전화를 걸어 중국은 미국의 결의안을 지원하거나 최악의 경우는 기권할 것이라고 알렸다.

예상했던 대로 소련과는 가장 폭넓은 범위에서 어렵게 논의를 진행하였다. 11월 7일 모스크바를 방문한 베이커는 세바르드나제를 만났다. 이 자리에서 세바르드나제는 무력사용을 통하여 위협을 주는 대안을 받아들였다. 그러나 그는 신속한 승리에는 회의적이었다 (아프가니스탄에서 소련의 굴욕을 그는 생생히 기억하고 있었다). 베이커는 세바르드나제와 예외적으로 군사작전에 대한 상세한 부분까지 토의하였다. 그의 유일한 질문은 이라크의 스커드 미사일이(소련이 이라크에 제공한) 위협을 제기할 수 있느냐의 여부였다. 베이커를 배석한 군지도부 요원은 미국이 걱정할 필요가 없을 정도로 그들의 미사일이 너무 부정확하다고 답변했다.

세바르드나제는 베이커와 함께 고르바초프 별장을 방문했다. 고르바초프는 미국과 힘을 합쳐 일할 것이나 오랫동안 동맹국이었던 이라크에 대해 미국이 무력을 사용한다는 결의안에 대한 지지는 꺼려진다고 말했다. 그는 두 가지 결의안을 제시했다. 첫 번째는 6주 동안의 평화적 해결방안을 시도한 후 병력의 사용을 승인한다는 사항과 두 번째는 적대행위의 실제적 시행에 관한 사항이었다. 베이커는 협상이 진행되는 과정에서 미국의 결의안을 수정하는 것은 너무 부담이 된다는 이유로 그가 제시한 대안을 거절하였다. 고르바초프는 확실한 의견을 제시하지 않았으나 그가 약 10일 후 파리에서 열리는 유럽안전보장협력회의CSCE: Council on Security and Cooperation in Europe 에서 부시를 만나기 이전에 어떠한 결론에 도달하게 될 것이라고 언급하였다. 13시간에 걸친 세바르드나제와 고르바초프와의 회의에서 다소 지치기는 했으나 신념에 찬 베이커는 부시에게 전화를 걸어 현재 진행되고 있는 상태로 보아 소련은 아마도 미국의 결의안을 지지할 것이라고 보고하였다.

중국과 소련의 대화는 기대했던 이상으로 잘 풀려나갔다. 베이커는 다시 유엔안전보장이사회의 상임이사국인 영국과 프랑스의 지도자를 만나기 위해 런던으로 날아갔다. 영국의 지원은 항상 확실하였지만 프랑스가 문제가 되었다. 베이커 장관과 장시간 회의를 마치고 나서 미테랑 대통령은 결국 지원을 약속하였다. 권위주의적인 쿠웨이트정권을 구하기 위한 명목으로 프랑스 군대를 파견한다는 데 냉소적이었지만 미테랑은 후세인을 경멸하였고 이로 인해 그가 견제되어야 한다는 데 동의하였다. 베이커는 이어 비상임이사국 회원들을 만나기 위해 분주하게 움직였다. 그는 제네바에서 아이보리코스트Ivory Coast, 에티오피아Ethiopia, 자이레Zaire의 관료들을 만났으며 파리에서 루마니아의 외무장관과 회담을 가졌다. 베이커는 후에 예멘과 콜롬비아 국가원수를 만나기 위해 이동하였고 이어 로스앤젤레스에서는 말레이시아의 외무장관과 회동을 가졌다. 결의안의 중요도를 고려할 때 이러한 지도자들과의 만남은 매우 무게가 있었고 결국 예멘을 제외하고 모든 국가들이 유엔에서 후세인의 모독이 쿠웨이트를 해방시키기 위한 병력사용을 정당할 수 있다는 논리에 동의하였다. 11월 25일까지 베이커는 쿠바를 제외한 모든 안보리 회원국의 고위관료를 만났고 소련, 중국, 예멘을 제외하고 지원이 거의 확실할 것으로 보였다. 예멘은 결의안에 반대할 것으로 보였다. 중국은 거부권을 행사하지 않을 것이라고 약속하였다.

소련의 지원가능성은 여전히 남아 있었다. 그러나 20여 년 동안 양국의 유대관계와 소련정부와의 심각한 견해차를 볼 때 고르바초프가 주저하는 것은 당연하였다. 11월 18일 파리에서 열리는 회담까지는 어떠한 결정이라도 내리겠다는 고르바초프의 확언에도 불구하고 소련정부 내의 계속된 토의는 미·소 두 정상이 만났을 때 부시가 희망하였던 사항은 배제되었다. 미국은 소련이 '무력의 사용'문구를 들어 수정을 요구한 사항을 받아들였고 협상을 허락하는 마지막 날짜를 추가하는 데 합의하였다. 세바르드나제는 베이커에게 소련은 결의안에 대해 찬성할 것이지만 후세인과 외교적인 노력을 좀더 기울일 것이기 때문에 공개적으로는 약속하지 않을 것이라고 말했다. 수일 후 고르바초프는 후세인에게 만약 이라크가 협상의 신호를 보내오지 않는다면 소련은 미국과 행보를 같이할 것이라며 경고하였다. 그러나 그러한 경고는 효력을 나타내지 못했고 결국 소련은 결의안에 대한 지지로 돌아섰다.

유엔안보리의 결의가 결정되는 순간에도 미국은 일련의 회의를 진행 중이었다. 부시와 베이커는 부지런히 11월 29일의 투표에 대비하였다. 세바르드나제는 소련의 지지약속을 보내왔다. 투표 하루 전 부시와 베이커는 결의안 문구를 마지막으로 손질하였다. 1991년 1월 15일은 이라크가 쿠웨이트로부터 철수해야 하는 마지막 날이었다. 안보리의 회원국들에 대한 로비를 마친 베이커는 마지막으로 쓸모없게도 생각할 수 있는 쿠바지원을 얻어내기 위한 노력을 점검하였다(그는 30년 만에 처음으로 쿠바의 고위관료와 회담을 가졌다). 베이커는 또한 중국으로부터 지원을 얻기 위한 마지막 노력을 기울였다. 예멘은 예견한 대로 결의안에 반대하였다. 그는 보좌관에게 값비싼 투표가 되었을 것이라고 말했다(예멘은 지금까지 연간 7000만 달러의 경제적 지원을 받아왔다).

유엔안보리는 11월 29일 오후에 개최되었고 역사상 가장 중요한 투표의 하나로 기억될 투표가 진행되었다. 두 회원국을 제외하고 투표의 중요성을 증명하듯 모두 외무장관이 참석하였다. 베이커는 기조연설에서 무력사용 위협을 정당화하기 위하여 역사적 전례를 이끌어냈다. 1936년 에티오피아가 이탈리아에 의해 유린당하자 에티오피아의 왕 셀라시에Haile Sellasie가 국제연맹에 호소하였던 사례를 인용하면서(1990년 에티오피아는 안보리의 이사국이었다).6) "역사는 지금 우리에게 또 다른 기회를 부여하였다. 우리는 국제연맹이 걸었던 길로 국제연합을 가도록 해서는 안 된다. 우리는 탈냉전 이후의 우리의 공동목표인 평화로운 세계를 만들기 위한 임무를 수행해야 한다. 그러나 만약 우리가 평화로운 세계를 원한다면 우리는 후세인의 침략에 맞서야한다"라고 주장하였다.

회의는 두 시간 넘게 진행되었다. 회의에 초청된 이라크 대표자를 포함한 여러 대표들의 연설 이후에 결의안 678호가 투표에 붙여졌다. 12개 국가가 찬성하였고 쿠바와 예멘은 반대하였으며 중국은 기권하였다. 결의안은 이라크에게 '마지막 선의가 주어지는 기회로' 1991년 1월 15일까지 쿠웨이트로부터 병력을 철수하도록 하는 내

---

6) 1933년 6월에 가조인되었던 영국·독일·프랑스·이탈리아 4개국협정이 독일의 연맹탈퇴로 인하여 소멸되었다. 이 4개국협정은 군축문제로 대립하고 있던 독일·프랑스 사이를 조정하는 것이었지만, 이탈리아의 식민지획득에 관한 양해도 포함되어 있었다. 무솔리니는 1935년 1월 프랑스 외무장관 P.라발과의 회담에서 에티오피아침략이 묵인될 수 있다고 생각하였다. 무솔리니는 영국·프랑스가 독일의 위협에 대항하기 위해 이탈리아에게는 타협적일 것이라고 판단하여 우기(雨期)가 끝나는 10월에 에티오피아침략을 시작하였다. 국제연맹은 이탈리아를 '침략국'이라 규정하고 연맹규약 제16조에 의한 경제제재조치를 취했으나, 가장 중요한 석유는 금수품목(禁輸品目)에서 제외하였다. 이는 석유의 금수조치가 전쟁으로 발전할 것을 우려한 영국과 이탈리아의 우호관계를 바라는 프랑스가 처음부터 제재조치에 적극적이지 않았기 때문이었다. 1936년 5월 에티오피아의 왕은 영국으로 망명하였고, 이탈리아군은 수도 아디스아바바를 점령하고, 무솔리니는 '신(新)로마제국'의 성립을 선언하였다. 이로써 국제연맹의 위신은 땅에 떨어졌고, 영국·프랑스와 이탈리아의 대립은 심각해졌다(역자 주).

용을 담고 있었다. 결의안은 또한 만약 이라크가 이를 이행하지 않을 경우, 유엔은 국제평화와 안전을 위하여 걸프지역을 복구하기 위한 '모든 필요한 수단'을 사용하도록 허락하는 내용을 포함하였다.

무력사용에 대한 국제사회의 승인을 얻게 되자 이제 부시는 그의 정책에 관한 점증하는 국내의 비판에 직면하게 되었다. 국민과 의회는 처음에는 미국의 병력증강에 대해서 지지를 보냈으나 공세행동으로 이어지려 하자 우려를 보내기 시작하였다. 부시의 위기상황관리에 관한 11월 여론조사결과는 8월에 80%의 지지율에서 54%로 하락하였음을 보여주었다. 더욱이 중요한 것은 미국인들이 병력을 2배로 증강한다는 것에 대하여 찬반이 절반으로 나뉘었다. 한편 1월 15일까지 이라크가 쿠웨이트로부터 철수하지 않을 경우 무력을 사용하는 데 찬성하느냐는 질문에 대하여 37%만이 찬성한다고 답변하였고 51%는 반대하였다. 그리고 61%의 미국인들이 이라크를 몰아내기 위한 전쟁을 수행하기보다는 수세적인 위치를 지키는 것이 바람직하다고 답변하였다.

일부 저명한 전직관료들은 부시가 전쟁의 길로 달려나가고 있다고 주장했다. 상원과 하원 군사위원회에서는 청문회가 열렸다. 전 국방장관 슐레진저James Schlesinger는 "이미 강력한 벌이 내려졌다"며 '중동지역에서의 전쟁은 화염처럼 타올라 예측할 수 없는 방향으로 나아갈 것'이라고 경고하였다. 그는 '미국이 전쟁이 끝난 후에는 파괴된 이라크를 건설해야하는 책임까지 떠맡게 될 것'이라고 경고하였다. 그러한 우려는 오돔William Odom 전 국가안보국장National Security Agency과 웹James Webb 전 해군장관이 또다시 제기했다. 웹 전 해군장관은 부시가 지금보다 더 나아가기 전에 초안을 다시 검토하고 의회의 선전포고의 승인을 얻어야 한다고 주장하였다. 부시의 정책에 가장 혹독한 평가를 내린 사람은 전 합참의장 크라위William Crowe 제독이었다. 그는 제재조치가 효력을 발휘하는지의 여부를 결정하기 위하여 최소한 1년을 기다려야 한다고 주장하였다. 그는 다음과 같이 주장하였다. "우리는 그들을 버리기 전에 제재에 공정한 기회를 주어야 한다. 전쟁을 피하기 위해 희생과 불확실성을 교환하는 것은 그럴 만한 가치가 있다." 존슨 대통령이 베트남전으로 뛰어들지 못하도록 온갖 노력을 기울였던 전 국무차관 볼은 부시 대통령이 전쟁에 뛰어들기 이전에 유엔의 평화유지능력을 최대한 활용해야 한다고 주장하였다. 위원회에 참석을 요청받았던 전직관료 중에 오로지 키신저 전 국무장관만이 부시의 정책을 지지하였다. 위원회에서 뿐만 아니라 그의 여러 논문과 인터뷰에서 키신저는 침략행위에 대한 응징과 국제질서를 유지하기 위해서는 어느 정도의 희생과 위험은 감수해야 한다고 주장하였다.

유엔안보리결의안 678호는 47일간의 평화적 해결을 허락하였고 미국의 여론과 의회는 결의안이 승인한 무력사용을 받아들이는 데 주저하였다. 부시는 그가 11월 30일 언급한 바와 같이 '평화를 위한 남은 여정'으로 나아가기 위해서 국제사회의 지원과 국내에서의 합법성을 재확인하지 않을 수 없었다. 그는 미국과 이라크 간 직접적인 대화를 제안하였다. 이를 위해 먼저 베이커 장관을 바그다드로 보내 후세인을 만나도록 하였고 아지즈Tariq Aziz를 워싱턴에 오도록 했다. 부시는 평화를 위한 '남은 여정'의 증거를 제공해줌과 동시에 쿠웨이트를 해방시키기 위한 국제사회의 약속을 이라크에 전달하기 위한 가장 유효한 수단은 양자간 대화라고 생각하였다.

부시는 그가 협상에 여지가 없음을 재차 확인하면서 다음과 같이 언급하였다. "나는 쿠웨이트로부터 이라크군의 완전철수, 쿠웨이트

합법정부의 복구 그리고 모든 인질의 석방 이외에는 어떠한 여지도 없다. 만약 이라크가 1월 15일까지 여기에 응하지 않는다면 유엔은 무력에 호소하게 될 것이다. 나는 내가 한 말에 책임을 질 것이다. 이것은 또 다른 베트남이 되지 않을 것이다. 장기전으로 빠져들지도 않을 것이다. 만약 한 명의 미국 병사가 전투에 뛰어들게 되면 그의 뒤를 따라 충분한 병력이 전개하여 이라크를 몰아낼 것이다." 부시는 연설을 마친 뒤, 언론사들로부터 질문을 받았다. 한 신문기자는 페르시아만 문제를 해결하기 위하여 대통령 자신의 손자목숨을 담보할 수 있겠느냐고 질문하였다. 부시는 미국의 사활적 이익이 중대 기로에 서 있으며 '그러한 손자들과 같은 병사들이 단 한명이라도 총탄에 맞지 않고 돌아올 수 있도록 최선을 다할 것'이라고 답변하였다. 그는 '만약 전쟁을 하게 된다면, 그 끝은 분명할 것'이라고 덧붙였다.

부시의 몇몇 보좌관들이 두려워했던 바와 같이 상당한 주목을 불러일으킨 것은 부시의 강력한 언어가 아니라 화해적 태도였다. 특히 스코크로프트는 직접적인 대화제안을 반대하였다. 그는 유엔안보리 결의안 678호가 통과된 지 며칠 안 된 상황에서 대화제안이 후세인과 아랍지도자들에게 우유부단함으로 비추어질 것이라고 주장하였다.

부시의 제안에 대한 이라크의 반응은 그러한 우려를 보여주는 것이었다. 바그다드 방송들은 부시의 움직임을 '중동지역문제에 대한 중대한 협상을 열기 위해 이라크의 요구에 굴복'한 것이라고 주장하였다. 어느 기자가 언급한 대로 '미국을 여기저기 뛰어다니도록 만든' 후세인은 12월 2일 바그다드 텔레비전을 통해 "부시가 선의에 의해 접근한다면 문제해결의 가능성은 절반이다. 그러나 그렇지 않다면 우리는 전쟁에 더 가까이 가게 될 것이다"라고 경고하였다. 12월 5일 유럽경제공동체Europe Economic Community외무장관들이 회담을 위해 이라크 외무장관 아지즈를 초청하자 후세인은 한층 고무되었다. 미국 내의 점증하는 반전감정과 유럽경제공동체의 이익관계를 언급하면서 후세인은 이러한 상황을 충분히 활용하기 위하여 남아 있던 인질들을 풀어주겠다고 약속하였다. 4일 후 미국대사관은 항공기를 전세 내어 325명의 인질을 바그다드로부터 데려왔고 이어 남아 있던 사람들을 데려왔다. 인질들이 풀려나자 부시는 이제 '하나의 작은 근심거리'가 남았다고 언급하였다.

한편 아랍 내 미국의 동맹국들은 부시의 계획에 불평하였다. 사우디아라비아 대사는 스코크로프트에게 "베이커를 보내는 것은 당신에게는 좋은 의도이지만 후세인에게는 당신이 애송이임을 알리는 것이다"라고 말했다. 또한 후세인은 베이커를 맞이하기 마지막 순간까지 기다릴 것이라고 덧붙였다. 사우디아라비아, 이집트 그리고 시리아는 후세인의 어리석음을 깨뜨리기 위하여 신속하게 움직였다. 12월 3일 외무장관들은 '전쟁을 피하기 위한 마지막 기회'를 활용하도록 후세인에게 경고하였다.

부시는 그의 결의에 대한 후세인의 오해와 아랍국가들의 우려는 그가 미국의 여론과 의회에게 확신을 심어주기 위해 지불해야 할 대가로 보았다. 부시는 결의를 발표하던 날 밤, 의회의 지도자들을 만나서 비록 의회와 밀접한 협력관계를 유지할 것이나 헌법상으로 전쟁에 들어가기 전에 의회의 승인은 필요없을 것이라고 말하였다. 부시의 발언에 대해 여야 의원들은 매우 유감을 나타냈다. 의원들은 또한 제재조치는 오랜 기간을 두고 시험받아야 할 것이라며 만약 전쟁으로 간다면 간결하고 결정적으로 종료될 것인지 의구심을 표명하였다.

회의가 끝난 뒤 부시는 보좌관들에게 군사력사용을 위한 의회의 결의안에 대한 지지 여부를 물었다. 그는 국민과 의회 모두 궁극적으로는 그의 정책을 지원할 것이라고 믿고 있었다. 그는 중앙정보부가 곧 이라크에 대한 제재조치는 제한된 효력을 발휘할 것이라고 의회에 보고할 것이며, 이는 무력에 호소하려는 그를 정당화하게 될 것이라고 생각하였다. 부시는 또한 새로이 초당적으로 구성된 걸프지역 평화 및 안보특별위원회에 의해 고무되었다. 위원회는 뉴욕 출신의 민주당 솔라즈Steven Solaz 의원이 의장을 맡았다.

비타협적이고 무감각한 후세인의 태도는 부시가 국내의 지지기반을 마련하는 데 가장 큰 힘이 되고 있음이 증명되었다. 시간은 결국 쿠웨이트 문제를 풀기 위한 부시의 의도에 유리하게 작용하기 시작하였다. 이라크 외무장관 아지즈의 미국방문은 12월 17일로 잠정 결정되었으나 베이커가 바그다드를 방문하는 계획과 상충되어 이루어지지 못하였다. 12월 15일 후세인은 "우리는 명령을 받기 위해 미국으로 가지 않을 것이다. 만약 미국의 대통령이 유엔결의안을 반복해서 주장한다면 우리가 거기에 갈 이유는 없다"며 실질적으로 협상의 여지를 배제하였다. 다음 날 후세인은 쿠웨이트문제는 팔레스타인문제가 완전히 해결된 이후에 논의되어야 한다고 주장하였다. 그는 심지어 아랍국가들의 노력마저도 거부하였다. 특히 알제리는 요르단, 이란 그리고 오만의 지원하에 중재노력을 기울여 왔다. 알제리 대통령 벤제디드Chadli Benjedid는 바그다드로 가서 이라크와 미국이 동시에 쿠웨이트와 사우디아라비아에서 철수할 것을 제안하였다. 이라크는 이러한 제안에 관심이 없었다. 벤제디드는 '쿠웨이트는 과거에도 현재도 그리고 미래에도 이라크이며 단 한 발자국의 양보도 하지 않을 것'이란 말을 전해 들었다.

부시와 그의 보좌관들은 후세인의 이와 같은 언급을 대부분 허세에 불과할 것으로 판단하였고 후세인이 결국 전쟁을 피할 것으로 희망하였다. 가까운 측근에 따르면 부시는 개인적으로 전쟁의 불가피성을 단념한 것으로 보였다. 그러나 야전사령관들에 의한 평가는 그의 우려를 낳았다. 슈워츠코프는 전쟁이 6개월 이상 지속될 수 있을 것으로 보고 이라크는 '끈질긴 전투'를 수행할 것이라고 주장하였다. 부사령관 월러A.H. Waller 중장은 기자들에게 군사동맹은 1월 15일까지 전투를 수행할 정도에 이르지 못할 것이며 아마도 2월 1일이 보다 현실적인 마지막 준비일자가 될 것이라고 언급하였다. 12월 24일 부여된 임무를 수행하고 사우디아라비아로부터 돌아온 체니와 파월은 이와는 반대로 최후통첩기간인 1월 15일까지는 군사작전을 실행할 준비가 끝날 수 있을 것이라고 부시 대통령에게 재확인하였다.

1991년 1월 1일 부시는 백악관에서 스코크로프트, 체니, 파월 그리고 게이츠를 만났다. 이들은 후세인이 보내온 또 다른 문서를 읽어나갔다. 후세인은 전날 쿠웨이트에 주둔하고 있던 군부대를 방문하였다. 그는 "미국주도의 병력증강은 이라크를 위협하는 데 실패했다. 이라크는 절대 양보하지 않겠다는 결의가 점차 굳어가고 있다"라고 떠들었다. 부시는 그러한 비타협적 태도에 상관없이 미국과 이라크의 외교관리들이 또 다른 노력을 기울일 필요가 있다고 믿었다. 그와 보좌관들은 이러한 방법을 통해서만이 후세인이 유엔동맹국의 결의를 깨닫게 되는 유일한 방법이라고 보았다. 더욱이 미국은 외교적으로 바그다드를 통제할 수 있었다. 한편 유럽경제공동체는 1월 4일 바그다드의 관료들을 만날 예정이었으며 미국은 이 회담을 이라크에 대한 마지막 기회로 여겼다. 프랑스는 이라크의 쿠웨이트로 부터 철수와 요르단강 서안으로부터 이스라엘이 철수하는 거래를 추진할 수도 있음을 암시하였다. 의회가 1월 3일 다시 열리게 되면, 이라크에 대한 제재가 1월 15일 이후를 넘어서까지 이행되어야 하 는지 그리고 부시가 유엔결의안 678호가 이행되기 이전에 전쟁을 통한 문제를 해결할 것인지 하는 문제를 다루게 될 것이었다.

1월 3일 아침, 부시는 베이커와·아지즈 간에 1월 7일부터 9일 사 이 적당한 시간에 직접 회담을 제안하였으나 그 조건은 매우 단순한 것이었다. 즉 "협상도, 타협도 없다. 체면치레를 위한 시도도 없을 것이며 침략행위에 대한 어떠한 보상도 없을 것이다"라는 것이었다. 이라크는 1월 9일 제네바에서 베이커와 아지즈 간 회의를 제안했고 미국은 이를 받아들였다.

부시는 제네바에 가는 베이커의 임무는 그의 결의를 후세인에게 마지막으로 전달할 수 있는 기회로 보았으며 이는 전쟁을 피하기 위 한 '남은 여정'으로 가는 것이라고 보았다. 아지즈가 후세인에게 이 라크의 불안정한 입지에 관한 불쾌한 사실을 알리지 않을 것이라는 우려 속에 부시는 베이커를 통해 대통령의 개인적인 편지를 전하도 록 하였다. 편지내용은 다음과 같았다.

대통령 각하, 오늘 우리는 이라크와 국제사회 간 전쟁의 문턱에 서 있습니다. 이는 귀하의 쿠웨이트 침공으로부터 비롯된 것이며, 유엔안 보리결의안 678호에 따라 이라크의 완전하고 무조건적인 이행만이 이 전쟁을 종식시킬 수 있을 것입니다. 침략행위에 대한 보상은 없을 것입 니다. 협상 또한 없을 것입니다. 원칙은 협상될 수 없습니다. 그러나 결의안을 완전히 이행한다면 이라크는 국제사회에 다시 참여할 수 있 는 기회를 가지게 될 것입니다. 대통령 각하, 유엔안보리결의안은 금년

1월 15일을 설정해 놓았습니다. 따라서 이 위기는 정해진 날짜 이전에 더 이상의 폭력행위 없이 종료되어야 합니다. 이 문서가 의도한 바대로 될 것인지 아니면 더 많은 폭력이 지속될 것인지는 귀하의 손에 달려 있습니다. 본인은 귀하께서 선택방안을 신중하게 고려하기를 바라며 현명한 선택을 바라는 바입니다.

베이커는 제네바회담에 앞서 영국과 프랑스의 지도자들을 만나기 위해 1월 6일 워싱턴을 떠났다. 런던에서 새로 취임한 외무장관 허드Douglas Hurd는 베이커 장관에게 영국이 지속적으로 미국을 지원할 것임을 확인하였다. 미테랑 프랑스 대통령은 이라크로부터 "유럽국가 중 공세적이고 거만한 미국의 정책을 지지하는 굴종적인 국가가 있다"고 공격받아 왔으나 이번에는 미국을 지지할 의사를 굳건히 하였다.

한편 워싱턴으로 복귀한 후에 부시는 유엔안보리결의안 678호에 대한 의회의 지지 요청을 얻어내기 위해 급박한 결정을 내렸다. 1월 8일 의회지도자들에게 보낸 조심스런 문구의 서한을 통해 부시는 의회가 국익에 따라 행동하도록 촉구하였다. 부시는 의회의 지원이 아지즈와의 회담에서 베이커의 입지를 위해 '건설적'으로 작용할 것이라고 언급하면서 "의회가 국제평화를 증진하고 국가이익을 지켜내기 위한 기회는 여전히 남아 있다"라고 덧붙였다. 부시는 상원과 하원이 유엔안보리결의안 678호를 실행하기 위한 모든 가용한 수단의 사용을 지지하는 의회결의문을 채택하도록 요청하였다. 그러나 부시는 궁극적 권력은 그에게 있으며 그가 어떤 것을 결정하든 의회가 승인하도록 요청할 것이라며 다음과 같이 언급하였다. "나는 미국의 안전을 위해서라면 필요한 모든 조치를 취하기로 결심하였다. 나는 의회가 이 과업을 달성하기 위해 동참하도록 요청하는 바이다. 나는 이 중대한 시기에 의회가 대통령을 지지하는 것보다 더 효과적인 길은 없다고 생각한다."

의회의 승인을 얻기 위한 부시의 결정은 대다수의 의원들이 무력 사용에 대한 의구심을 가지고 반대하는 상황이었기 때문에 일종의 계산된 모험이었다. 의회가 전쟁결의안을 거부한다면(또는 일부 협상 수단만을 통과시킨다면) 연합군의 지도자로서 그의 입지는 상당히 약화될 것이었다. 이와 반면에 의회에 보내지 않는 것은 여론으로부터 격리될 위험성을 안고 있었다. 1월 초 여론조사결과는 60%의 미국인이 부시가 군사적 행동을 하기 전에 의회의 승인을 필요로 한다고 생각하였다. 따라서 부시는 헌법적 절차에 최소한의 존중심을 표시함으로써 대통령의 권력을 남용한다는 비난으로부터 전부는 아니더라도 최소화할 수 있을 것으로 판단하였다. 이는 한국전쟁 당시 트루먼의 전쟁에 대한 결정과 베트남전쟁으로 궁지에 빠졌던 존슨의 전례로부터 얻은 교훈이었다. 의회가 쿠웨이트를 해방하기 위해 병력이 배치된 상황하에서 결국은 국가적 차원의 결의를 해치고 있다는 비난의 책임을 면하기 위해 승인하는 방향으로 흘러갈 것이기 때문에 이를 위해 마지막 1분까지 기다리는 것은 아마도 부시에게 유리하게 작용할 것으로 보였다.

한편 제네바에서 베이커-아지즈 간 회담은 전쟁으로 가는 길목에서 마지막 방향을 전환시킬 수 있는 기회였다. 이들은 1월 9일 수요일 인터컨티넨털호텔에서 회담을 가졌다. 분위기는 아주 차가웠다. 출입구에 들어가기 전에 사진을 찍기 위해 포즈를 취해달라는 부탁은 거절되었고 베이커는 아지즈와 악수를 하기는 했으나 아지즈는 그의 눈을 보거나 미소를 보내지는 않았다. 일단 회의가 시작되자 베이커는 부시의 친서를 건네주었다. 친서를 넘겨받은 아지즈는 떨리는 손으로 밀봉된 친서 위에 복사본을 읽어나갔다. 한참 동안 친서를 읽어 내려간 아지즈는 "어조가 국가원수로서 적절하지 않다"라는 이유로 친서를 받아들이지 않았다. 이에 베이커는 "친서는 솔직하고 적절하다"며 응답했다. 아지즈가 이를 받아들일 수 없다고 재차 주장하자 베이커는 다음과 같이 말했다. "당신은 이 친서를 읽어본 당신 정부의 유일한 관료로 모든 책임을 당신이 혼자 지려고 한다" 그러나 여전히 아지즈는 거부하였다. 회의는 7시간 넘게 계속되었지만 마치 미국과 이라크 사이에서 직면한 막다른 골목을 보여주듯 부시의 친서는 여전히 테이블 위에 놓여 있었다.

남아 있는 회의일정은 아무 쓸모없음을 보여주었다. 아지즈는 미국이 이라크와 팔레스타인에 '음모'를 꾸미고 있다며 저항하였다. 베이커는 아지즈에게 이라크에 준비된 압도적인 힘을 상기시켰고 만약 이라크가 철군하지 않을 경우 전쟁이 확실하다는 것 그리고 결국에는 폐허화된 이라크가 기다리고 있을 것이라고 경고하였다. 아지즈는 이라크가 고통을 이겨내고 미국에 대항해 견뎌낼 것이라고 주장하였다. 베이커가 부시의 친서를 전달하기 위한 마지막 노력을 기울이는 가운데 회의는 결렬되었다.

베이커가 제네바회담의 결렬을 보고한 후 부시는 공개적으로 '후세인이 페르시아만 상황을 해결하려는 노력의 일환인 직접적인 대화에 관심'이 없다고 비난하면서 "전쟁을 선택하든 평화를 선택하든 그것은 후세인에게 달렸다"고 경고하였다. 이것이 전쟁을 의미하는 것이냐는 기자의 질문에 부시는 다음과 같이 대답하였다. "나는 이것을 국민들에게 잘못 전할 수 없다. 나는 매우 상심해 있으며 쿠웨이트로부터 철수한다는 논의도 없었다. 그것은 완전한 거부였다."

의회가 전쟁결의안에 대해 토론을 시작할 무렵, 부시는 이라크의 비타협적 태도로 인하여 반사이익을 얻게 되었다. 이는 많은 미국인들에게 무력 사용의 필요성을 확신시켜주는 계기가 되었다. 제네바 회담 직후 실시된 여론조사결과는 전쟁을 시작해야 한다는 지지가 점점 올라가고 있음을 보여주었다. 미국인들은 제재와 무력사용 사이에서 거의 양분되는 양상을 보여주었다. 그러나 이제 전쟁에 대한 여론이 더욱 우세한 결과(50% 대 36%)로 나타났다. 또 다른 여론조사는 만약 이라크가 쿠웨이트로부터 1월 15일까지 철수하지 않는다면 전쟁을 수행해야 한다는 여론이 55% 대 35%로 나타났다. 여론조사에서 보여주는 강경한 입장은 60%의 미국인이 위기를 해결하기 위해 할 수 있는 모든 외교적 노력을 다해왔다는 것을 반증하는 것이었다. 이러한 결과는 여전히 부시의 정책이 지지를 받고 있음을 보여주고 있는 것이나 압도적인 지지로부터는 다소 거리가 있었다. 약 1/3의 국민이 여전히 전쟁에 반대하였고 이는 의회의 승인 여부가 더욱 중대한 사안으로 등장함을 의미하였다.

페르시아만의 운명의 시간은 결말을 향해 가고 있었으며, 미국의 여론은 군사적 선택방안으로 기울어가고 있었다. 상하 양원은 전쟁결의안을 고려하고 있었다. 상하원은 텔레비전으로 중계되는 가운데 특별회기를 열었다. 미국의 국민들은 의회에서 진행되는 수준 높은 논쟁을 지켜보았다. 공화당 지도부는 부시 대통령의 주장과 함께 의회의 우선투표를 주장하면서 결의안을 제시하였다. 이라크에 침략행위와 유엔결의안을 상기하면서 이 전쟁결의안은 유엔결의안 678호에 따라 대통령에게 무력사용을 '승인'하도록 요청하였다. 이에 앞서 대통령은 유엔결의안을 이행하기 위한 모든 평화적 노력을 기울였으나 실패하였다고 의회에 알렸다. 의회의 권한을 재확인함에 결의안은 대통령의 전쟁권한 결의안에 대한 '특별한 헌법적 승인'

에 관한 조항을 추가로 기록하였다.[7]

전쟁결의안이 의회에서 통과하기 위한 부시의 희망은 모든 공화당원이 지지하고 여기에 일부 민주당 의원이 지지해야만 달성 가능한 것이었다. 상원에 비해 하원은 전통적으로 대통령의 외교정책을 지지해왔으며 민주당 의원들 중 강경파들은 전쟁결의안을 지지할 것이 확실해 보였다. 상원에서의 상황은 불확실했다. 8월의 위기가 시작된 시점부터 몇몇 영향력 있는 상원의원들은 부시의 정책을 비판하였다. 상원은 전통적으로 그들의 외교적 특권을 유지하기 위해 매우 배타적이었다. 이는 베트남전 이후 더욱 그러하였다.

의회의 논쟁은 쿠웨이트의 주권을 회복한다는 목표에 대해서 의문을 제기하지 않았고 오히려 무력사용이 정당한 것인가 하는 문제에 초점이 맞추어졌다. 마졸리Romano Mazzoli 민주당 하원의원의 경우와 같이 아주 소수 인원만이 논쟁의 본질적인 문제로부터 일탈하였다. 그는 부시가 쿠웨이트정부를 '매우 순수하고 대중에 뿌리를 두고 있는 진정한 민주주의'를 실천하고 있는 국가로 신성시하고 있다고 비난하였다. 부시정책에 반대하는 대부분의 사람들은 군사적 선택방안의 긴급성에 대한 의구심을 제기하였고 제재조치가 효과를 발휘할 때까지 시간이 필요하다고 주장하였다. 예를 들면 하원의 맥더모트Jim McDermott 의원은 "수사어구를 그만두고 전쟁으로 달려가는 속도를 늦추어야 한다. 제재가 효과를 발휘하도록 시간을 더 주고 외교적 노력을 기울이며 어떠한 행동을 취하기 이전에 이성적으로 대화를 나누어야 한다"고 주장하였다. 동료의원인 마키Edward Markey 는 "의회가 전쟁으로 향하는 길목을 제어해야 한다"고 주장하였다.

---

7) 민주당 지도부가 제시한 전쟁결의안 대안은 대통령에게 외교적·경제적 노력을 지속하고 만약 그러한 노력이 실패할 경우, 무력을 사용하기 위해 의회의 승인을 얻어야 한다고 것이었다. 이는 투표에 붙여졌으나 상원과 하원 모두로부터 과반수를 얻는 데 실패하였다.

민주당 출신의 슈어_{James Shuer} 의원은 "1년 동안의 기다림은 한 달 동안의 제재의 기다림의 비용이 될 것이며 그 한 달 동안의 기다림은 전쟁의 비용이 될 것이다"라고 주장하였다.

의회에서 부시의 지지자들은 시간은 우선적으로 후세인에게 유리하게 작용할 것이며 그에게 핵개발을 가능하게 할 것이라고 주장하였다. 이들은 제재가 먹혀들어가지 않고 있다는 중앙정보부의 보고서를 지적하였다. 헌터_{Duncan Hunter} 공화당 의원이 "후세인과 같은 정신나간 사람에게 우리는 시간을 아무렇게나 줄 수 없다"라고 주장하자 많은 의원들이 그의 의견에 한 목소리를 냈다. 공화당 셔스터_{Bud Shuster} 의원은 "우리는 희망하는 대로 될 것이라는 기대보다는 어려운 현실과 직면해야 한다. 오직 무력만이 후세인을 무너뜨릴 수 있을 것이다"라고 주장하였다. 화려한 수사를 사용하는 공화당 리치_{Jim Leach} 의원은 "메시지는 명료하게 전달되어야 한다. 야만적으로 침략행위를 자행한 이라크는 쿠웨이트를 즉각 돌려놓아야 한다"라고 말하였다. 대다수의 의원들은 후세인을 '현대의 히틀러'로 규정하고 1930년대 침략행위를 중지시키지 못한 교훈을 상기하였다. 부시의 강력한 지지자 중 한 명인 민주당의 콜맨_{Ronald Coleman}은 "우리가 시간을 줄수록 이들은 더욱 강력해지고 과감해질 것이며 그러한 중대한 실수를 우리가 다시는 해서는 안 된다"라고 주장하였다.

하원에서의 토론은 결정이 최종적으로 이루어지게 될 상원까지 영향을 미치지 못하였다. 부시정책에 대한 비평가들은 제재가 효력을 발휘할 충분한 시간도 주지 않은 채 전쟁으로 달려가고 있다고 주장하였고 대통령이 선전포고권을 가진 의회를 무시함으로써 권력을 남용하고 있다고 주장하였다. 민주당원들은 부시가 여러 가지 대안을 이용하여 쇠진한 후에 최종적으로 전쟁승인 요청을 하기까지 의회가 기다린 후에 행동해야 한다고 주장하였다. 이들은 만약 공화당이 주장한 전쟁법을 통과시킨다면 이는 전쟁에 대한 결정과정의 무게중심이 대통령에게 이동하게 될 것이라고 주장하였다.

민주당 당수 미첼은 부시가 위기가 진행되는 동안 의회의 지도자들과 긴밀한 협의를 하는 데 실패하였다고 비난하면서 전쟁을 수행할 것인가의 여부는 대통령이 단독으로 주장해서는 안 된다고 거듭 강조하였다. 민주당의 레이니Patrick Leahy 의원은 대통령이 "의회의 승인없이 전쟁을 실시해서는 안 되며 미국의 젊은이를 전쟁터로 마음대로 보낼 수 있는 권력을 누리는 사람이 있어서도 안 된다"라고 주장하였다. 민주당의 또 다른 지도급 인물인 모니헌Patrick Moynihan은 이라크 침략행위의 심각성을 일축하면서 부시가 '불쾌한 조그만 국가가 침략을 감행했다고 해서 제2차 세계대전 이후로 엄청난 병력을 파견하는 것은 과한 행동'이며 '결의안의 통과는 헌법에 제시된 의회의 권위가 부정되었음을 의미'한다고 주장하였다.

민주당의 바이던John Biden 의원은 부시가 전쟁승인요청을 오랫동안 기다림으로써 의회를 조작하고 있다고 주장하였다. 그는 "의회가 헌법적 역할에 실패했다는 것은 − 전쟁선택이 대통령에 의해서가 아니라 의회에 의해서 이루어졌다고 주장하는 − 역사의 실수가 될 것이다"라고 주장하였다. 케네디Ted Kennedy 의원은 헌법학자들과 논의한 서한을 가지고 "만약 우리가 대통령에게 의회의 승인이 없이 전쟁을 허락하게 된다면 그것은 오랫동안 우리를 따라다니며 괴롭힐 것이다"라고 주장하였다. 베트남전 참전용사 출신인 상원의원 케레이John Kerrey는 다음과 같은 날카로운 질문을 제기하였다. "대통령 한 사람이 일방적으로 결정했기 때문에 우리는 전쟁을 수행해야 하는 것인가?"

전쟁을 반대하는 대부분의 사람들이 부시의 권력남용에 무게를 두었던 반면에 일부 비평가들은 제재에 보다 시간이 주어져야 한다고 강조하였다. 민주당 브래들리Bill Bradley 의원은 "제재의 강력한 도구, 다양한 조치 그리고 완고한 압력은 작동하기도 전에 버려졌다"며 비난하였다. 상원군사위원회 의장인 넌Sam Nunn 의원은 군사분야 문제의 권위자로 널리 존경받는 인물이었다. 그는 "제재가 8월에 실행되었을 때 누구도 5개월 안에 효력을 발휘하리라고는 생각하지 않았다"며 제재가 완전하게 시험을 받기 전에 서둘러 전장에 군대를 보내는 것이 왜 그렇게 '매우 중대한'것인지에 대해 물었다.

대통령의 오만함을 염두에 둔 많은 민주당 의원들의 이러한 비평은 후세인의 침략행위 앞에서 모든 미국인이 단결해야 한다는 필요성을 주장하는 부시의 지지자들이 그 해답을 제시하였다. 공화당의 디아마토Alfonse D'Amato 의원은 다음과 같이 주장하였다. "지금은 당파적으로 대응해서는 안 되는 시기이다. 미국은 대통령의 뒤에서 우리의 결의는 분명하며 한 목소리를 내고 있음을 후세인에게 분명히 보여줘야 한다." 오클라호마 출신의 니클스Don Nickles 의원은 "만약 이러한 결의가 실패한다면 이는 후세인에게는 엄청난 승리가 될 것이다"라고 주장하였고 결의안의 통과는 이라크를 쿠웨이트로부터 철군시키는 마지막 압력으로 작용할 것이라고 언급히였다. 헤치Orin Hatch 의원은 결의안이 무력을 사용해도 좋다는 의회의 대통령에 대한 지원을 후세인에게 보여줌으로써 부시의 외교적 영역을 '강화'시켜주는 계기가 될 것이라 덧붙였다. 심스Stephen Symms 의원은 무력사용에 관한 의회의 지원은 부시에게 후세인을 견제하기 위한 '지렛대'를 제공할 것이며 '평화를 성취'하는 데 기여하게 될 것이라고 주장하였다.

이러한 논쟁은 일부 민주당 상원의원들이 부시의 지지로 돌아서는 데 기여하였다. 베트남전 참전용사이며 존슨 대통령의 사위인 버지니아 출신의 로브_{Charles Robb} 의원은 "대통령이 목표를 성취하기 위해 필요로 하다고 믿는 것에 대하여 대통령에게 권위를 주어야 한다"라고 주장하였다. 이외에 민주당의 가장 두드러지는 대통령 지지자는 역시 베트남전에 비전투원으로 참전한 바 있었던 테네시주 출신의 고어_{Albert Gore} 의원이었다. 부시 행정부는 '중립적인' 의원들을 대상으로 로비를 하였고 3개 주(루이지애나, 앨라바마, 네바다) 출신의 민주당 상원의원 6명을 목표로 하였다. 이들 모두는 만약 민주당원들이 전쟁결의안에 찬성한다면 곧바로 돌아설 인물들로 백악관에서는 이들을 포함한 전쟁수행 찬성을 위한 서한을 발송하는 작업에 들어갔다.

결국, 전쟁결의안에 대한 투표는 미국의 역사상 가장 근소한 차의 결과로 끝났다.[8] 1월 12일 상하원은 아주 근소한 차로 무력사용을 승인하였다. 하원은 결의안을 250 : 183으로 가결하였다. 예상한 바와 같이 상원에서는 투표가 더욱 극적으로 이루어졌다. 상원의 투표결과는 52 : 47을 나타냈다. 백악관이 계산한 대로 충분한 수의 민주당 의원들이 실질적으로 약간의 과반수를 넘은 의석의 공화당 의원에 가세되었다. 하원에서는 164명의 공화당 의원과 86명의 민주당의원이 가세함으로써 결의안을 통과시켰다(179명의 민주당원과 오로지 3명의 공화당원이 결의안에 반대하였다).상원에서는 10명의 민주당 의원이 42명의 공화당 의원들과 함께 부시를 지지하였다. 헌법적 절차에 대하여 대부분이 만족하였고 아무도 '1월 15일까지 이라크가 철수해야 한다는 것에 이의를 제기하지 않을 것'이라고 결론

---

8) 1991년 전쟁결의안에 대한 지지는 하원에서 58%, 상원에서 52%였다. 1812년 영국의회의 전쟁선포는 이와 아주 유사한 사례였다. 1812년 투표는 79대 39(62%)였고 상원은 19대 13(59%)이었다.

지었다.

페르시아만의 위기 동안 부시의 지도력은 과감성과 주의력으로 뒤섞였다. 위기 초기 부시는 이라크의 침략행위를 묵인할 수 없는 사안으로 규정하고 "이 침략행위에 맞서야 한다"는 결의에 흔들림이 없었다. 미국에 대한 결의가 약화된다면 이는 후세인에게 쿠웨이트를 병합시키는 결과를 낳게 될 것이었다. 그러나 부시는 행정부 내에서조차 반대에 부딪혔다. 특히 파월 장군은 미국이 사우디의 안전을 보장하는 한, 이라크의 쿠웨이트 점령을 받아들일 준비를 하고 있었다. 만약 미국의 외교정책을 형성함에 쿠웨이트 침략의 정치·전략적 중대성에 대하여 의문을 제기한 파월의 조언이나 여타 보좌관들의 견해가 우세하였다면 국제적 동맹을 형성할 아무런 이유가 없었다. 또한 아랍국가들은 그들 나름대로의 기재(機材)에 의하여 후세인의 침략행위를 수용할 것임이 거의 분명하였다.

위기가 발생한 초기 수일 동안 부시는 여러 차례 위험을 감수하였다. 그는 우선 유엔안보리의 결의안에 대한 소련의 지지를 얻어낼 수 있었으며 중국은 최소한 미국의 정책목표를 따라오도록 설득할 수 있었다. 대부분의 아랍국가들은 이라크의 침략행위에 대항하여 외부세력과 연합하였고 사우디는 역사상 전례없이 현대 이슬람국가의 영토에 서유럽세력의 주둔을 상징하는 연합군을 받아들였다. 부시의 각국 지도자들과의 개인적 교감과 베이커의 소련을 포함한 부단한 외교적 노력은 연합을 형성하는 데 기여하였다. 물론 외교적 성공은 궁극적으로 메신저보다는 메시지에 달려있었다. 여러 국가들이 침략에 대한 일종의 근본적인 혐오감을 공유하고 있었기 때문에 부시와 베이커의 노력은 대부분 성과를 보았고 미국의 지도력에 응답해 주었다. 후세인의 완고한 적대행위도 부시의 성공에 일정 부분 기여하였다. 미국의 정보활동이 시작되고 후세인이 궁지에 몰리게 되자 후세인은 본능적으로 투사가 되었고 부시에게는 국내외적으로 유리하게 작용하였다.

위기를 통하여 부시는 다른 국가들이 호응하지 않을 경우 이를 억지로 끌고 가지 않을 것임을 결심하였다. 그는 모든 단계마다 국제적 지원을 확실하게 해두었다. 유엔안보리결의안은 그의 정책에 대한 국제적 정당성을 부여하였고 국내에서 의회의 지원이 가능토록 하였다. 제재에 관한 결의안 665호와 1991년 1월 15일을 최후통첩일로 설정한 결의안 668호 등과 같이 일부 보좌관들이 경우에 따라서는 불필요하거나 오히려 위험할 수도 있다는 조언에도 불구하고 부시는 단계마다 유엔안보리의 지원을 추구하였다.

부시의 신중함은 의회와의 관계에서도 명백하였다. 유사한 상황하에 있었던 트루먼과 존슨처럼 부시는 군통수권자로서 일방적으로 전쟁에 임할 수 있었다. 그러나 그의 전임자들과는 달리 부시는 야당인 민주당이 장악한 의회와 직면하였고 이들은 전쟁의 필요성에 대한 강한 의심의 여지를 가지고 있었다. 부시는 의회를 좀더 효과적으로 다루어야만 했다. 그는 계획상 미군의 규모를 손쉽게 확대할 수 있었고 보다 공세적으로 접근할 수도 있었다. 또한 그는 궁극적으로 그가 일방적으로 결정한 사항에 대한 비판도 받을 수 있었다.

그러나 부시는 이전의 지도자와 달리 상황에 따라 의회와 전적으로 협력하였다. "20여 차례가 넘는 위기상황에서 부시는 개별적인 만남보다는 의회의 지도부나 초당파적인 그룹 등을 직접 만나거나 설명을 했다." 의회의 지도자들과 빈번한 회의는 본질적으로 어려운 과정이었다. 일반적으로 대통령은 정책을 결정하고 외교방향을 설정하며 경제적·군사적 압력을 가하기 위한 노력을 추구한다. 의원들 편에서 보면 만약 그들이 대통령의 혜안에 대한 의구심을 가지게 되고 의회의 특권을 절충해야 하는 결정으로 빠져들게 되면 지원을 꺼리게 된다. 부시와 의회지도자들 사이의 상호교감은 그들 각자의 편에서 충분한 의견을 제시하는 합의과정에서 솔직한 의견접근이 모아질 때 소기의 목표를 달성하게 된다. 전쟁결의에 관한 대통령의 '권력남용'을 비난한 민주당의 의견은 실질적이지 못했다. 부시는 위기의 기간에 미국의 정책을 결정하고 군사력을 투사하기 위한 대통령의 헌법적 권한을 상당한 정도의 헌법적 정당성을 확보하는 방법을 통하여 행사하였다.

공세를 위한 움직임과 유엔안보리의 결의안 678호의 통과로 국내에서의 부시의 정치적 움직임은 더욱 조심스럽게 진행되었다. 대부분의 국민과 의회는 군사력의 사용에 반대하거나 적어도 회의적이었다. 국내의 지원을 얻어내기 위하여 그는 유엔동맹국들과의 긴밀한 협력하에 전쟁을 피하기 위해 이라크와 '진솔'하게 대화를 하자고 제안하였다. 이러한 행동은 아지즈 총리가 '뻣뻣하게 무장한' 베이커를 제네바에서 만났을 때와는 달랐다. 부시는 이를 통해 시간을 확보함은 물론 엄청난 정치적 이익을 챙겼다. 의회가 대통령의 명백한 헌법적 임무수행을 확실하게 하기 위하여 유엔안보리결의안 678호의 시행을 거부할 것이라는 위험도 부시는 받아들였다. 그러나 부시에게 자신의 주장을 강하게 내세우는 권위주의는 불필요하였다. 부시는 트루먼과 존슨이 피하고자 했던 절차를 취했다. 그는 아마도 헌법적 절차에 대한 존중보다는 국내의 정치적 고려사항에 보다 무게를 두고 정책을 추진해왔는지도 모른다. 그러나 부시는 여전히 그의 지도력에 대한 평가를 의회의 투표에 맡겨 놓아야 했다. 한국전쟁에서 의회의 지원이 없었던 트루먼과 베트남전에 대한 전쟁승인과정이 모호했던 존슨과는 달리 부시는 그가 전쟁에 대한 결심을 했을 때, 헌법적 절차에 부합하는 의회의 승인을 요구할 수 있었다.

그의 외교적 성공은 역설적으로 그의 선택방안을 제한하였고 궁극적으로 전쟁으로 가는 결심의 가능성을 높여 놓았다. 사우디아라비아에 연합군의 주둔은 더 이상 미룰 수 없었고 군사작전계획은 무더운 날씨와 이슬람 휴일을 고려해야만 했다. 더욱이 연합군의 외교적 결합은 그 기반이 매우 약하여 깨지기 쉬웠다. 후세인이 위기를 장기적으로 가져갈수록 부시에게는 다양한 연합군세력을 유지하기가 더욱 어렵게 될 것이었다. 소련과 대부분의 유럽국가들이 전쟁으로 급하게 휘말리는 인상을 피하고 싶었던 반면 중동을 포함한 기타 아시아 국가들은 화해적 태도를 두려워하였다(비록 쿠웨이트로부터 철수를 요구하는 것에는 동의하였지만). 시간은 부시에게 불리하게 작용할 것으로 보였다. 물론 후세인 또한 이와 유사한 결론을 내린 것으로 보였다. 부시가 후세인과 타협하지 않겠다는 입장은 그의 신념을 보여주는 것뿐만 아니라 외교적 규범을 반영한 것이었다. 11월에 취해진 두 가지의 강압정책은 - 공세를 위한 미군의 병력을 2배로 증강하는 것과 쿠웨이트로부터 철수 일자를 1월 15일까지 승인한 유엔의 결의안 - 힘으로 뒷받침이 된 최후통첩을 구성하였다.

사막의 미군 장갑차

공격으로 파괴된 죽음의 고속도로

결국 전쟁에 관한 결정은 워싱턴에서 만들어진 것이 아니라 바그다드에서 만들어졌다. 위기를 촉발시킨 것은 다름아닌 후세인이었다. 유엔이 제시한 외교적·군사적·경제적 압력에 맞선 것도 후세인 자신이었다. 1월 15일 최후통첩일이 지나자 연합군에 의한 대규모 공격이 개시되었다. 후세인은 막대한 사상자와 피해를 감수해야만 했다.

:: 제6장
통수권자로서의 부시

승리의 조건

1991년 1월 16일 저녁 부시는 사막의 폭풍작전Operation Desert Storm 을 승인하였다. 백악관에서 진행된 대국민연설에서 부시는 ─ 트루 먼과 존슨이 유사한 상황에서 했던 것과 마찬가지로 ─ 국제적 질서 를 유지하기 위한 전쟁의 필요성을 강조하였다. 그러나 과거 소련이 나 중국이 중소 공산국가를 침략한 경우와는 달리 탈냉전시대의 침 략행위는 미국의 안보에 크게 영향을 미치지 않을 것이며 위협 또한 낮을 것으로 생각되었다.

1991년 미국과 동맹국들은 '정글의 법칙이 아니라 법치에 의해 각국의 행동을 이끌어 가는 새로운 국제질서' 형성을 위한 길목에 서 있었다. 그리고 이제 유엔은 최초의 설립취지에 따라 유엔의 약 속과 비전을 수행하기 위해 유엔의 평화유지역할을 충실히 수행할 수 있을 것으로 보였다. 미국의 독립전쟁 당시 "이제 인간의 정신을 시험할 때이다"라는 페인Thomas Paine의 유명한 문구를 인용한 후 부시 는 "어떠한 국가도 전쟁의 공포로부터 일치단합한 세계에는 저항할 수 없으며 어떠한 국가도 그들의 이웃을 야만적으로 침략하지 못할 것임을 인정하게 될 것이다"라고 주장하였다. 한국전쟁과 베트남전 쟁의 유산은 명백하였다. 모호한 목표를 추구하였던 트루먼의 실수

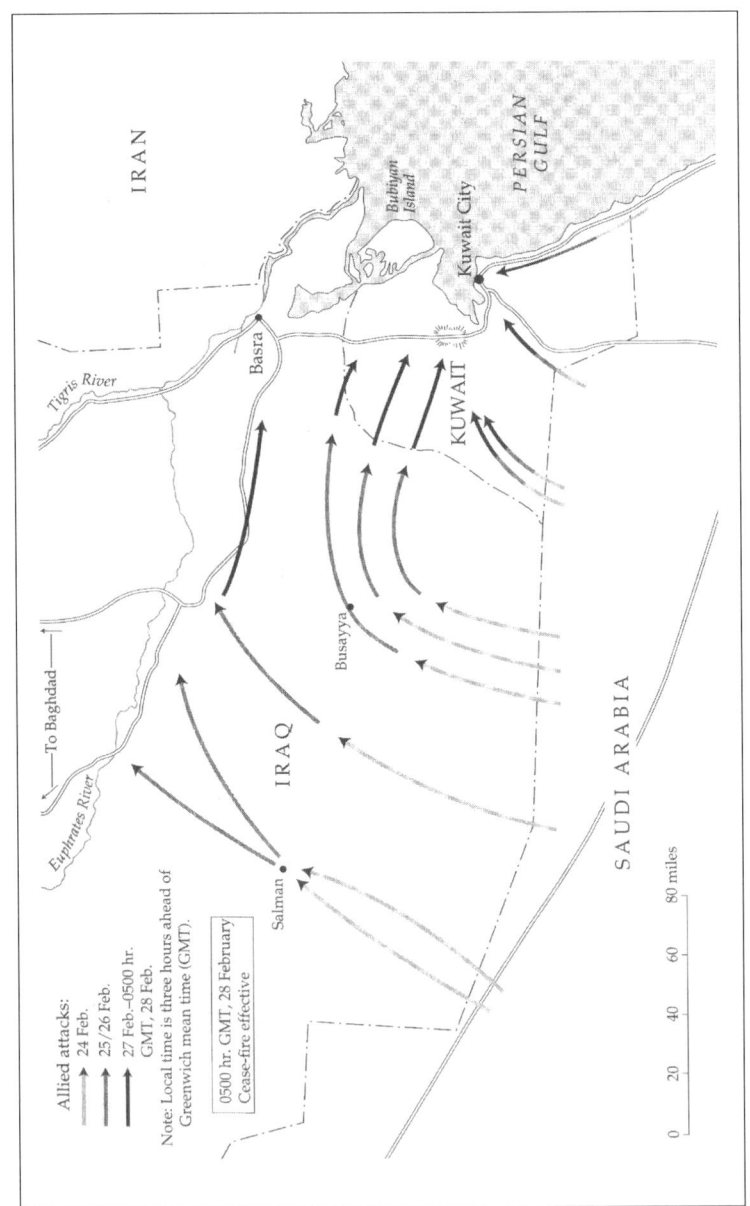

Allied attacks:
24 Feb.
25/26 Feb.
27 Feb.–0500 hr.
GMT, 28 Feb.
Note: Local time is three hours ahead of
Greenwich mean time (GMT).

0500 hr. GMT, 28 February
Cease-fire effective

THE PERSIAN GULF WAR: The Allied Ground Offensive

IRAN

Tigris River

Basra

To Baghdad

Euphrates River

IRAQ

Salman

Busayya

KUWAIT

Bubiyan Island

Kuwait City

PERSIAN GULF

SAUDI ARABIA

0   20   40   60   80 miles

를 피하기 위해 부시는 명확하고 한정된 목표를 다음과 같이 제시하였다. "사담 후세인의 군대는 쿠웨이트를 떠나야만 하고 합법적인 쿠웨이트정부가 복구되며 이라크는 종국적으로 유엔결의안에 응해야 한다" 부시는 베트남전쟁에서의 교훈을 직접적으로 언급하면서 "이는 또 다른 베트남이 되지 않을 것이다. 우리의 군대는 전세계로부터 지원을 받게 될 것이며 한 손이 등 뒤로 묶인 채 전쟁터로 보내지지 않을 것임을 약속한다"라고 주장하였다.

부시는 트루먼과 존슨의 경험으로부터 얻게 된 교훈뿐만 아니라 대통령으로서 지도력의 손상을 가져올지도 모를 어떠한 장애물도 제거한 채 전쟁 속으로 뛰어들게 되었다. 그는 전쟁을 수행하기 위해 의회의 권한은 물론 수 차례에 걸친 유엔안보리결의안을 통한 국제적 지원을 얻게 되었으며, 그러한 전쟁을 수행하기 위한 준비된 군대를 가지고 있었고 국제적으로 고립된 군사적으로 열등한 적과 대치하게 되었다.

그러나 부시는 성공을 확신하지 않았다. 상황은 다음과 같은 여러 가지 문제를 지니고 있었다. 우선 국내로부터 지원을 약화시킬지도 모르는 대규모 인명피해 없이 연합군은 군사작전을 성공적으로 수행할 수 있을 것인가?, 예상되는 후세인의 이스라엘에 대한 미사일공격은 그를 아랍국가들의 영웅으로 떠오르게 하고 연합군에 참전하고 있는 아랍국가들에 영향을 미칠 것인가? 이스라엘이 만약 공격을 받게 되면 후세인이 바라던 대로 군사적으로 보복행위를 실시함으로써 후세인의 손에 의해 상황이 전개될 것인가?, 사막의 폭풍작전에 대한 소련의 미온적인 지원은 쿠웨이트문제를 아랍-이스라엘 간의 문제로 연결시키는 외교적 문제로 끌고 갈 것인가? 더불어 부시의 도전은 연합군의 목표가 달성될 때까지 동맹을 견고히 유지하는 데 있었다.

동맹의 문제는 미국의 목표를 실현하는 데 결정적으로 작용할 수 있었다. 이는 군사적인 문제보다는 정치적이며 경제적인 문제였다. 유엔안보리의 결의안 통과와 함께 동맹은 이라크의 침략행위를 응징하기 위한 미국의 결의에 국제적인 합법성을 부여하였다. 결의안의 통과는 사막의 폭풍작전의 전쟁비용을 사우디아라비아, 쿠웨이트, 일본, 독일 그리고 아랍에미리트 등으로부터 재정적으로 충당하도록 서명하는 데 기여하였다. 연합작전을 수행해야 하는 슈워츠코프 장군에게 군사목표를 실현하기 위한 전쟁계획수립은 많은 어려움을 주었다. 35개 국가가 군사작전에 기여하였고 이중 24개 국가가 병력을 전개하였다. 미국은 가장 큰 규모로 53만 2,000명을 파견하였고 사우디아라비아는 1만 1,000명, 영국은 4만 2,000명, 이집트와 아랍에미리트는 각각 4만 명, 그리고 프랑스가 2만 명을 파견하였다.[1] 11개의 전통적인 미국의 동맹국들이 전투기와 전차를 제한적으로 지원하였고 이러한 상징적 지원은 부분적으로는 사막의 폭풍작전에 관한 유럽 국가들 사이의 분열을 반영하는 것이었다.[2]

통수권자로서 부시는 전략의 실행에 있어 군사지도부와 의견을 달리하였지만 정치적 목표와의 일치를 확실하게 하기 위해 궁극적인 통제를 행사하기로 결심하였다. 그는 항상 그래왔던 것처럼 국무

---

1) 터키는 만약 그들이 공격을 받게 될 경우에만 병력을 투입한다는 고려하에 이라크 국경에 12만 명을 전개하였다. 시리아는 5만 명의 병력을 이라크 국경을 따라 배치하였고 2000명의 병력을 UAE에 주둔시켰으며 1만 9000명의 병력을 이라크 공격작전에 투입하였다. 쿠웨이트는 1만 1500명의 병력을 투입하였다. 아프가니스탄, 아르헨티나, 바레인, 방글라데시, 캐나다, 체코슬로바키아, 온두라스, 헝가리, 모로코, 나이지리아, 오만, 파키스탄, 폴란드, 카타르 그리고 세네갈 등이 전쟁에 참여하였다.

2) 군대를 보내지 않은 지원국가는 호주, 벨기에, 덴마크, 독일, 그리스, 이탈리아, 네덜란드, 뉴질랜드, 노르웨이, 포르투갈 그리고 스페인 등이었다.

장관 베이커, 국방장관 체니 그리고 합참의장 파월은 물론 국가안보 보좌관을 역임한 바 있는 예비역 공군장교 출신의 스코크로프트의 조언에 무게를 두었다. 베트남전에 참전한 파월은 미국이 군사적 우월성, 국민의 지원, 명확한 목표가 있는 상황하에서만 전쟁을 치러야 한다고 주장하면서 오랫동안 논쟁을 하였다. 파월은 슈워츠코프와 지속적으로 접촉하였고 미국의 군사적 전통을 충실히 따랐다. 그는 슈워츠코프에게 상당한 정도의 책임을 위임하였지만 군사작전의 대부분에서 의견을 달리하였다.

부시의 외교적·정치적 지도력의 원칙은 다음과 같은 클라우제비츠의 전쟁론의 중심 사상을 반영한 것이었다. "정치가와 군사지도자가 해야 할 가장 광범위한 판단은 그들이 하고자 하는 전쟁의 성격을 결정하는 것이며 그 전쟁의 본질로부터 다른 그 어떤 것으로 전환하거나 실수를 해서는 안 된다." 이는 1991년 페르시아만에서 쿠웨이트를 해방시킨다는 목표에 집중함을 의미하였다.

그러나 목표의 명확성은 부시에게 새로운 도전에 직면하게 하였다. 즉, 미국국민은 일반적으로 전쟁의 목표를 후세인을 몰아내기 위한 것으로 보았다. 비록 후세인의 행동만으로도 그의 비행을 충분히 미국국민에게 각인되었으나, 부시는 후세인을 히틀러와 같이 악마에 비유하여 이러한 국민의 감정에 부응할 수 있었다. 전쟁이 시작되자 12%의 미국인만이 사막의 폭풍작전은 쿠웨이트로부터 이라크군을 몰아내는 데 충분하다고 응답하였고 82%는 미국이 쿠웨이트 해방은 물론 "후세인을 그의 권좌로부터 몰아내야 한다"라고 응답하였다. 만약 후세인이 전장의 패배 속에서도 살아남는다면 미국은 실망할 수밖에 없을 것이었다. 따라서 부시는 연합군의 승리가 바그다드에 새로운 정권을 세우도록 독려할 것으로 생각하였다.

사막의 폭풍작전은 공중전역으로부터 시작되었다. 제1단계 전역의 목표는 이라크의 지휘통제시스템을 무력화시키고 군사지원시설을 파괴하며 쿠웨이트에 이르는 병참선을 차단하는 것이었다. 이라크 진지에 대한 폭격으로 전력을 약화시킨 이후 연합군은 지상작전을 전개할 예정이었다. 공중전역은 실제 계획한 대로 진행되었다. 미국의 항공기와 미사일은 정확하게 표적을 파괴하였다. 이라크 방공망은 작동되지 못하였고 이라크 전투기는 미국의 전투기에 적수가 되지 못했다. 후세인은 더 이상의 손실을 피하기 위해 전투기를 이란으로 보내기 시작하였다. 전쟁 초기 2주 동안 연합군은 이라크 남부에 위치한 공화국수비대를 포함한 지상병력에 대해 거의 2만 5000회에 달하는 공중폭격을 실시하였다. 고도의 정밀도를 자랑하는 스마트탄과 재래식탄의 공중전역이 바그다드로부터 CNN을 통해 중계되는 가운데 일부 미국인들은 공중전역만으로 승리를 쟁취할 것으로 기대하였다.

후세인이 위협을 받게 되자 1월 18일부터 이스라엘에 대한 간헐적인 스커드Scud 공격을 실시하였다. 이라크 미사일의 정확도는 떨어졌다. 그러나 이 공격으로 상당한 정도의 재산피해와 일부 사상자도 발생하였다. 후세인은 미사일공격이 아랍국가 사이에서 그의 위상을 높여줄 것으로 기대하였으며 이스라엘의 군사적 대응을 자극함으로써 그의 침략행위에 관한 관심을 팔레스타인이나 아랍-팔레스타인 간의 문제로 돌릴 수 있을 것으로 생각하였다. 물론 이스라엘은 보복을 할 작정이었고 이스라엘 정부내 매파들은 테러리스트를 공격하는 전통적 정책에 따라 군사적 대응을 실시하도록 샤미르Yitzhak Shamir 총리를 압박하였다. 부시는 샤미르 총리에게 자제하도록 당부하였다. 워싱턴으로부터 압력과 이라크를 고립시키려는 차원에서 샤미르는 보복을 감행하지 않았다. 후세인은 이스라엘에 대한 그의 공격이 정치적으로나 군사적으로 효력을 발휘하지 못했음을 알게 되었다.

부시는 스커드 공격에 대한 이스라엘의 군사적 대응을 지속적으로 자제해줄 것을 요청함과 동시에 평화중재자로서의 역할을 수행하려는 소련으로부터 기인한 외교적으로 민감한 문제를 해결하기 위해 집중하였다. 소련의 계획은 미·소간의 복잡한 구도 속에서 다루어져야만 했다. 부시행정부는 미국의 국익을 위해서는 고르바초프의 개혁적인 지도력이 지속적으로 필요로 할 것으로 생각하였다. 사막의 폭풍작전이 시작됨과 동시에 고르바초프는 발트해 국가들로부터 위기에 직면하게 되었다. 리투아니아는 모스크바로부터 오랫동안 독립문제로 불편한 관계를 지속해왔고 이는 소련군과 충돌로 비화되었다. 페르시아만에서 미국의 정책을 지지하는 고르바초프에 반대하는 소련 외교부 내의 보수적 관료들과 군지도부는 중동지역에서 독립적인 역할을 강화하도록 압박하였다. 부시와 베이커는 고르바초프를 리투아니아의 위기에 보다 전념하도록 하였다. 페르시아만에서의 전쟁수행에 관한 공개적인 논쟁은 연합군의 위상을 약화시킬 뿐만 아니라 후세인을 보다 과감하게 만들 가능성이 있었고 한편으로는 발트해에서 미국의 영향력 감소를 가져올 가능성이 있었다. 따라서 부시와 베이커는 군사작전에 관한 갈등을 최대한 봉합하고자 하였다. 이는 결코 쉬운 일은 아니었다.

공중전역이 실시되고 난 직후, 고르바초프는 후세인에게 외교적 접근의 기회를 위해 잠시 폭격을 중지해 줄 것을 부시에게 요청하였고 부시는 이러한 제안을 살짝 피해갔다. 1월 26일 새로운 소련의 외무장관 베스메르트니키Alexander Bessmertnykh는 이라크 폭격을 '유엔결의안의 정신을 벗어나 이라크 전체를 파괴하는 방향으로 나아가는 위험한 전쟁'이라며 공개적으로 비판하였다. 이러한 압력은 미·소 간의 협력에 열중이었던 베이커의 노력에 먹구름을 드리우게 되었고 결국 외교적 실수로 이어졌다. 1월 말 베스메르트니키가 베이커를 만나기 위해 워싱턴에 도착하였다. 베이커는 소련의 전 외무장관 세비르드나제Eduard Shevardnadze와 가졌던 밀접한 관계를 지속적으로 유지하기로 결심하였다. 3일 동안의 회담에서 베이커는 부시와 협의도 없이 베스메르트니키와 함께 다음과 같은 성명서에 합의하였다. ① 쿠웨이트로부터 철수한다는 '명백한 약속'과 유엔결의안을 준수한다는 조건하에 정전을 제안한다. ② 미국과 소련은 아랍·이스라엘 간 문제해결과 지역안정을 위하여 함께 노력할 것임을 약속한다.

'무방비와 같은 상태'에서 기자들로부터 그와 같은 내용을 듣게 된 스코크로프트는 매우 화가나 있었다. 그는 부적절하고 환영받지 못하는 계획을 일단 부시에게 보고하였다. 베이커의 의도와는 달리 성명서는 쿠웨이트로부터의 철수문제를 아랍·이스라엘문제와 연결시키는 빌미를 제공하였을 뿐만 아니라 후세인이 쿠웨이트로부터 단순히 철수하는 것으로 전쟁을 종결짓게 될 수 있는 빌미를 제공하였다. 이 성명서는 또한 이라크의 무조건적인 철수에 미치지 못하였고 후세인에게 그의 침략행위를 정당화할 수 있는 조건도 만들어 줄 가능성이 있었다. 이 문서가 배포된다면 아랍동맹국들은 물론 배신의 감정을 느끼고 있었던 이스라엘 등 연합군의 결속력을 크게 손상시킬 우려가 있었다. 따라서 백악관은 베이커−베스메르트니키 간의 성명서와 분명하게 선을 그으면서 미국의 입장에는 변화가 없음을 '명백하게' 결론짓고자 성명을 발표하였다.

공중전역이 계속됨에 따라 이라크는 다시 중재를 위해 소련에 눈을 돌렸다. 후세인은 분명하게 전쟁을 조기에 종결하는 데 관심이 있었다. 전쟁이 장기화되면서 이라크가 공중폭격으로 피해를 입을수록 후세인은 그의 권좌가 흔들릴 것이라고 생각하였다. 그러나 그는 부시의 굴욕적인 요구만은 회피하기로 결심하였고 지상작전이 시작되기 전에라도 협상을 통해 체면치레를 하고 싶었다. 고르바초프는 발트해의 위기로 국제적 입지가 더욱 약화되었고 미국과 결별해야 한다는 국내의 강력한 압박에 시달렸던 터이지만 이번 기회를 통해 그는 손상된 지도력을 회복하고자 하였다. 2월 9일 고르바초프는 군사작전은 유엔의 과업을 넘어선 것이라고 주장하면서 중재자의 역할노력을 떠맡게 될 것이라고 발표하였다. 이틀 후 그는 친아랍파 외교관이며 후세인과 가깝게 지내온 프리마코프를 그의 특사로 임명하였다. 프리마코프는 후세인이 구체화된 시간계획에 따라 군대를 철수시키고 이에 대한 보상으로 연합군이 정전을 받아들이도록 하는 제안을 내놓았다.

소련의 지도부는 조심스럽게 미국의 당국자들에게 이 사실을 전했다. 베스메르트니키는 베이커에게 전화로 프리마코프가 '후세인의 행동을 독려'하고 있으며 후세인은 외무장관 아지즈를 모스크바로 보내 전쟁종결에 관한 좀더 구체적인 이야기를 나누게 될 것이라고 말했다. 고르바초프는 부시에게 보낸 서한을 통해 그 자신도 매우 낙관적으로 생각하고 있으며 모스크바에서 소련과 이라크가 대화하는 동안에는 지상작전을 실시하지 않겠다는 약속을 받아내려 노력할 것이라고 말했다. 소련의 계획은 부시와 그의 보좌관들을 당혹스럽게 하였다. 프리마코프의 제안은 이라크의 무조건적인 유엔결의안 수용과는 거리가 멀었고 지상작전을 연기해달라는 요청은 받아들일 수가 없었다. 고르바초프의 서한을 다 읽고 난 후 부시는 '천만의 말씀'이라고 일축했다.

소련의 계획은 여전히 문제를 제기하였다. 특히 2월 15일 이라크가 "쿠웨이트로부터 철수를 포함하는 명예롭게 수용할 수 있는 해결책의 도달을 목표로 유엔결의안 660호에 대해 협상할 준비가 되어 있다"라는 내용이 라디오 바그다드 방송을 통해 발표되었다. 상황은 점차 위험수위에 오르게 되었다. 그러나 후세인은 '이스라엘이 점령지역으로부터 철수할 것과 이라크에 대한 유엔결의안을 취소할 것'을 추가적으로 요구하였다. 부시는 이라크의 성명을 '잔혹한 속임수'라고 비난하였다. 그는 "이라크군과 이라크 국민은 후세인을 몰아내고 그들 스스로의 문제를 해결해야 한다"라고 주장하였다.

부시는 후세인정권의 전복을 그의 야만적인 침략을 종결하는 문제와 결부시켰다. 기자들과 만난 자리에서 그는 '8월 침략 이후에 쿠웨이트에서 무고한 사람들에 대한 박해'를 언급하면서 '가능한 한 빨리 이 고통을 종결할 것'이라고 덧붙였다. 그는 연합군의 결속력은 여전히 공고하다면서 다음과 같이 언급하였다. "소련의 역할은 매우 건설적이다. 본인은 그들이 매우 열심히 노력하고 있다고 생각한다. 또한 그들은 유엔결의안에서 부여한 과업의 범주 안에서 노력하고 있다." 한편 후세인정권을 붕괴시킬 것인지의 여부에 대한 질문에 부시는 이미 목표는 유엔에 의해 설정되었다고 답변하면서 메이저John Major 영국 총리의 발언을 인용하였다. "만약 국민들이 그를 몰아낸다면 나는 비탄해하지 않을 것이다."

부시는 그의 발언들이 후세인에게 전달되기를 원했다. 또한 소련의 주장에 대한 침묵으로 그들의 중재노력의 기세를 잠재울 수 있을 것으로 생각하였다. 그러나 얼마 후 부시는 고르바초프의 새로운 계획에 직면하게 되었다. 2월 18일 이라크 외무장관 아지즈의 모스크바 방문을 이용하여 고르바초프는 이라크가 쿠웨이트로부터 무조건 철수하고, 이에 연합군은 정전협정에 따라 퇴각하는 이라크부대에 대해서는 사격을 금지하는 내용을 포함하는 '4대 핵심평화계획'을 제안하였다. 소련지도부는 여전히 이라크문제를 다른 문제와 연계하여 제기하였다. 아지즈가 아랍·이스라엘 간 문제를 묻자 고르바초프는 "지역안보를 포함한 복잡한 중동 문제들을 유엔이 다루도록 주장하겠다"는 약속을 했다. 부시에게 보낸 서한에서 고르바초프는 이라크가 아직 그의 계획을 받아들이지 않고 있으나 "후세인과 그의 보좌관들이 현실적 이해에 드디어 관심을 보이기 시작했다"고 주장하면서 앞으로 수일 내에 결정될 전쟁의 계획은 재고되어야 한다고 언급하였다.

고르바초프 행동은 끊임없이 부시를 괴롭혔다. 부시는 장기적인 정전협상으로 인하여 연합군의 군사작전이 방해받아서는 안 된다고 결심하였다. 부시는 여전히 가까운 각국의 정상들과 전화접촉을 유지하고 있었다. 대부분의 연합군을 구성한 국가들은 이라크가 쿠웨이트로부터 무조건적으로 철수해야 한다는 정전협상의 조건은 타협의 대상이 될 수 없다는 데 의견을 같이 하였다. 더욱이 고르바초프의 제안은 이라크의 유엔안보리결의안 이행에 관해 명기하지 않았으며 전반적인 중동문제 해결을 위한 약속도 보류하였다. 따라서 부시는 고르바초프의 계획을 일축하였고 19일에는 공개적으로 '요구한 바에서 훨씬 못 미치는 것'이라고 공개적으로 언급하였다. 부시는 조심스럽게 작성한 서한을 고르바초프에 보냈다. 여기서 그는 다음과 같이 주장하였다 "당신의 모호하고 불완전한 제안이 그대로 후세인의 마음속에 전해지고, 후세인은 이를 이용, 그의 행동결과를 책임지지 않고 빠져나갈 것이며 그가 이를 정치적으로 이용함으로 써 불분명한 결과를 가져오게 될 것이다."

부시는 이라크가 군사적으로 완전히 패퇴될 경우에만 사막의 폭풍작전은 성공을 거둘 것이며 그의 침략행위에 대한 응징을 가할 수 있다고 믿어왔기 때문에 '불분명한 결과'의 공포는 그를 괴롭혔다. 이러한 연유로 부시와 스코크로프트 그리고 체니는 공중전역만으로 후세인이 쿠웨이트로부터 철수하기보다는 엄청난 폭격으로 인한 피해에도 불구하고 저항을 계속하기를 내심 희망하였다. 스코크로프트는 "만약 후세인이 그의 군대가 손상을 입지 않은 채 철수하게 된다면 우리는 진정으로 승리하지 못한 것이다"라고 기록하였다.

한편 부시는 미국의 여론과 군지도부 일각에서 지상작전을 꺼려하고 있음을 인식하였다. 미국인들은 텔레비전을 통하여 폭격의 증거를 생생하게 목격하였고 많은 사람들은 이것만으로도 충분한 승리를 달성할 수 있을 것이라고 확신하였다. 여론은 만약 지상군이 투입된다면 막대한 인명피해가 발생하게 될 것이라는 우려를 하고 있었다. 파월 또한 전쟁의 위기 내내 그래왔던 것처럼 전쟁의 장기화와 상당한 인명피해 그리고 국내의 반전여론 등을 우려하였다. 그는 부시와 체니에게 그의 우려를 전달할 필요가 있다고 생각하여 다음과 같이 상기시켰다. "머리 위로 표적을 찾아 날아다니는 미사일 비디오는 더 이상 없을 것입니다. 몇분 안에 100여 명의 생명이 순식간에 사라질 것입니다. 전쟁터는 더 이상 관광거리가 될 수 없습니다. 우리는 포탄에 검게 그을린 양팔을 잃은 어린 소년을 보게 될 것이며 탱크의 포탑에서 포탄이 발사되는 순간에도 승무원이 내부에서 불타는 모습을 보게 될 것입니다. 우리는 우리 스스로가 추한 이미지를 볼 수 있는 단단한 마음의 준비를 해야 할 것입니다." 부시와 체니는 파월이 후에 '현실의 차가운 목욕탕'을 필요로 하게 될 것이라고 생각했는지는 의심스럽지만 그의 우려는 막대한 미국인의 피해를 우려하고 있던 많은 미국인의 심정을 반영한 것이었다. 부시와 스코크로프트 그리고 체니는 최소한의 피해를 유지하면서 연합군이 신속하고 결정적인 승리를 거둘 수 있을 것이라고 확신하였다.

부시는 지상작전 개시를 서둘렀다. 그러나 그는 군지도부가 준비가 완전하다고 보고되었을 경우에 움직이겠다고 약속하였다. 그는 2월 18일 비망록에 다음과 같이 기록하였다. "계량기는 돌아가고 있었다. 나는 파월과 체니가 당장이라도 나갈 준비가 되기를 희망하였다. 그러나 상황은 그렇지 않았다. 그리고 나 또한 다음 며칠 동안이 숱한 어려움으로 가득 찰지라도 그들을 독려하고 싶지는 않았다."

그 '어려움'은 모스크바로부터 나오기 시작하였다. '4대 핵심평화계획'이 미국에 의해 무시되고 지상작전이 임박했음도 알고 있었지만 소련은 여전히 외교적 해결방안을 주장하였다. 아지즈는 2월 21일 모스크바를 떠났다. 그는 며칠 전 발표된 고르바초프의 수정안을 지지한다고 발표하였다. 이 새로운 '8대 핵심평화계획' 수정안은 유엔안보리결의안 660호에 따라 이라크는 완전하고 무조건적인 철수를 실시하는 것으로 2/3의 이라크병력이 철수하면 정전협정과 경제제재조치를 해제하고 완전한 철수가 이루어지면 결의안을 폐기한다는 것이었다. 이라크의 외무장관이 화해의 손짓을 보내고 있던 같은 날, 바그다드에서는 후세인이 미국에 저항하는 내용을 담은 연설을 하였다. 백악관은 이라크 지도자의 장황한 연설을 '쿠웨이트에 대한 침략행위를 정당화하고 그의 국민과 국가에 대한 일말의 동정심도 없는 행위를 보여준 것'이라며 돌려 세웠다. 소련의 계획은 실패로 돌아갔고 양국관계는 다시 긴장되었다. 부시의 정전협정조건을 통보받은 고르바초프는 미국인들이 정치적 해결보다는 군사적 해결책에 관심을 가지고 있다고 주장하였다. 이는 지상작전을 회피하고자 했던(그리고 그들의 영향력을 확대하고자 했던) 소련과의 근본적인 시각차를 드러낸 것이었다.

부시와 그의 보좌관들은 미국이 유엔결의안으로부터 소련과 이라크 간 긴밀한 외교관계를 분리시키기 위한 계획을 수립해야 한다는 필요성을 인식하였다. 이들은 소련이 유엔안보리에서 지상작전을 연기하기 위한 제안을 할지도 모른다고 생각하였다. 부시는 그가 지금껏 유지해온 생각을 상기하였다. "어떻게 승리의 문턱에서 후세인을 낚아챌 것인가?" 군지도부가 지상작전은 빨라야 2월 22일경에 완료가 된다고 보고하자 부시는 그의 보좌관들과 토의 끝에 후세인에 대한 또 다른 최후통첩을 보내야 될 시기가 되었다고 생각하였다.

이를 위해서 외교·군사적 고려를 필요로 하였다. 연합군은 긴장된 모습을 보였다. 전쟁에 뛰어든 아랍동맹국가들이 군사적 압력을 가하자고 주장한 반면, 유럽국가들은 고르바초프의 평화계획에 정부의 공식적인 입장은 유보한 채 호응을 보이고 있었다. 미국의 군지휘부 내에서는 지상작전의 시점을 둘러싸고 파월과 슈워츠코프 간 긴장이 고조되고 있었다. 파월은 야전지휘관들이 너무 지나치다 싶을 정도로 주의를 하고 있다고 생각했으며 그 자신도 부시의 외교적 압력에 매우 민감했기 때문에 슈워츠코프가 이틀 더 폭격을 실시하자는 의견에 반대하였다. 이틀 더 연기한다면 지상작전 개시일은 2월 24일이 되었다. 그러나 파월은 슈워츠코프의 의견에 따라 후세인이 쿠웨이트로부터 철수를 시작하기 위하여 24시간을 더 주어야 한다고 대통령에게 건의하였다.

유엔결의안에 대한 실행날짜가 백악관에서 치열하게 토의되고 있는 상황에서 이라크가 쿠웨이트의 젊은이들을 사형시키고 있으며 쿠웨이트 유전에 대한 방화를 계속하고 있다는 보고가 접수되었다. 이는 부시의 결심에 일조하였다. 부시는 24시간의 최종기한을 주기로 결심하였고 베이커는 연합군의 지원을 확보하였다.

2월 22일 금요일 아침, 부시는 최후통첩을 내보냈다. 후세인의 '세계평화를 파괴하는 정책'과 유엔안보리의 '즉각적이고 무조건적인 철수'에 대한 불이행을 비난하면서 부시는 다음과 같이 말했다. "만약 이라크에게 요구하는 것들이 정확하고 구체적으로 이행되어 지상작전을 피할 수 있다면 연합군은 그가 해야 할 일들을 토요일 정오까지 이행하도록 시간을 주게 될 것이다. 쿠웨이트로부터의 철수를 우선 시작해야 한다. 우리는 그가 이러한 조건을 받아들인다는 사실을 공개적으로 들어야만 한다." 최후통첩은 소련을 침묵하게 하지 않았다. 2월 22일부터 계속된 일련의 전화통화는 다음날까지 계속되었고 심지어 최후통첩일을 넘겨서 다음날까지 계속되었다. 고르바초프와 베스메르트니키는 부시와 베이커에게 외교적 해결책을 찾기 위한 시간을 좀더 달라고 요청하였다. 이들은 이라크가 '8대 핵심평화계획'을 받아들이려 한다고 주장하였다. 소련의 지도자들은 더욱 급해졌고 임박한 지상작전에서의 예상되는 막대한 사상자에 대한 경고를 보냈으며 피를 흘리지 않기 위한 미국의 노력에 의문을 제기하였다. 부시는 마지막 소련의 호소를 단호히 거절하였다. 부시와 이전에 이라크문제에 대해 협의를 계속해왔던 영국, 프랑스, 일본, 터키 그리고 여러 국가가 부시의 전쟁결정을 지지하였다.

오랫동안 뜨거운 논쟁거리가 되었던 지상작전이 막 시작될 문턱에 있었다. 정오를 지나 10시간이 지난 뒤 최종기한이 지났다. 부시는 백악관에서 슈워츠고프 장군에게 '쿠웨이트로부터 이라크군을 축출하기 위해 지상군을 포함한 모든 가용수단을 사용'하도록 지시하였다고 대국민발표를 하였다. 공중폭격에 의한 엄청난 파괴와 연합군의 압도적인 공중우세권과 첨단기술의 우위로 궁극적인 승리를 가져올 것임에 조금도 의심이 없었다. 그러나 미국인들은 전쟁의 장기화와 막대한 사상자수를 우려하였다. 연합군은 이라크군을 수적으로 압도하였다(당시 연합군은 54만 명이라고 발표하였고 후에 이는 다소 과장된 숫자임이 밝혀졌다). 공격부대는 일반적으로 방어부대에 5대1 정도의 병력이 필요하였고 이 지역에서도 예외는 아니었다. 국방부는 후에 쿠웨이트를 해방시키기 위하여 1만 2,000명에서 1만 6,000명의 사상자가 발생하였다고 보고하였다.

연합군이 지상작전을 통하여 신속하고 압도적인 공세를 펴자 미국의 우려는 사라졌다. 2개의 주요작전은 빈틈없이 계획에 따라 수행되었다. 첫 번째 작전은 쿠웨이트에 위치한 이라크군에 대한 직접적인 공격이었다. 쿠웨이트 국경을 따라 공격을 실시함으로써 미국, 영국, 사우디, 이집트 그리고 시리아군은 이라크의 방어선을 손쉽게 돌파하였다. 후세인이 가장 경험이 없는 대부분 신병출신으로 구성된 부대를 쿠웨이트에 배치하였음이 드러났고 대신 최정예 공화국수비대는 예비대로 보유하였다. 최전선에 배치된 부대들은 급격하게 사기가 저하되었고 첫날 무려 3만 명에 이르는 전투원이 항복하였다. 한편 페르시아만의 연합군 군함들은 쿠웨이트의 해안선을 잇는 해안방위선에 대한 폭격을 실시하였다. 일부 해군부대는 연합군이 상륙작전을 실시할 것처럼 기만을 실시함으로써 이라크 대부분의 부대를 상륙작전에 대비하도록 묶어 놓았다.

기대했던 것보다 훨씬 빠른 속도로 진격이 실시되자 슈워츠코프는 '왼쪽에서 훅을 치는Left Hook' 2단계 지상작전을 서둘러 실시하였다. 20만 명에 이르는 프랑스, 영국 그리고 미군은 이라크 남부로 공격하였고 대부분 병력을 서쪽에서 동쪽으로 기동하여 바그다드로부터 이라크군의 기동을 차단하는 포위공격을 실시하는 동시에 쿠웨이트 국경을 가로질러 전선을 지원하려는 공화국수비대의 증원을 차단하였다.

이제 후세인의 목표는 그의 정권의 생존이 되었다. 그는 공화국수비대를 방패삼아 쿠웨이트로부터 병력을 철수시키기 시작하였다. 후세인은 2월 25일 연합군에 맞서는 '용감한 부대'로 칭송하였던 군대에 대해 철수명령을 하달하였다. 라디오 바그다드Radio Bagdad는 후에 이라크군이 쿠웨이트를 떠날 것이라며 다음과 같이 보도하였다. "이라크군은 1990년 8월 1일 이전에 점령하였던 진지를 떠나 조직적으로 철수할 것이다. 이는 유엔결의안 660호의 실질적 이행을 의미한다. 전선에서의 뛰어난 능력을 보여주었던 우리의 군은 명령을 수행하는 동안 그들을 해치려는 어떠한 시도도 무력화시킬 준비가 되어 있다." 그러나 후세인은 항복을 명령하지 않았다. 그는 여전히 철수를 위한 구체적인 시간을 약속하지 않았고 유엔안보리결의안을 이행하겠다는 언급도 하지 않았다. 백악관은 성명서에서 무장하지 않은 병력은 공격하지 않을 것이라고 약속하였으나 '전투가 계속된다면' 약속은 지켜지지 않을 것이라고 경고하였다. 2월 26일 아침 대국민발표문에서 화가 난 부시는 "후세인은 그의 군대를 보존하려는 노력을 기울이고 있으며 유엔결의안을 이행하지 않고 있다"며 후세인을 강력히 비난하였다. 부시는 '연합군이 똑 같은 강도를 유지하면서 공격을 계속할 것'이라고 주장하였다.

전장에서는 수많은 이라크군이 항복하였다. 그러나 대부분은 후세인의 명령을 따라 이라크로 도망쳤다. 퇴각은 참패로 변했다. 쿠웨이트로부터 탈취한 수천 대의 트럭과 철수하는 병력으로 인해 쿠웨이트시의 고속도로를 가득 메웠다. 퇴각하는 병력은 미국 공군의 표적이 되었고 후에 '죽음의 고속도로'라고 불리게 된 바스라Basra도로를 따라 무차별적인 공격을 실시하였다. 한편 서쪽에서는 연합군의 '레프트훅'에 대해 장갑차량으로 지원을 받고 있었던 공화국수비대가 맞섰다. 대규모의 전차전이 2월 26일부터 27일 양일 간 실시되었다. 그러나 연합군은 여기에서도 결정적인 승리를 거두었고 공화국수비대는 완전한 철수작전을 시작하였다.

2월 27일 수요일까지 연합군은 전장을 완전히 지배하게 되었다. 바스라도로를 따라 퇴각하는 이라크군에 대한 공격은 지속되었다. 이는 텔레비전을 통해 대학살을 현장으로 전세계에 비쳤다. 정보보고서는 47개의 이라크 사단 중 27개의 사단이 전쟁에서 궤멸되거나 무력화되었음을 확인하였다. 사우디와 쿠웨이트부대를 선봉으로 연합군은 쿠웨이트 시를 해방시켰고 7개월간의 점령을 종식시켰다.

후세인은 그가 유엔에 보낸 밀사를 통해 패배를 받아들였다. 알-아미르Abid Al-Amir 대사는 안보리에 이라크가 쿠웨이트로부터 마지막 부대를 철수시켰으며 모든 유엔결의안을 따를 준비가 되었다고 알렸다.

슈워츠코프 사령관은 텔레비전으로 중계된 기자회견을 통하여 이라크군이 완전하게 격퇴되었고 연합군에 의해 포위되었다고 발표하였다. 그는 이제 연합군은 바그다드로 진격할 수 있으나 이라크 수도를 장악하는 것은 유엔의 목적이 아니었다고 주장하였다. '공화국수비대가 과거에 하였던 어떠한 형태의 행동이나 조치를 취할 수 없도록 무력화'시킴으로써 그의 임무는 달성되었다. 그는 '쿠웨이트 작전전구Theater of Operations'에서 이라크군의 공격능력을 완전하게 분쇄시켰다. 그는 "이제 모든 문은 닫혔다. 여기로부터 나갈 곳은 아무 곳도 없다"고 주장하였다(그는 민간인들이 도로를 따라 여전히 피난 중에 있어 이들에게는 길이 열려 있으나 이라크 군에게 '문'은 닫혔다고 추가적인 설명을 하였다). 한 기자가 정전이 그의 완전한 목표달성을 방해받을 것인지의 여부에 대해 질문하자 그는 다음과 같이 주장하였다. "우리는 우리의 임무를 달성하였다. 그리고 정책결정자들이 정전을 결정할 것이다. 나는 누구보다도 행복하다."

2월 27일 오후 백악관에서 부시는 전쟁을 종결하기 위한 조건을 고려중에 있었다. 그는 세 가지 사항에 대한 우려를 표명하였다. 우선 '죽음의 고속도로'에서 학살은 불필요하게 계속되어서는 안 되며 이로 인한 연합군의 평판을 국제적으로 퇴색시킬 필요는 없다는 것이었다. 이는 특히 아랍민족을 대상으로 더욱 그러하였다. 둘째는 정전협정의 타이밍을 군사지도부가 받아들이는 문제였다. 그리고 마지막으로 전쟁포로들은 신속하게 교환되어야 한다는 것이었다. 그는 지난 6개월 동안 믿을 만한 보좌관들을 통해 의견을 청취해왔지만 이제 그는 눈을 파월에게 돌렸다. 부시는 군이 얼마나 많은 시간을 필요한 지를 묻자 파월은 그와 슈워츠코프가 군사목표를 달성하기 위해서는 향후 24시간이 더 필요하다는 데 의견을 일치했다고 보고하였다. 부시는 그의 우려를 다음과 같이 표명하였다. "우리는 잔혹한 행동으로 인하여 그 어떤 것도 잃기를 희망하지 않는다. 그러나 우리는 또한 전쟁포로문제가 대단히 걱정된다." 그는 이라크군을 완전히 분쇄하지 않거나 후세인이 권력을 계속 잡고 있더라도 군사적 승리는 가능하다는 것을 인정하였다. 그는 제2차 세계대전의 결말과 1991년 사이에서 그 모호함을 비교하였다. "문제는 어떻게 명백한 결과를 찾아내느냐 하는 것이다. 이것은 1945년의 전함 미주리(Missouri, 태평양전쟁 당시 일본군이 항복 서명했던 전함)와 같이 될 수는 없을 것이다."

　전쟁을 종식시킬 필요성은 여전히 지배적이었다. 이와 관련해 부시는 다음과 같이 언급하였다. "우리는 전쟁의 종결을 필요로 한다. 사람들은 그것을 원하고 있다. 그들은 우리가 승리했는지를 알고자 할 것이며 그들의 자녀들이 돌아오기를 알고자 할 것이다." 부시는 지상작전이 실시되고 100시간이 지난 후 전쟁의 종결을 원했다. 따라서 전쟁의 종결은 미국 현지시간으로 자정에 맞추어져 있었다.

　부시는 그의 정치적 목표를 달성하기 위해 파월과 슈워츠코프 등 군사지도부와 우선순위를 조정하고자 하는 노력의 과정에서 전쟁의 마지막 순간까지 치열한 논쟁을 벌였다. 현장의 군지휘관들과 중앙정보부는 슈워츠코프가 기자회견에서 '닫힌 문'에 대한 언급을 시기상조로 생각하였다. 그들은 향후 하루 또는 이틀 이내로 연합군의 무자비한 공격은 공화국수비대의 능력을 완전히 파괴시킬 수 있을 것이며 그야말로 '완전히 문을 닫게 될 것'이라고 믿었다. 즉 지속적인 군사작전을 통해 보다 결정적 승리를 거둘 수 있을 것이며 더 많은 이라크군의 항복과 장비를 확보할 수 있을 것으로 판단하였다.

　그러나 파월은 '죽음의 고속도로'의 결과가 국제적으로 어떠한 영향을 미치게 될 것인가에 대한 부시의 우려에 민감하면서도 더 이상 불필요한 군의 사상자수를 피하고 싶어하였다. 예상 외로 너무나 쉽사리 완전한 승리를 얻어 한껏 고무된 슈워츠코프는 전쟁을 신속하게 종결하라는 워싱턴의 압력에 대응할 준비가 되어 있지 않았다. 그는 며칠 후 텔레비전 인터뷰에서 '계속 전진할 것'을 주장했다. 이어 '우리는 그들을 완전하게 패주시킬 수 있으며 그들로부터 완전한 승리를 거둘 수 있을 것'이라고 주장했다. 그러한 슈워츠코프의 주장은 즉각 파월을 화나게 만들었다. 파월은 슈워츠코프를 참석시킨 가운데 합동연설을 통해 그들이 100시간 이후 전쟁을 즉각 종결하고자 하는 부시의 결심을 지원하고 있으며 "모순된 건의는 어디에도 없다"는 것을 명백히 해두었다. 결국 이라크의 군사능력은 실질적으로 완전한 파괴를 모면할 수 있었다.

전쟁이 종료될 무렵 부시는 전장에서 승리의 한계를 받아들였다. 정전에 대한 결심에 이른 직후 그는 슈워츠코프로부터 이라크군 이동에 관한 보고를 받았다. 슈워츠코프의 보고는 공화국수비대의 부대들과 전차가 '문'을 통해 빠져나갈 수 있다는 것이었다. 결국 부시는 후세인에 대한 그의 깊은 증오감과 적군을 보다 더 섬멸하고자 하는 유혹에도 불구하고 유엔이 부여한 임무를 초과하지 않기로 결심하였다. 또한 슈워츠코프 장군이 텔레비전을 통하여 인터뷰할 당시 이라크 군이 파괴되는 장면의 이미지가 오히려 전세계인에게 적절하지 못하게 비추어질 수도 있었다. 부시는 다음과 같이 덧붙였다. "우리는 우선적으로 두 가지 상황을 우려하고 있다. 만약 우리가 전투를 지속한다면 전투에서 단순히 도망치려는 이라크군을 학살하는 모습으로 비추어질 뿐 전투를 수행하는 모습은 아닐 것이다. 이와 아울러 연합군은 이라크군을 쿠웨이트로부터 몰아내는 것이 목적이지 이라크 내로 들어가 전투를 수행하거나 이라크군을 파괴하는 것이 아니다."

2월 27일 저녁 텔레비전 연설에서 부시는 승리를 선포하고 정전을 선언하였다. "7개월 전, 미국과 전세계는 모래 위에 선을 그었다. 우리는 쿠웨이트에 대한 침략행위는 용인할 수 없음을 선언하였다. 그리고 오늘 밤, 미국과 전세계는 그 약속을 지켰다" 연합군의 정전 조항은 이라크의 즉각적인 전쟁포로 석방과 유엔안보리결의안의 이행 그리고 침략에 대한 책임을 받아들이도록 하였다. 이라크가 이러한 정전협정조항을 받아들이겠다는 수차례의 의견교환 뒤에 공식적인 정전협정이 3월 3일 쿠웨이트 국경에 가까운 이라크의 사프완 ^Safwan 에서 이루어졌다.

쿠웨이트를 해방시키는 것 이외에도 6주 동안 전쟁을 통해 연합군은 이라크군의 능력을 현저히 저하시켰다. 이라크군의 약 75%에 달하는 전차와 장갑차 그리고 포병이 파괴되거나 무력화되었다. 일부 발표의 차이에도 불구하고 이라크군 사상자는 막대하였다. 미국 국방부는 초기 10만 명이 전투에서 사망하였다고 발표하였으나 3만 명 정도가 사망한 것으로 보였다. 전쟁기간에 이라크군의 사망자 수는 대략 5,000~1만 9,000명에 달하는 것으로 추정되었고 이 중 전투원의 사망자수는 대략 3,000~1만 8,000명 정도에 이르는 것으로 보였다. 반면 연합군의 사상자수는 상대적으로 미약하였다. 미군은 148명이 사망하였고 458명이 부상하였으며 동맹국가는 92명이 사망하였고 328명이 부상당하였다.

이라크전의 승리로 미국인들은 제2차 세계대전에서의 승리를 되새기며 행복감에 도취되었다. 부시의 지지율은 89%로 껑충 뛰어올랐다. 노란 리본은 페르시아만에서의 전투부대의 안전을 기원하는 상징으로 채택되었고 옷이건, 나무건 자동차건 상점이건 어느 곳에서나 성조기가 나부끼는 것을 볼 수 있었다. 참전용사들은 국내에서 영웅으로 대접받았다. 국민들은 손을 치켜들며 '우리가 최고'라고 외쳐대고 있었다. 이처럼 쏟아지는 국민감정은 승리가 가져온 애국심 그 이상의 것이었다. 이러한 분위기는 당초 예상했던 것보다 훨씬 적은 사상자 수를 내며 손쉽게 승리를 쟁취한 결과이기도 했다. 한편으로 베트남에서 무너진 미국의 자존심을 걸프전을 통하여 다시 자신감을 세워주었다는 감정이 그 바닥에 깔려 있었다. 뉴욕 타임즈의 위커Tom Wicker기자는 다음과 같은 기사를 썼다. "황색 열병으로 인해 베트남전 이후 잃어버린 미국의 힘과 정의에 대한 자부심을 되찾게 되었으며 세계를 이끄는 지도력에 믿음을 더욱 공고히 하였다. 그리고 '우리가 최고'라는 감각을 일깨워 주었으며 올바른 일은 반드시 실행해야만 한다는 인식을 가져다주었다."

부시의 연설은 그러한 감정을 더욱 격화시켰다. 그는 "3월 1일은 미국에게 자랑스러운 날이며 이 날 우리는 베트남전 신드롬을 영원히 날려버렸다"고 주장하였다. 그 날 저녁 부시는 '미국의 고귀하고 웅대한 애국심'을 언급하면서 그의 '새로운 국제질서' 비전 아래 승리를 주장하였다. 3월 6일 상하원 합동연설에서 부시는 다음과 같은 연설을 하였다. "이제 유엔은 냉전으로부터 자유로워진 가운데, 그 창설의 주역들이 주창한 역사적 비전을 수행할 준비가 되었다. 세계는 모든 국가가 자유와 인권이 존중되는 안식처를 가지게 되었다. 걸프전은 새로운 국제질서의 첫 번째 시험장이 되었고 우리는 그 시험을 통과하였다."

전쟁을 승리로 이끌고 난 이후 부시의 당면과제는 전쟁의 결과로부터 명확한 정치적 결과 어떻게 이끌어낼 수 있는가 하는 것이었다. 후세인은 여전히 권력을 장악하고 있었다. 그러나 정보보고서는 그가 1년 안에 권좌에서 물러나게 될 것으로 예견하였다. 유엔의 다른 동맹국들이 후세인의 권력 재장악에 대한 부시의 혐오감을 공유하고 있었던 반면에 아랍에미리트와 사우디는 후세인의 몰락이 또 다른 시아Shiite정권을 가져오게 될 것이며 이 과정에서 이란의 지역적 영향력이 확대되는 것을 두려워하였다. 터키와 이란은 이라크의 불안정이 그 국가들에 퍼져 살고 있는 쿠르드Kurds족의 영향력을 확대할 것임을 두려워하였다. 따라서 연합군 중 일부 국가들은 약화된 이라크가 오히려 안정적인 결과를 가져올 것이라고 생각하였다.

후세인의 권력장악 여부의 관심과는 무관하게 이들은 이라크가 침략한 행위에 대한 합당한 조치를 받아야 하며 군사적 능력은 감소되어야 한다는 데 의견을 같이 하였다. 4월 2일 유엔안보리는 결의안 687호를 통과시켰다. 이 결의안은 국제사회의 전례가 없을 정도의 강도 높은 제재조치를 가한 것이며 한 국가의 국내문제에 대한 개입정도도 광범위한 것이었다. 이라크는 국제위원회가 쿠웨이트와 국경선에 규정한 분할선을 받아들여야 했다. 국경선을 따라 비무장 지대가 형성되었으며 유엔평화유지군이 이 지역에 배치되었다. 이라크는 또한 쿠웨이트 점령 동안 그들이 빼앗았던 모든 재산을 돌려주고 외국인과 회사에는 보상을 실시하도록 요구되었다. 가장 혹독한 처벌은 이라크가 지금까지 개발하거나 보유 중인 모든 대량살상무기정보를 제공하고 유엔특별위원회United Nations Special Commission, UNSCOM와 협조하에 이 무기들을 해체 또는 파괴시키는 것이었다. 석유수출에 대한 금수조치와 마찬가지로 검열은 의료 및 보건물자를 제외하고 모든 물자에 적용되었다. 유엔의 조건을 이행하는 것에 따라 제재조치의 기간이 결정될 예정이었다. 이러한 제재조치는 매 6일 주기로 검토될 예정이었다.

이러한 엄중한 조건이 부여될 때까지 완전한 승리는 여전히 멀어 보였다. 후세인은 전장의 패배로부터 살아남았을 뿐 아니라 그의 남아있는 군사력을 이용하여 정치적 입지를 강화하였다. 이라크의 심각한 피폐에도 불구하고 공화국수비대 및 비밀부대에 봉급을 상당히 올려주었다. 더욱이 공화국수비대는 미국의 정보기관이 파악한 것보다 훨씬 더 강력하였다. 이들은 여전히 700여 대의 전차와

1400여 대의 장갑차를 보유하고 있었다. 따라서 후세인은 놀라운 힘을 지닌 위치에서 내부의 적과 대치하게 되었다.

후세인을 축출하려는 부시의 요구에 독려되어 시아파 종교지도자들과 쿠르드족 소수반란세력은 정전협정이 효력을 발휘하게 되자 이에 반발하였다. 시아파는 바스라지역과 여타의 남부지역을 장악하게 되었다. 2주 후 공화국수비대는 바그다드의 권위를 재차 주장하였다. 시아파는 이라크 남부에서 미국이나 사우디 또는 종교적 동지인 이란으로부터 지원을 기대하였다. 이들은 모두 실망하지 않을 수 없었다. 부시는 이라크의 내부문제에 개입되기를 거절하였고 미군들에게 공화국수비대와 교전하지 않도록 명령하였다. 사우디의 수니지도부는 시아파국가와 국경을 마주하게 될 것을 두려워하여 개입을 회피하였다. 이란의 시아파는 문화적으로 다른 이라크의 시아파를 믿지 못하였고 따라서 제한적인 지원만을 실시하였다. 정전협정이 이루어지고 난 후 1개월이 지나 미국이 남부 이라크지역으로부터 철수를 준비하고 있을 때, 이라크국민들은 절망적인 상태에서 식량과 의약품을 찾아 미군캠프로 몰려들었다. 3월 말까지 3만여 명의 난민들이 미군의 지원을 받았다. 유엔이 난민을 보호하기 위한 시설이 부족했기 때문에 동맹국들은 1만여 명의 시아파 난민들을 사우디와 이란으로 수송하였고 다른 시아파 난민들은 지역에 흩어졌다.

시아파의 반란과 동시에 북부 이라크지역에 살고 있던 쿠르드족은 자치주를 설립한다는 목표 아래 광범위한 지역을 장악하였다. 바그다드에 오랫동안 저항해왔던 쿠르드족의 열망은 후세인이 시아파를 분쇄하고 공화국수비대를 북쪽으로 이동시켰을 때 산산히 부서졌다. 이라크의 무자비한 공격은 국제사회의 상당한 동정과 주목을 불러일으켰으나 쿠르드족에게 미치지는 못하였다. 미국은 이라크가 쿠르드족에 대해 항공기 공격을 실시하여 정전협정을 어긴 경우에만 개입하였다. 미국의 전투기 조종사들은 2대의 이라크 폭격기를 격추시켰다. 쿠르드족은 부시에게 이라크의 헬기사용 중지를 호소하였으나 부상한 이라크병사를 후송하기 위해 헬기를 사용해야 한다고 주장하는 이라크 지휘관의 말에 따라 슈워츠코프는 이를 승인하였다. 이라크 공화국수비대는 압도적인 군사력의 우위로 쿠르드족에 대한 치명적인 공격을 실시하였고 쿠르드족은 인근 터키와 이란으로 피신하였다. 이 두 나라는 이들을 반겨주지 않았고 이로 인해 발생할지도 모를 정치적 상황을 두려워하고 있었다.

한편 프랑스의 미테랑 대통령은 부시와 영국의 메이저 총리에게 쿠르드족을 보호하기 위한 조치를 취할 것을 요청하였다. 이를 계기로 4월 5일과 9일의 유엔안보리결의안이 상정되었다. 이 결의안은 이라크의 쿠르드족에 대한 탄압을 비난하고 북쪽의 36도선을 따라 '안전지대'를 설치하며 이를 감독할 1440명의 유엔감시단을 파견한다는 내용을 담고 있었다. 미국, 영국, 프랑스 그리고 네덜란드는 공화국수비대로부터 쿠르드족을 보호하고 그들의 집으로 안전하게 복귀시키기 위하여 9000명의 병력을 파견하였다. 서유럽 동맹국들은 또한 '평온제공작전Operation Provide Comfort'을 통하여 쿠르드족에 대하여 대규모의 식량과 의류 그리고 의료물자를 제공하였다. 연합군은 안전지대에 1991년 6월 21일까지 머물렀으며 쿠르드족에 대해 공격을 재개하는 것을 방지하기 위하여 군대를 터키에 주둔시켰다. 3개월 후 연합군은 지상병력을 철수시켰고 쿠르드족은 공군력을 통해 보호를 제공하기로 하였다.

미국은 후세인의 시아파와 쿠르드족 탄압을 비난하였다. 특히 부시행정부의 보수주의자들은 더욱 목소리를 높였다. 이들은 부시가 전쟁을 너무 서둘러 종결하였고 쿠르드족과 시아파를 지원하는 데 실패했다고 주장하였다. 이들은 'National Review'지의 기사를 이용하여 "우리가 시작한 일을 이제 끝내야 한다"라고 주장하였다. 이라크인구의 1/5을 난민으로 만들었던 후세인의 '잔인한 학살'을 'Commentary'지의 한 기자는 다음과 같은 기사를 실었다. "지나치게 비난받을 것으로 판단되어 우리가 받아들일 수 없다고 판단되는 정권 앞에 놓인 한계는 무엇인가?" 한편 'National Review'지 또한 사설을 통하여 "정전협정 체결 후 10주 정도가 지난 지금 많은 미국인의 감정을 사로잡고 있는 것은 위대한 승리를 통해 우리가 얻은 것들이 서서히 빠져나간다는 사실이다. 미국인들은 이를 알고 있다. 그러나 부시가 이를 알고 있을 것인가?"라고 물었다.

여론조사는 전쟁결과에 대한 환멸을 나타냈다. 사막의 폭풍작전 이전 미국인들은 전쟁에서의 승리를 후세인의 정권붕괴로 생각했다. 전쟁이 일부 군사력의 와해로 종결되었을 때 여론조사는 비록 후세인이 권좌에 남아 있더라도 대다수의 미국인들이 전쟁에서는 승리한 것으로 생각하고 있음을 나타냈다. 그러나 수주 후 후세인은 시아파와 쿠르드족에 대한 탄압을 시작하였고 여론은 전혀 다른 방향으로 흘러나가기 시작하였다. 4월 중순까지 55%의 미국인들이 갤럽조사에서 후세인이 권좌에 남아 있다는 것은 전쟁이 '승리'가 아님을 의미한다고 응답하였다. 한편 57%의 국민들이 정전협정은 너무 빨리 체결되었으며 후세인이 붕괴할 때까지 전쟁을 수행했어야 한다고 주장하였다. 여름까지 67%의 미국인들은 전쟁을 '부분적 승리'라고 생각하였고 57%는 후세인의 생존으로 인하여 '부시에게 실망'했다고 응답하였다. 그러한 감정은 노란 리본으로 물들였던 3월의 승리에 대한 행복감으로부터는 거리가 먼 것이었다.

사막의 폭풍작전의 모호한 유산은 제한전쟁의 성격을 반영한 것이었다. 와해된 적을 놓아두는 것은 그야말로 위험스러운 것이었으나 다른 대안도 결국은 보다 심각하고 장기적인 문제를 야기할 수 있었다. 후세인을 붕괴시킨다거나 시아파 또는 쿠르드족을 지원하는 것은 쿠웨이트 침략에 대한 응징이라는 하나의 목표로 결합된 연합군의 결속력에 틈새를 만드는 는 것이었다. 시아파와 쿠르드족의 열망을 지원하는 것은 아랍국가들에 의해 원망을 살 수 있었으며 더욱이 이라크의 국가적 통합성을 와해시킬 수 있었다. 중동국가뿐만 아니라 서유럽동맹국들은 예외 없이 이라크의 분할은 지역의 안정을 저해할 것이라고 믿었다. 더 중요한 것은 이라크 내부 문제에 대한 미국의 개입은 이라크문제를 더욱더 다루기 어렵게 만들 것이었다. 아랍인들은 이를 외부세력의 아랍세계에 대한 침투로 여길 것이고 전세계 국가들은 서유럽 제국주의의 부활 정도로 생각할 수 있었다. 미국의 개입은 뚜렷한 종말점이 없이 장기화될 수도 있었다. 외부의 지원을 받아 정권을 장악하는 어떠한 이라크의 지도부도 후세인의 추종자들뿐만 아니라 대다수의 국민들로부터 지지를 받지 못할 것이었다. 이 과정에서 후세인의 이미지는 야비하고 포악한 독재자로부터 순교자로 바뀔 수도 있었다.

따라서 부시는 1990년 가을 이후 이라크의 위기에 조심스러운 현실정치를 추구하였다. 부시가 후세인에 대한 증오와 그의 붕괴를 원할수록 연합군에 대한 그의 지도력은 손상을 미치게 될 것으로 판단되었다. 따라서 그는 어떠한 조치도 취하지 않을 것임을 결심하였다. 그는 또한 지역 안정에 위협이 될 수 있는 이라크의 재기를 막기 위한 유엔결의안 687호의 조건들을 상기하였다. 일반적으로 제재조치의 결과로 기인하는 내부적 스트레스가 결국은 후세인의 입지를 약화시키고 종국적으로 그의 붕괴를 가져올 것으로 여겨졌으나 부시는 이러한 행동이 이라크 국민들로부터 나와야 한다고 인식하였다. 그는 중동지역안정의 전제조건은 정치적 실체Political Entity로 이라크의 생존을 필요로 한다는 것을 받아들였다. 이는 쿠르드족에 대한 지원을 승인하면서 그들의 정치적 열망을 지원하지 않는다는 것과 같은 의미하였다.

전쟁의 미완은 유엔에 의해 강제된 평화를 바꾸어 버리려는 후세인의 끊임없는 노력으로 이어졌다. 그는 신속하게 유엔의 결의의 부분적 수용 및 이행행태를 보이기 시작하였다. 1991년 4월, 이라크는 유엔안보리결의안 687호에서 요구하는 대로 대량살상무기에 대한 정보를 제공하였으나 유엔특별위원회 검증반은 제시한 명부가 불완전하다는 것을 발견하였다. 이들은 이라크가 보다 발전된 핵무기 개발계획을 발전시키고 있다는 것을 찾아냈다. 그러자 이라크는 검증반의 무기공장 방문을 막았고 부시와 유엔안보리가 군사행동을 재개하겠다고 위협하자 방문을 허용하였다(후에 이라크의 트럭이 무기를 반출하는 것이 발견되었다). 1992년까지 유엔특별위원회는 이라크의 대규모 핵시설과 수많은 화학 및 방사능 무기의 해체를 감시하였다. 그러나 모든 과정에서 후세인은 지속적으로 유엔의 요구사항에 대한 방해와 지연전술로 맞섰다. 그의 뛰어나 무기은폐능력은 유엔특별위원회를 절망감에 빠뜨리게 하였다. 이러한 행동으로 말미암아 제재는 지속되었고 이라크는 국제금융거래로부터 더욱 고립되었다. 후세인은 국민에 대한 억압과 박탈을 강화하였다. 후세인의 비협조적 태도와 잘못에 대한 반성의 부족은 부시를 화나게 하였고 이는 클린턴과 미국의 대중들에게 이어지게 되었다.

1997년 11월 후세인이 유엔검증에 대해 위협적으로 나오게 되자 6년 전 바그다드로 진격하지 않은 이유에 대한 질문이 부시에게 제기되었다. 그의 대답은 명쾌하였다. "아니다. 내가 무엇을 근거로 부여된 임무를 넘어서도록 요구할 수 있었을 것인가? 우리는 아마도 점령군이 되었을 것이다." 문제를 명확하게 해결하지 못했음에도 불구하고 부여된 목표에 한하여 전쟁을 제한한 준거는 아직도 명백하였다.

제한전쟁은 일반적으로 적과 결론에 이르지 못하는 전쟁을 끝내거나 심각할 정도로 적을 약화시키는 것을 의미한다. 연합군은 쿠웨이트 해방을 통하여 전쟁 이전상태를 회복하였고 이라크군을 격멸하였으며 징벌을 가하였다. 따라서 부시는 본질적인 목표를 달성한 것이다. 그러나 이라크는 중동지역의 안정을 위협하는 세력보다는 다소 귀찮은 존재 정도로 축소되었을 뿐이었다.

:: 맺으며 : 대통령과 그들의 전쟁

　트루먼, 존슨 그리고 부시는 아주 비슷한 이유로 미국을 전쟁으로
이끌어갔다. 첫 번째 이유로 이들은 북한과 월맹 그리고 이라크에
대한 군사적 개입이 국제질서를 유지하기 위하여 필요하다는 확신
을 가졌다. '침략' 행위에 대한 대응의 실패는 국제사회에 대한 불안
정의 결과로 나타나게 될 것으로 믿었다. 이는 한국과 베트남 그리
고 쿠웨이트정부를 보호하고 회복하려는 것은 미국의 국익에만 관
련된 것이 아니라, 미국의 안보에 근간으로 고려될 수 있는 국제질
서와 연관된다는 판단으로부터 기인한 것이었다(그들의 손실만으로
미국의 정치·경제적 힘에 직접적인 영향을 주지는 않을 것으로 생각되었
다). 한국과 베트남전쟁에서 미국의 개입은 그들 나라를 침략하는
공산세력을 저지하는 것뿐만 아니라 주요 공산세력의 영향력 확대
를 중지시키기 위한 의도였다. 소련과 중국은 각각 북한과 월맹의
뒤편에서 지원하고 있었고 이들의 세력팽창은 냉전의 와중에서 대
단한 위협으로 평가되었다. 미국은 만일 이라크가 페르시아만에서
쿠웨이트를 계속 장악한다면 중동지역에서의 그들의 영향력을 확대
하고 이 지역에서의 세력균형을 와해시켜 국제사회에 재앙과 같은
결과를 초래할 수 있을 것으로 계산하였다.
　두 번째 이유로 세 대통령은 미국의 '신뢰'를 국제질서에서 대단히
중요한 요소로 생각하였다. 침략의 희생자를 지원하지 못하면 적대
세력은 미국에 대한 과감한 행동을 실행에 옮길 뿐만 아니라 동맹국
이 미국의 지도력을 더 이상 믿지 않는 결과를 초래할 것으로 판단

하였다. 전쟁을 통하여 미국은 국제관계에서 세계적인 초강대국이라는 심리적 위상이 시험대에 오르게 되었다. 이를 두고 한국의 위기를 전반적으로 총괄하였던 당시 국무장관 애치슨은 '이는 미국의 특권이며 억제의 중요성을 위해 던져진 힘의 그림자'라고 묘사하였다. 한국과 베트남에서의 위기에 직면하여 미국의 생명과 자산 그리고 특권을 내던지는 것은 아시아의 동맹국과 중립국, 주요 공산국가에 미국의 결의를 보여주는 것이라고 워싱턴 지도부는 확신하였다. 한국전쟁기간에 미국무부 극동차관보를 지내고 후에 베트남전쟁기간 중에 국무장관을 지낸 러스크는 1965년에 다음과 같은 글을 남겼다. "미국의 약속에 대한 성실성은 전세계를 통하여 평화를 지키는 최고의 기둥이었다. 만약 그 약속이 믿을 수 없는 것이었다면 공산주의 세계는 우리를 파멸하고 파국적 전쟁으로 몰고 갔을지도 모른다." 페르시아만의 위기 동안 미국의 개입은 탈냉전시기의 '새로운 국제질서'에서 미국의 지도력을 설정하는 중대한 계기로 고려되었다. 부시는 '우리가 우세할 때 미국을 위한 새로운 신뢰가 있을 것'이라고 언급하였다. 따라서 '한국과 베트남 그리고 페르시아만에서 미국정책은 신뢰성'을 유지하는 근간으로 시작되었다.

세 번째 이유로 세 대통령은 역사의 교훈을 기억하였고 특히 '1930년의 교훈'은 그 근간이 되었다. 이들은 한국과 베트남 그리고 페르시아만의 위기를 민주주의가 침략에 대항하는 시험대로 보았다. 1930년대 독일, 일본 그리고 이탈리아의 팽창에 대한 서유럽 민주주의의 실패는 궁극적인 전쟁으로 치닫게 되는 결과를 낳았다. 제2차 세계대전을 통하여 미국은 그들의 정책을 전환하는 계기를 마련하였고 지금도 유효하게 적용하는 '침략의 싹을 잘라내는' 중대한 교훈을 얻게 되었다. 트루먼과 부시는 비망록에서 한국과 페르시아만에서 침략이라는 단어는 1930년대 민주주의가 직면했던 도전과 그 실패의 결과를 떠올리게 했다고 기록하였다. 존슨 또한 베트남전쟁을 민주주의의 의지와 결의의 시험이라고 생각하였다. 따라서 '1930년대의 교훈'은 국제질서 유지와 미국의 신뢰성에 대한 중요성을 강화시켜주는 계기가 되었다. 앞에서 언급한 3개 국가의 사례에서 대통령은 보다 큰 전쟁을 예방하기 위해 전쟁에 뛰어들었다는 공통점을 보여주었다.

트루먼과 존슨 그리고 부시가 한국과 베트남 그리고 페르시아만에서 유사한 이유로 대응한 반면 그들의 결심은 각기 다른 결과를 가져왔다. 한국에서 미국의 목표는 궁극적으로 전쟁 이전의 분할상태로 복귀하는 것이었다. 그러나 트루먼 행정부가 한반도 통일을 목표로 수정하자 중국이 개입하였다. 수개월 내로 종결할 수 있었던 전쟁은 3년 동안 지속되었다.

베트남에서 존슨은 그 자신이 한국전쟁에서 '교훈을 배우면서' 전쟁을 수행하고 있다고 생각하였다. 특히 그는 트루먼의 실수를 상기하면서 국가의 유사한 분열양상을 경험하였고 전쟁을 확대하려는 주요 공산국가의 개입을 피하기 위해 노력하였다. 따라서 그는 베트남전쟁을 제한하였다. 그러나 그는 트루먼이 한국에서 직면했던 것과는 매우 다른 성격의 전쟁을 다루게 되었다. '전선이 없는 전쟁'에서 베트남 공산주의자들은 적응력이 뛰어난 적이었다. 이들은 안정되고 결의에 찬 북쪽에 기반을 가지고 있었으며 남쪽에는 소련과 중국의 지원을 받아 전투를 전반적으로 통제할 수 있는 힘을 가지고 있었다. 존슨은 전쟁을 종결하기 위해 군사력과 외교력을 동시에 사용하였다. 그러나 그는 끝이 보이지 않는 전쟁에 스스로 진흙탕에 빠져들게 된 것을 알게 되었고 국론은 분열되었으며 그의 위대한 사회건설의 꿈은 무너졌다. 결국 국가의 자원은 서서히 바닥나고 있었다.

페르시아만 전쟁에서 부시는 정치적 목표와 군사작전을 조정하였다. 그의 행동은 한국전쟁과 베트남전쟁을 통해 체득한 '교훈'을 반영한 것이었다. 그는 쿠웨이트해방이라는 목표달성을 위한 국제적인 제재조치와 의회의 승인을 받았다. 트루먼과는 달리 그는 전쟁을 확대하려는 유혹을 이겨냈다. 전쟁을 확대했더라면 해결불가능한 정치적 문제에 직면하거나 국제적 지원을 상실할지도 몰랐다.

앞에서 서로 다른 전쟁의 결과들은 전쟁을 수행하는 과정에서의 의사결정과정과 관련이 있었다. 한국에 개입한 트루먼의 결정은 가장 정당한 것이었다. 모든 보좌관, 의회지도자, 신문사설의 압도적인 지원 등은 미국이 북한의 침략을 중지시키기 위해 행동하는 데 동의하였다. 1950년 강렬한 분위기 속에서 아무도 북한의 침략이 미국의 이익에 도전한다는 데 이의를 제기하지 않았다. 사막의 폭풍작전 개시를 결심한 부시는 의회의 상당한 의원들과 일반대중 그리고 외교엘리트 사이에서 아직 제재를 이행할 충분한 시간이 주어지지 않았다는 이유로 문제를 제기하였다. 그러나 결과를 달리한 것은 목표가 아니라 전술이었다. 부시가 군사적 방안에 대한 의회의 지지를 더디고 어렵게 확보하고 나서야 대중적 논쟁도 사라졌다.

존슨의 상황은 매우 다른 것이었다. 1963년 11월부터 1965년 7월까지 베트남의 난제에 직면한 존슨은 베트남의 생존은 아시아의 안보를 위해 대단히 중요하다는 신념을 따르는 민간인과 군보좌관으로 둘러싸여 있었다. 이들은 만약 군사력을 적절하게 전개한다면 월맹에게 분할을 받아들이도록 강요할 수 있을 것으로 판단하였다. 존슨은 행정부 내부와 영향력 있는 상원의원들로부터 상당히 상충되는 의견을 동시에 받아들이고 있었다. 군사적 개입을 통한 베트남의 생존유지, 베트남의 생존이 미국의 안보에 미치는 중대성, 결의에 찬 게릴라와 비정규전을 성공적으로 수행할 수 있는 여부 등이 논란의 쟁점이 되었다. 한국과 페르시아만과는 달리 베트남에서의 '침략'은 그림자와 같은 개념이었다. 즉, 월맹 정규군의 완만한 움직임과 호치민 통로와 산악 정글지대를 통해 보급품을 지원받는 게릴라 형태의 군사작전은 정복을 목적으로 국경선을 넘는 북한과 이라크의 재래식 전력과는 달랐다. 국제사회는 미국이 베트남전쟁에 개입하는 것은 무모한 군사작전의 모험을 감행하려는 것이라고 우려하였다. 실로 존슨은 트루먼과 부시와는 달리 전쟁에 대한 국제적 지원이 부족하였다. 한국과 페르시아만에서의 전쟁은 유엔이라는 이름과 유엔안보리의 결의안에 따라 정당성을 인정받았으나 존슨은 전통적인 유럽동맹국들로부터조차 최소한의 지원도 받아낼 수 없었다. 그는 계속해서 빈약한 미국지원을 확대하려고 노력하였다.

국내에서의 반대세력과 해외의 동맹국들은 존슨에게 한숨을 돌리는 기회를 주어야 했다. 아마도 이러한 전쟁을 통틀어 배울 수 있는 교훈은 대통령이 근본적인 문제에 대한 상충하는 조언에 직면하게 되면 체계적이고 명확한 토론을 통하여 정책의 가정사항들을 확실하게 해둘 필요가 있다는 것이다. 그러나 존슨은 매우 개인적이고 특수한 관계를 통하여 의사결정을 진행하였고 실질적이고 완전한 결과를 가져오지 못했다. 비록 다른 대통령이었을지라도 동일한 결론에 도달했을지 모르나, 존슨은 취임 초기부터 베트남을 기본적으로 군사적 관점에서 접근하였다. 그는 계속적으로 군사적 역할을 강화하였고 1965년 마침내 전면적인 군사적 개입을 결정하였다. 어떤 의미에서 보면 그는 스스로 전쟁을 이끌고 있었다.

전쟁에 관한 의사결정과정은 헌법적 과정을 존중함으로부터 시작된다. 대통령은 합법적 절차를 통하여 군최고통수권자로서 신뢰성을 확보하게 된다. 헌법에 기록된 정신과 의회의 전쟁수행권한에 관한 주의 없이 트루먼과 존슨은 전쟁에 뛰어들었다. 부시는 의회의 그러한 승인을 추구하면서도 그것이 필요하지 않다고 주장하였다. 트루먼과 존슨과 같이 부시 또한 통수권자에 관한 조항은 대통령이 전쟁을 수행하기 위한 헌법적 정당성을 가진다고 주장하였다. 결국 이 모든 전쟁은 '대통령의 전쟁'이란 딱지가 붙게 되었다.

의회의 승인없이 군사력을 한국에 파견한다는 트루먼의 결정은 헌법을 무시한 행위였다. 그가 전쟁으로 뛰어든 한 주 동안 트루먼은 공식적으로 두 번에 걸쳐 의회의 지도자들과 논의하였다. 그는 먼저 행동한 다음 의회의 지도자들에게 알렸다. 유엔회원국들에게도 유엔안보리결의에 따라 한국을 지원하기 위하여 미국을 지지해야 한다고 주장하였다. 최초 전투부대가 파견될 때 트루먼은 "우리는 전쟁상태에 있지 않다"라고 주장하였고 미국의 대응은 일종의 '유엔의 경찰행위'라는 보좌관의 건의를 받아들였다. 트루먼은 명확하게 의회의 승인을 요청한 바가 없었으며 전쟁 초기 모호한 목표에 대한 아무런 합의도 없었다. 한국전쟁은 '트루먼의 전쟁' 또는 '경찰행위' 등으로 비유되었다.

존슨은 트루먼의 실수를 피하고자 노력했다. 그러나 그 또한 유사한 비판을 불러오게 되었다. 이른바 1964년 통킹만에서 미국함정과 베트남 함정 간의 충돌에 대응하기 위하여 존슨은 의회에 침략행위를 격퇴하고 자유를 수호하기 위하여 군사력의 사용에 관한 전면적인 승인을 요청하였다. 비평가들은 존슨이 결의안 통과를 위해 사건을 과장하였고 1964년 대통령 선거에서 미국이 아시아에 병력을 파견하지 않겠다는 약속에도 불구하고 1년 후에 대규모의 군사작전 계획을 작성하는 이중성을 보였다고 비판하였다. 존슨은 통킹만 결의안이 전쟁의 미국화를 위한 모든 필요한 권한을 제공했다고 주장하였다. 그러나 그는 1965년 추가적인 의회의 승인이 필요한지를 보좌관들에게 질문하였고 후에 그가 대국민 성명서에서 주장한 바와 같이 헌법적 절차에 문제가 없다고 주장하였다.

부시는 그의 헌법적 의무를 대부분 명확하게 수행하였다. 그는 만약 후세인이 유엔이 설정한 최종기한인 1991년 1월 15일까지 철수하지 않을 경우, 미군을 투입하도록 하는 의회의 승인을 요청하였다. 그러나 부시는 그러한 승인을 요청한 마지막 순간까지 기다렸다는 비판을 받았다. 40만 명의 병력이 공격할 태세를 갖추고 있었고 최후통첩은 불과 며칠을 남겨두고 있었다. 의회는 황급히 논의를 진행해야 했다. 더욱이 부시는 헌법적 절차를 따르는 데 다소 주저하였고 그가 의회의 승인이 필요없다고도 주장했으며 승인이 없이도 행동할 것이라고 말하였다. 그러나 그는 양당으로부터 압력을 무시할 수 없었다. 장기간에 걸친 논쟁은 동맹국의 결속력을 약화시킬 것이라는 우려와 후세인에게 유리하게 작용할 것이라는 두려움으로 부시는 대통령의 전쟁결의War Resolution 권한에 지지를 받을 수 있을 것으로 믿었다.

전쟁에서 세 명의 대통령은 제한전쟁으로 인한 도전에 직면하였다. 이들은 물론 국민의 지지를 필요로 하였으나 전통적 의미의 '승리'에 대한 요구를 회피해야만 했다. 전쟁에 대한 정서를 차단하려는 노력에도 불구하고 이들은 상대적으로 약한 적과의 대면에서 '승리'를 갈구하는 국민의 열망을 피할 수 없었다.

트루먼은 이 문제에서 큰 실수를 저질렀다. 그의 실수는 존슨과 부시의 행동에 영향을 미치게 되었다. 인천상륙작전 이후 트루먼은 최초 '제한적'인 목표로부터 '승리'의 선택방안으로 수정하였고 이로 인한 중국의 개입으로 '완전히 새로운 전쟁'을 치러야 했다. 후에 트루먼은 전쟁이 제한적으로 수행되었으나 맥아더의 중국군사력 사용의 공개적인 이의 제기로 이어졌다고 주장했다. 트루먼에 대한 맥아더의 도전은 '전쟁의 목적은 바로 승리'라는 명제로부터 기인하였다. 트루먼은 결과적으로 맥아더를 해임한 후에야 전쟁에 대한 전반적인 통제를 할 수 있게 되었다. 한편 베트남전쟁은 미국인을 심각하게 분열시켰고 존슨의 대통령직은 혼란에 빠지게 되었다. 베트남전쟁 동안 의회와 군의 강경파는 대통령의 제한에 불만을 가지게 되었고 공군력에 대한 제한해제와 손쉽게 승리를 달성할 수 있을 것으로 판단되는 지상작전의 확대를 요구하였다. 전쟁확대에 대해 심각할 정도로 기피하였던 존슨은 그의 원칙을 지켰다. 페르시아만 전쟁에서 쿠웨이트해방은 많은 미국인을 만족시켜 주지 못했다. 이들은 전쟁이 바그다드까지 계속되어야 한다고 믿었으며 후세인을 권좌에서 물러나게 해야 한다고 주장하였다. 유엔과 의회에서 승인한 범주 내에서 전쟁을 수행하고자 했던 부시는 '승리'에 대한 요구를 거부하였다.

전쟁은 대부분 대통령의 직무수행과 직결되었다. 한국전쟁과 베트남전쟁이 장기화되자 트루먼과 존슨의 지지도는 현저하게 떨어졌다. 한국전쟁 발발 이전에 이미 개인적으로 재선출마를 포기하였던 트루먼은 1952년 초 국민에 대한 자신감을 상실하였고 은퇴계획을 발표하였다. 그 때까지 그에 대한 지지는 30%를 기록하였다. 존슨은 트루먼에 비하면 정서적으로는 더 심각한 정도의 전쟁의 정치적 피해자였다. 그의 지지율은 30%를 넘지 못했다. 온건파로부터는 전쟁의 개입에 대하여 강경파로부터는 너무 소심하게 전쟁을 수행하는 것에 대하여 비난을 받았다. 그의 퇴진압력은 1968년 구정공세로 인하여 최고조에 달하였다. 부시는 물론 성공적인 전쟁을 수행하였고 1991년에는 놀라울 정도로 그의 인기가 치솟았다. 그는 정치적으로 확고하게 입지를 강화한 듯 보였고 민주당의 1992년 대통령 후보지명전에 나선 사람 중 대부분이 계획을 철회하였고 아칸소 주지사 클린턴과 같은 상대적으로 알려지지 않은 후보만이 남게 되었다.

부시의 대통령직이 현란한 외교술과 페르시아만의 놀라운 군사적 업적으로 기억되었지만 정치적 결과는 실망스러웠다. 우선 전쟁으로부터 기인한 애국심의 열병은 어느새 사라져 버렸고 이는 부시의 인기하락으로 이어졌다. 또한 이라크의 권력생존과 국내에서의 후세인의 적대세력에 대한 잔혹한 행위는 많은 미국인들에게 부시가 너무 일찍 전쟁을 종결하지 않았는가 하는 의구심을 가져오게 되었다. 결과적으로 부시의 페르시아만에서의 승리가 오히려 그에게 역으로 작용하였다. 많은 미국인들은 왜 그가 침체에 빠진 경제에 기민하고 헌신적으로 똑같은 능력을 발휘하지 못하는지 실망하였다. 이러한 국내문제에 대한 부주의는 1992년 대통령 선거의 패배로 이어졌다.

존슨과 부시의 경우에서 대통령의 직무수행에 관한 역사의 판단은 당시의 시대적 평가에 평행선을 이루어왔다. 존슨은 전쟁으로 인하여 국론을 양분하였고 이로 인해 그의 기념비적 시민권 입법과 위대한 사회건설은 모호하게 되었다. 부시는 눈부신 군사적 승리에도 불구하고 국내문제에 대한 무관심으로 큰 타격을 받았다. 한편 트루먼의 평판은 세월이 지나면서 점점 재평가되었고 그는 이제 '위대한 대통령에 근접한' 인물로 기억되고 있다. 그는 특히 유럽에서 봉쇄정책을 추진한 것으로 유명하였다. 한국전쟁의 개입결정과 제한전쟁을 유지한 것에 대한 논란을 제기하는 학자는 거의 없다. 그러나 전쟁에서의 '승리'추구는 그의 가장 큰 실수의 하나로 여겨지고 있다. 트루먼은 그의 동시대사람들 보다 후에 더욱 긍정적인 평가를 받은 대통령이었다. 그는 단호하고 직설적인 지도자로 평가되고 있으며 1972년 그가 사망할 때까지 국민들로부터 점점 좋은 평가를 얻게 되었다. 한국전쟁이 미국의 '잊혀진 전쟁'으로 기억되면서 트루먼의 평판을 높이는 데 기여하였고 전쟁의 망각은 그의 실수와 대통령으로서 우유부단함을 덮어주었다.

국가를 전쟁으로 몰아가는 것은 아마도 대통령의 지도력에 대한 최고의 시험일 것이다. 남북전쟁, 제1차 및 제2차 세계대전에서와 같이 대통령은 국제사회의 비전과 근본적인 국가의 가치를 전쟁과 연결시킴으로써 창조적이고 상상력이 풍부한 방향을 제공할 수 있다. 제한전쟁은 대통령을 여러 가지 측면에서 압박한다. 그러나 이들은 여전히 전쟁의 필요성에 대한 설명을 해야 할 책임이 부여되며 그들의 임무를 전통적 가치와 연결해야만 한다. 트루먼과 존슨은 실질적으로 이러한 측면에서 실패하였다. 세 명의 대통령은 대중들과의 의사소통에서 개인적으로 부족함을 드러냈고 루스벨트, 케네디, 레이건 또는 클린턴과 같은 현란한 수사가 부족하였다.

트루먼은 한국전쟁이 유엔의 의무임을 주장하였고 이는 어느 정도 정당하였다. 그러나 그는 '경찰행위'와 같은 잘못 선택한 발언으로 인해 지지율이 하락하였고 특히 원자탄의 사용으로 인하여 그러하였다. 존슨은 종종 미국에 대한 베트남전쟁의 중요성을 열정적으로 언급하였지만 그의 지도력은 1965년 7월 전면적인 개입의 중요성을 인정하는 데 주저함으로써 크게 손상을 입게 되었다. 아이러니컬하게도 존슨의 베트남전쟁에 관한 가장 호소력을 지닌 연설은 1968년 3월 31일 그가 대통령 선거에 나서지 않겠다는 연설이었다. 부시는 일반적으로 그의 목표에 대해 효과적인 의사소통을 했다고 평가받지만 후세인과의 다른 점을 개인적으로 차별화하려는 노력과 장관들의 상충되는 발표로 인하여 상처를 입었다. 부시는 걸프전에서 유엔의 결의안과 국제적 동맹의 바탕 위에 전쟁을 수행하였고 그가 내세운 탈냉전시대의 '새로운 국제질서'는 미국의 가치와 이익을 반영한 것이었다.

이 세 전쟁의 역사는 대통령 지도력의 중요성을 강조하고 있다. 눈앞에 전개되는 위기상황에 대응하여 대통령은 광범위한 국가이익과 연결시키고 목표를 설정하며 그것을 달성하기 위한 국가능력을 평가한다. 그 대답은 쉽지 않다. 의사결정과정에서 대통령은 누구를 보좌관으로 기용할 것인가, 어떠한 의견과 조언을 받아들일 것인가, 다양한 출처로부터 나오는 정보를 어떻게 선택할 것인가 등 여러 가지 측면에서 갈등의 '포로'가 된다. 대통령은 또한 의회의 감정과 국민의 여론은 물론 국제적 압력과 제한사항에 민감해야 한다. 전장에서와 마찬가지로 '안개'는 위기를 덮게 된다. 대통령은 제시된 증거, 선택방안 그리고 건의사항의 범주 안에서 가능한 한 '이성적으로' 결심을 해야 한다. 그의 결심은 정책과 선택방안의 모든 가정사항들에 대한 완전한 고려사항을 전제로 한다. 때로는 대통령의 결정은 앞에서 전쟁사례들과 같이 직감에 의존하기도 한다. 역사의 빛에 비추어 올바른 결정으로 보이는 것은 이러한 직감이 조심스러운 분석에 지배를 받을 때이다.

이 책의 저자 헤스(Gary R. Hess)는 보울링 그린 대학의 역사학 교수이다. 1991년 미국 외교관계 역사학회 회장을 역임하였으며 외교사 편집위원회 편집장으로 활동하였다. 그는 인도에서 풀브라이트 재단의 강사로 네 차례 활동하였다. 주요 저서로는 'The United States at War, 1941~9145, Vietnam and the United States : Origins and Legacy of War, The United States' Emergence as a Southeast Asia Power, 1940~1950, American Encounters India, 1941~1947 등이 있다.

역 자 임윤갑은 1987년 육군사관학교를 졸업했다. 육군 소위로 임관한 이후 제 1보병사단 중대장, 駐 인도/파키스탄 유엔정전감시단(UNMOGIP)군 옵서버, 육군대학 전략학처 교관, 제 26사단 125기계화보병대대장 등을 역임하였다. 1999년 연세대 행정대학원을 졸업하였으며, 2001년 미국 육군지휘참모대를 졸업하였다. 현재는 국가안전보장회의 사무처에서 근무 중이다.